Nowak · Soziale Probleme und soziale Bewegungen

Jürgen Nowak

Soziale Probleme und soziale Bewegungen

Eine praxisorientierte Einführung

Beltz Verlag · Weinheim und Basel

Jürgen Nowak, Prof., Dr. phil., Diplom-Volkswirt, Jahrgang 1942. Er studierte Volkswirtschaftslehre, Soziologie und Philosophie in Berlin. 1968–1972 wissenschaftlicher Assistent am Deutschen Institut für Urbanistik, Berlin. Seit 1972 ist er Hochschullehrer an der Fachhochschule für Sozialarbeit und Sozialpädagogik, Berlin. 1983/84 war er Gastprofessor am Longwood College, Virginia, USA. Seit 1969 ist er aktiv in Bürgerinitiativen und in Projekten der Stadtteilarbeit tätig.

CIP-Titelaufnahme der Deutschen Bibliothek

Nowak, Jürgen:
Soziale Probleme und soziale Bewegungen : e. praxisorientierte Einf. / Jürgen Nowak. – Weinheim ; Basel : Beltz, 1988
(Edition sozial)
ISBN 3-407-55700-0

Gesamtherstellung: Druckhaus Beltz, 6944 Hemsbach
Lektorat: Richard Grübling
Herstellung: Jürgen Reverey
Printed in Germany

ISBN 3 407 55700-0

Inhaltsverzeichnis

Vorwort

Sozialarbeiter, Pädagogen, Erzieher und verwandte Berufsgruppen sind fast ausschließlich bei Trägern staatlicher Sozialpolitik oder bei vom Staat finanzierten Wohlfahrtsverbänden und Selbsthilfeinitiativen beschäftigt. Ihre Arbeitsplätze sind eine Antwort auf gesellschaftliche Auseinandersetzungen. Staatliche (und kirchliche) Sozialpolitik bzw. professionelles und/oder karitativ-freiwilliges Engagement in der Sozialarbeit ist eine Reaktion auf in der Gesellschaft auftretende soziale Probleme wie u.a. Gewalt, Verbrechen, Drogen, Arbeitslosigkeit, Armut und andere soziale Benachteiligungen bei Frauen, Ausländern, Alten, Kindern und Jugendlichen. Diese sozialen Probleme mögen zwar in der Gesellschaft „schlummern" (latent vorhanden sein), aber erst durch die Vorreiterrolle der sozialen Bewegungen werden diese verborgenen (latenten) sozialen Probleme auf dem gesellschaftlichen „Markt" der Öffentlichkeit sichtbar, d.h. gesellschaftlich anerkannt und sozialpolitisch-sozialarbeiterisch verwertbar.

Soziale Bewegungen sind keine Konkurrenz zu den Sozialarbeitern, sondern sie sind deren „Arbeitsplatzförderer und -unterstützer". Soziale Probleme fallen nämlich nicht vom Himmel, sondern sie sind das Resultat gesellschaftlicher Prozesse: einerseits aufgrund eines „objektiven" Ursachenkomplexes, der in den gesellschaftlichen Rahmenbedingungen und Mechanismen zu suchen ist, aber andererseits auch aufgrund eines „subjektiven" Meinungsbildungsprozesses, der durch die sozialen Bewegungen in der Gesellschaft in Gang gesetzt wird.

Dieser enge Zusammenhang von sozialen Problemen und sozialen Bewegungen wird an zahlreichen gesellschaftspolitischen und sozialarbeiterischen Feldern abgearbeitet. Die jeweilig dargestellten Theorieansätze sind ebenso nachträgliche Erklärungsversuche des historischen Ablaufs wie die gesellschaftspolitischen Antworten auf soziale Probleme. Neue sozialpolitische Strategien, zu bildende soziale Institutionen und alternative Arbeitsformen der Sozialarbeit entwickeln sich im Wechselspiel des „objektiven" Entstehungs- und Ursachenzusammenhangs und der „subjektiven“ Vorwärtstreibung durch soziale Bewegungen. Der Wissenschaftler ist hier eher der Zuschauer, d. h. der außenstehende Betrachter, der dieses Zusammenspiel sozialer Probleme und sozialer Bewegungen beobachtet, untersucht und in einer gesamtgesellschaftlichen Perspektive zusammenfügt.

Die Beseitigung gesellschaftlicher Benachteiligungen und sozialer Problemlagen kann nur im Bündnis mit sozialen Bewegungen erfolgen. Neue soziale Lebensformen und alternative sozialarbeiterische Arbeitsformen sind daher eher im Nachklang der Erfolge sozialer Bewegungen durchzusetzen. Sozialer Wandel geschieht nicht automatisch, schon gar nicht im Hinblick auf den Abbau gesellschaftlicher Einkommens- und Machtvorteile, sondern gesellschaftliche Veränderungen erfolgen durch den Druck sozialer Bewegungen. Dieser wechselseitige Zusammenhang zwischen sozialen Problemen und sozialen Bewegungen ist der Nährboden für gesellschaftliche Auseinandersetzungen und für einen möglichen erweiterten Handlungsspielraum der Sozialarbeiter. Zwischen sozialen Problemen, sozialen Bewegungen, dem Handlungsbedarf der Sozialarbeit(er) und sozialwissenschaftlicher Theoriebildung besteht eine enge Verbundenheit.

Abschließend danke ich der Fachhochschule für Sozialarbeit und Sozialpädagogik Berlin für ihre vielfältige Unterstützung, insbesondere Frau Jaqueline Schalmann und Frau Dagmar Nemak für das oftmalige mühevolle Schreiben des Manuskripts und Frau Katrin Witte für ihre wertvollen Anregungen beim Korrekturlesen. Ohne die laufende Unterstützung und die Verbesserungsvorschläge des Lektors Richard Grübling vom Beltz Verlag wäre das Buch nicht erfolgreich beendet worden.

Für Kritik, Anregungen und Verbesserungsvorschläge bin ich stets aufgeschlossen. Viel Spaß beim Lesen.

1. Kapitel: Zur Definition sozialer Probleme und sozialer Bewegungen

1.1 Persönliche versus soziale Probleme

Noch heute glauben viele Menschen, daß die bei ihnen oder bei anderen Bürgern auftretenden Probleme allein auf persönliches Fehlverhalten zurückzuführen sind. Persönliche Problemlagen werden so beschrieben, daß der/die Betroffene an seinem/ihrem Problem selbst Schuld sei, wenn er/sie obdachlos, Alkoholiker, Drogenabhängiger, kriminell, psychisch krank, gewalttätig, verarmt usw. in seinem/ihrem Leben geworden ist.

Aber bei solch einer einfachen Schuldzuweisung bzw. simplen Ursachenerklärung stellt der Sozialwissenschaftler die Frage, warum jemand in die Situation der Obdachlosigkeit, des Alkoholismus, der Kriminalität, der Gewaltanwendung, der Armut, der Krankheit usw. geraten ist. Aufgrund dieser Fragestellung gelangt die Sozialwissenschaft zu der Erkenntnis einer wechselseitigen Abhängigkeit zwischen Person und Gesellschaft: der Mensch als soziales Wesen (zoon politicon – Aristoteles). Es gibt anscheinend soziale Phänomene, die den einzelnen oder die Gruppe zu bestimmtem Handeln veranlassen können. Klassisch hat dies der französische Soziologe Emile Durkheim bereits 1885 formuliert:

„Ein soziales Phänomen ist an der äußerlich verbindlichen Macht zu erkennen, die es über die Einzelnen ausübt oder auszuüben imstande ist; und das Vorhandensein dieser Macht zeigt sich wiederum an entweder durch das Dasein einer bestimmten Sanktion oder durch den Widerstand, den das Phänomen jedem Beginnen des Einzelnen entgegensetzt, das ihn zu verletzen geeignet ist" (Durkheim 1984, 111f.).

Diese sozialen Phänomene lassen sich durch den Erziehungsprozeß und das soziale Gefühl erklären. Das führt zu den „soziologischen Tatbeständen", wie sie Durkheim formuliert hat:

„. . ., weil die Erziehung gerade die Herausbildung des sozialen Wesens zum Gegenstand hat. Man kann hier in einem verkleinerten Abbilde ersehen, wie das soziale Wesen in der Geschichte entsteht. Der immerwährende Druck, den das Kind erleidet, ist der Druck des sozialen Milieus selbst, das es nach seinem Vorbilde zu formen strebt. Die Eltern und Lehrer sind die Stellvertreter und Vermittler des Milieus" (ebd., 109).

„Ein soziologischer Tatbestand ist jede mehr oder minder festgelegte Art des Handelns, die die Fähigkeit besitzt, auf den Einzelnen einen äußeren Zwang auszuüben; oder auch, die im Bereiche einer gegebenen Gesellschaft allgemein auftritt, wobei sie ein von ihren individuellen Äußerungen unabhängiges Eigenleben besitzt" (ebd., 114).

Anstelle der Annahme einer monokausalen Ursachenerklärung durch persönliche Schuldzuweisung wird hier auf eine Definition gesellschaftlicher Problemfelder hingearbeitet. Das bedeutet nicht die Leugnung persönlicher Freiheitsgrade für individuelles Handeln und für eigenverantwortliche Verursachung von eigenen Problemlagen. Ausgangspunkt der Analyse sind jedoch primär gesellschaftliche Strukturen und soziale Milieusituationen, die den Einzelnen in seinen persönlichen Problemlagen beeinflussen.

Gesellschaftliche Problemfelder lassen sich nun aber nicht ex definitione aufzählen, ohne normative Vergleichsmaßstäbe zu setzen. Für diese Vorgehensweise werden zunächst zwei Ansätze herangezogen, um dann anschließend zu fragen, warum jedes „objektiv" vorhandene soziale Problem nicht auch ein gesellschaftlich bewußtes ist. Das führt dann später zur These von der sozialen Problembewegung, d. h. zu der Feststellung des Zusammenhangs von sozialen Problemen und sozialen Bewegungen. Nachfolgend werden als Vergleichsmaßstab ein normativ-gesellschaftspolitischer und ein normativ-handlungstheoretischer Ansatz referiert:

1. Die verfassungsrechtlichen Normen des Grundgesetzes der Bundesrepublik Deutschland als wertorientierte Grundsätze und
2. augenblicklich geltende soziale Normen der gesellschaftlichen Entwicklung im Sinne der Lebensqualität persönlicher und sozialer Wohlfahrt.

1.2 Verfassungsnormen und Lebensqualität

Ein möglicher Ansatz zur Definition sozialer Probleme ist die normative Interpretation (Hermeneutik) gesellschaftlicher Zusammenhänge. Eine solche normative Ableitung (Deduktion) setzt voraus, daß interpersonell vergleichbare Maßstäbe gefunden und anerkannt werden, um daraus abgeleitet soziale Probleme definieren zu können. Ein solcher Maßstab zur Messung sozialer Probleme bzw. gesellschaftlicher Problemfelder sind die verfassungsrechtlichen Normen des Grundgesetzes der Bundesrepublik Deutschland. Die wichtigsten Artikel des Grundgesetzes sind u. a.:

Die Würde des Menschen ist unantastbar (Art. 1, Abs. 1, Satz 1).
Bekenntnis zu den Menschenrechten (Art. 1, Abs. 2).
Die freie Entfaltung der Persönlichkeit (Art. 2, Abs. 1).
Das Recht auf Leben und körperliche Unversehrtheit (Art. 1, Abs. 2, Satz 1).
Die Freiheit der Person ist unverletzlich (Art. 2, Abs. 2, Satz 2).
Alle Menschen sind vor dem Gesetz gleich (Art. 3, Abs. 1).
Männer und Frauen sind gleichberechtigt (Art. 3, Abs. 2).
Diskriminierungsverbot in bezug auf Geschlecht, Rasse, Sprache, Heimat, Herkunft, Glauben oder Weltanschauung (Art. 3, Abs. 3).
Unverletzlichkeit der Freiheit des Glaubens, des Gewissens und des religiösen und weltanschaulichen Bekenntnisses (Art. 4, Abs. 1).
Meinungs- und Pressefreiheit und Freiheit der Kunst, Wissenschaft, Forschung und Lehre (Art. 5, Abs. 1).
Schutz von Ehe und Familie (Art. 6, Abs. 1).
Versammlungsfreiheit (Art. 8, Abs. 1).
Vereinigungs- und Koalitionsfreiheit (Art. 9, Abs. 1 und 3).
Räumliche Freizügigkeit (Art. 11, Abs. 1).
Recht auf freie Wahl des Berufes, des Arbeitsplatzes und der Ausbildungsstätte (Art. 12, Abs. 1).

Für unsere Analyse sozialer Probleme sind insbesondere die Grundsätze zum Rechtsstaat, zur Demokratie und zum Sozialstaat (Art. 20, Abs. 1 und 2) von großer Bedeutung.

„Wenn auch die Wendung zum ‚sozialen Bundesstaat‘ nicht in den Grundrechten, sondern in Art. 20 des GG (Bund und Länder) steht, so enthält sie doch ein *Bekenntnis zum Sozialstaat,* das bei der Auslegung des GG wie bei der Auslegung anderer Gesetze von entscheidender Bedeutung sein kann (BVerfGE, 1, 105). Dieser Verfassungsgrundsatz darf jedoch nicht dahin ausgelegt werden, daß mit seiner Hilfe jede Einzelregelung, deren Anwendung in bestimmten Fällen zu Härten oder Unbilligkeiten führt, modifiziert werden könnte (BVerfGE 26, 61f.). Die Ausgestaltung des Sozialstaatsprinzips obliegt im wesentlichen dem Gesetzgeber (BVerfGE 1, 105; 8, 329). Das Sozialstaatsprinzip verpflichtet den Staat für einen Ausgleich der sozialen Gegensätze und damit für eine gerechte Sozialordnung zu sorgen; dieses Ziel wird er eher in erster Linie im Wege der Gesetzgebung zu erreichen suchen" (Leibholz/Rinck 1971, 380).

Dieses Bekenntnis zum Sozialstaat bzw. Anerkennung eines Sozialstaatsprinzips zum Ausgleich sozialer Gegensätze bedeutet nicht die verfassungsrechtliche Festlegung auf eine bestimmte Wirtschafts- und Sozialordnung, z. B. (soziale) Marktwirtschaft, Kapitalismus, Planwirtschaft oder gelenkte Wirtschaft. Wirtschaftsverfassungsrechtliche Normen werden im Grundgesetz nicht festgeschrieben.

Dieses Sozialstaatsprinzip verpflichtet den Staat,

„daß die staatliche Gemeinschaft in der Regel Lasten mitträgt, die aus einem von der Gesamtheit zu tragenden Schicksal, namentlich durch Eingriffe von außen, entstanden sind und mehr oder weniger zufällig nur einige Bürger oder bestimmte Gruppen getroffen haben. Dies bedeutet keine automatische Abwälzung solcher Lasten auf den Staat mit der Wirkung, daß dieser nunmehr den Betroffenen unmittelbar zum vollen Ausgleich verpflichtet wäre; vielmehr kann sich aus den genannten Rechtsgrundsätzen zunächst nur die Pflicht zu einer Lastenverteilung, zu einem innerstaatlichen Ausgleich der Belastung nach Maßgabe einer gesetzlichen Regelung ergeben. Erst eine solche innerstaatliche Regelung kann konkrete Ausgleichsansprüche der einzelnen Geschädigten begründen" (ebd., 382).

Es besteht also eine Pflicht des Staates, für eine gerechte soziale Ordnung zu sorgen, wie es das Bundesverfassungsgericht interpretiert hat:

„Schon 1956 (BVerfGE 5, 85ff., 198 (KPD-Verbot) hatte es diesen Auftrag als annähernd gleichmäßige(r) Förderung des Wohles aller Bürger und annähernd gleichmäßige(r) Verteilung der Lasten ‚konkretisiert'" (Denninger (1) 1973, 148).

Die Formulierung des Sozialstaats bleibt also abstrakt und im konkreten Fall der Ausgestaltung politisch strittig. Das Sozialstaatspostulat ergibt keinen individualisierten Anspruch des Einzelnen an den Staat. Nur die konkrete gesetzgeberische Gestaltung kann dies näher bestimmen. Insoweit läßt sich aus den Normen des Grundgesetzes nur eine mittelbar, für den einzelnen oder auch für die Gesellschaft der Bundesrepublik Deutschland, definierbare Lebensqualität herauslesen. Dementsprechend ist es auch schwierig, wenn nicht sogar unmöglich, aus den

Verfassungsnormen abgeleitet interpersonell-vergleichbare Maßstäbe zu gewinnen, um soziale Probleme definieren zu können. Nur die konkrete gesetzgeberische Ausgestaltung kann Hinweise für sozialen Ausgleich, Lebensqualität und damit für die Existenz sozialer Probleme bringen. Was also gesetzgeberisch im Sinne des Sozialstaatspostulats beschlossen wird, hängt also von den machtpolitischen Konstellationen, z. B. im Deutschen Bundestag ab.

Fazit: Verfassungsrechtliche Normen sind ein unzulänglicher Einstieg zur Definition sozialer Probleme. Das schließt jedoch nicht aus, daß diese Verfassungsnormen für gesellschaftspolitische Diskussionen, z. B. Gleichberechtigung der Frau als Argument zur Beseitigung existenter sozialer Ungleichheiten herangezogen werden können. Da die verfassungsrechtlichen Normen des Grundgesetzes auf einer relativ hohen qualitativen Abstraktionsebene liegen, ist es sozialwissenschaftlich notwendig, derartige normative Ansprüche auf einer mikroanalytischen Ebene der sozialen Wirklichkeit einzulösen. In den letzten Jahren wurde daher das Konzept der Lebensqualität entwickelt, um durch soziale Indikatoren die objektiven Lebensbedingungen und das subjektive Wohlbefinden der Bürger der Bundesrepublik Deutschland qualitativ zu erfassen (vgl. u. a. Werner 1975, Zapf 1977, Glatzer/Zapf 1984).

Neben Wachstum, Sicherheit, Ordnung, Gerechtigkeit und Freiheit haben insbesondere die beiden Begriffe Wohlfahrt und Lebensqualität eine wichtige Bedeutung für den Bundesbürger.

„Die Kategorie der Lebensqualität, . . ., wurde zur Formel für einen mehrdimensionalen Wohlfahrtsbegriff, und Lebensqualität zielte vornehmlich auf die individuelle Wohlfahrt“ (Glatzer/Zapf 1984, 17).

Diese Beschäftigung mit der individuellen Wohlfahrt in bezug auf die Lebensbedingungen und die wahrgenommene Lebensqualität führte zu zahlreichen sekundäranalytischen Untersuchungen, aber auch zu eigenständigen empirischen Erhebungen, insbesondere bei dem Wohlfahrtsservice in den Jahren 1978 und 1980 im Rahmen eines Sonderforschungsbereiches der Universitäten Frankfurt und Mannheim. Hierbei geht das Untersuchungssystem von folgender Definition der Lebensqualität aus:

„Unter Lebensqualität verstehen wir für unsere Zwecke zunächst einmal gute Lebensbedingungen, die mit einem positiven, subjektiven Wohlbefinden zusammengehen. In einer allgemeineren Definition ist die Lebensqualität von Individuen und Gruppen bestimmt durch die Konstellation (Niveau, Streuung,

Korrelation) der einzelnen Lebensbedingungen und der Komponente des subjektiven Wohlbefindens. Unter Lebensbedingungen verstehen wir die beobachtbaren, ‚tangiblen' Lebensverhältnisse: Einkommen, Wohnverhältnisse, Arbeitsbedingungen, Familienbeziehungen und soziale Kontakte, Gesundheit, soziale und politische Beteiligung. Unter subjektivem Wohlbefinden verstehen wir die von den Betroffenen selbst abgegebenen Einschätzungen über spezifische Lebensbedingungen und über das Leben im allgemeinen. Dazu gehören insbesondere Zufriedenheitsangaben, aber auch generellere kognitive und emotive Gehalte wie Hoffnungen und Ängste, Glück und Einsamkeit, Erwartungen und Ansprüche, Kompetenzen und Unsicherheiten, wahrgenommene Konflikte und Prioritäten. Dies zusammen sind die Komponenten der Lebensqualität oder der individuellen Wohlfahrt" (ebd., 23).

Das nachstehende Schema gibt eine tabellarische Zusammenfassung der Grundbegriffe (Glatzer/Zapf 1984, 24):

Sozialstruktur	Objektive Lebensbedingungen	Subjektives Wohlbefinden (wahrgenommene Lebensqualität)	Kontexte	Lebensqualität (individuelle Wohlfahrt)
Variable: Alter Geschlecht Berufsstatus Ortstyp usw. *Konstrukte:* Statuslagen Haushaltsformen Lebenszyklus (Problemgruppen)	*Lebensbereiche:* Wohnung Sozialkontakte Ehe, Familie Partizipation Gesundheit Bildung Arbeit usw. *Kumulationen* *Disparitäten*	Zufriedenheiten Bewertungen Vergleiche Glück Anomie Angst Konflikt *Kumulationen* *Disparitäten*	*Individuelle Kovoriate:* Werteinstellungen Erwartungen Ansprüche Aktivitäten Lebensereignisse *Institutionelle Kontexte:* (Markt) (Staat) (Organisationen) Haushalte	*Verteilungen* Zusammenhang Lebensbedingungen x subjektives Wohlbefinden *Kumulationen* *Disparitäten* *Problemgruppen*

Diese sozialökonomischen Lebensbedingungen einerseits und diese Komponenten des subjektiven Wohlbefindens andererseits können als qualitativer Vergleichsmaßstab und – wo und wie immer einlösbar – auch als quantitativer Vergleichsmaßstab zur Bewertung sozialer Probleme im einzelnen und gesellschaftlicher Problemfelder im allgemeinen herangezogen werden.

In letzter Konsequenz hängt jedoch die Bewertung und Beurteilung gesellschaftlicher Problemfelder von dem Wert- und Normsystem des Autors ab.

„Bei aller wissenschaftlicher Notwendigkeit, Thesen und Zusammenhänge durch Argumente und empirische Belege zu begründen, bleibt diese Arbeit einem gesellschaftspolitischen Credo verpflichtet, das sich mit dem Begriffspaar ‚mehr Freiheit und mehr Gleichheit oder Gerechtigkeit' charakterisieren läßt. Die Arbeit verstehe sich auch als parteiliche Arbeit zugunsten der noch immer in unserer Gesellschaftsordnung Benachteiligten" (Nowak 1984, 3).

Dieses Wertbekenntnis gilt auch weiterhin.

1.3 Kollektives Verhalten und soziale Bewegungen

Ausgangspunkt war die These, persönliche Probleme lassen sich auf gesellschaftliche Ursachen zurückführen. Das bedeutet logischerweise als Voraussetzung, daß individuelles Verhalten weitgehend sozial bestimmt ist oder anders ausgedrückt: individuelles Handeln bewegt sich in vorgegebenen gesellschaftlichen Bahnen. Das Individuum ist ein „homo oeconomicus" oder „homo sociologicus", denn ökonomische Zwänge und soziale Rollenerwartungen prägen das individuelle Verhalten.

In der Soziologie werden in bezug auf nicht-individuelles Verhalten zwei Arten unterschieden: Erstens kollektives Verhalten als relativ spontanes, unstrukturiertes soziales Verhalten einer großen Anzahl von Menschen und zweitens soziale Bewegung als ein gezieltes, längeres, strukturiertes soziales Verhalten vieler Menschen, um sozialen Wandel zu erreichen bzw. zu verhindern.

Kollektive Verhaltensmuster sind u. a. Moden, Gerüchte, öffentliche Meinungsbildung, Massentreffen, Massenhysterien, Paniken, Mobaktionen, Aufruhr und Krawalle (vgl. Babbie 1980, 514–521). Modeerscheinungen sind z. B. Discotanzen, Hulahopp, Rollerskating, Marathonlaufen und alle sonstigen modischen Trends insbesondere in der Kleidung. Ein Beispiel für Massenhysterie und Panikmache ist die berühmte Radiosendung von Orson Welles am 30. Oktober 1938 in den USA, als der Science-Fiction-Klassiker von Welles, „Der Krieg der Welten", in Form einer neuartigen Reportage über das Radio dramatisiert wurde. Hintergrund waren die Informationen über die Invasion fliegender Untertassen vom Mars auf die Erde. Reporter berichteten „live" von der Massenzerstörung durch die Todesstrahlen der Marsmenschen. Bevor das Programm zu Ende ging, waren inzwischen Tausende von Amerikanern aus ihren Häusern geflohen und versuchten über die Autobahnen zu entkommen. Die als wahr empfundene Radiosendung hat diese Panik ausgelöst. Beispiele für die öffentliche Meinungsbildung findet man in den tagtäglichen Verbreitungen von Nachrichten und Zeitungsenten in den Massenmedien.

Besonders markant für unsere Problematik sind die Verlaufsformen von Krawallen. Denn gerade Krawalle zeigen oft erst ein soziales Problem, das vorher in der Öffentlichkeit vollkommen unbekannt war. Bekannte Beispiele sind immer wieder die Krawalle und soziale Unruhen im amerikanischen und englischen Städten, wo insbesondere benachteiligte ethnische Minoritätsgruppen auf ihre Probleme aufmerksam machen. Erst kollektives Verhalten führt zu öffentlichem Problembewußtsein. Da aber ex definitione kollektives Verhalten spontan und unstrukturiert ist, wird dieses kurzfristig geschaffene soziale Problembewußtsein meistens sehr schnell vergessen. Soziale Bewegungen beinhalten dagegen folgende konstitutive Elemente (vgl. Raschke 1985, 77f.):

- Mobilisierung: Ständige Suche nach Unterstützung, um in Bewegung zu bleiben.
- Kontinuität: Ein bestimmter Grad an kontinuierlichen Aktivitäten zeigt, daß eine Bewegung noch Bewegung ist.
- Hohe symbolische Integration: Das Bewußtsein der Zusammengehörigkeit wird durch ein ausgeprägtes Wir-Gefühl charakterisiert.
- Geringe Rollenspezifikation: Die soziale Bewegung hat einen geringen Grad an Ausdifferenzierung und an Festschreibung von Rollen.
- Variable Organisations- und Aktionsform: Soziale Bewegungen variieren in der Wahl ihrer formalen Organisationen und ihrer Aktionsarten.
- Ziel: Jede soziale Bewegung hat das Ziel, die Gesellschaft als Ganzes oder zumindest einen gesellschaftlichen Teilbereich zu verändern. Sozialer Wandel wird angestrebt.

Zusammenfassend ergibt sich folgende Definition von sozialer Bewegung (ebd., 77):

„Soziale Bewegung ist ein mobilisierender kollektiver Akteur, der mit einer gewissen Kontinuität auf der Grundlage hoher symbolischer Integration und geringer Rollenspezifikation mittels variabler Organisations- und Aktionsformen das Ziel verfolgt, grundlegenderen sozialen Wandel herbeizuführen, zu verhindern oder rückgängig zu machen."

Ähnlich hat bereits Rammstedt soziale Bewegung als einen bewußten Prozeß des Protestes von Individuen gegen bestehende soziale Verhältnisse beschrieben (vgl. Rammstedt 1978, 130–135). Das führt verdichtet zu folgender Definition (ebd., 130):

„Unter sozialer Bewegung soll ein Prozeß des Protestes gegen bestehende soziale Verhältnisse verstanden werden, ein Prozeß, der bewußt getragen wird von einer an Mitgliedern wachsenden Gruppierung, die nicht formal organisiert zu sein braucht."

Erst strukturierte und zielorientierte Verhaltensstrategien in Form lang andauernder sozialer Bewegungen ermöglichen die Schaffung eines dauerhaften Problembewußtseins und die Durchsetzung von Interessen. Zwischen sozialen Problemen und sozialen Bewegungen besteht ein enger Zusammenhang.

Soziale Bewegungen können aus kollektivem Verhalten hervorgehen. Im Unterschied zum kollektiven Verhalten sind sie beständiger und stärker organisiert. In Anlehnung an Cameron (1966 – vgl. Babbie 1980, 526f.) werden fünf verschiedene Typen sozialer Bewegungen unterschieden. Als Unterscheidungskriterium dient der Wertmaßstab des Gleichheitsgrundsatzes, d. h. inwieweit die soziale Bewegung mehr oder weniger gesellschaftliche Gleichheit anstrebt. Zusätzlich wird unterschieden, ob der Wandel innerhalb des jeweiligen Gesellschaftssystems geschehen oder ob das Gesellschaftssystem grundlegend verändert werden soll.

(1) Revolutionäre Bewegungen

Revolutionäre Bewegungen treten mit dem Anspruch auf, das als ungerecht erkannte Gesellschaftssystem umzustürzen, um eine mehr auf Gleichheit aufgebaute Gesellschaft zu gestalten. Bekannte historische und auch noch heute aktuelle Bewegungen sind:

- die amerikanische Revolution von 1776 zur Abschaffung kolonialer Unterdrückung,
- die französische Revolution von 1789 zur Abschaffung der Feudalherrschaft und zur Errichtung einer bürgerlichen Gesellschaft,
- die russische Revolution von 1917 zur Abschaffung der feudalistisch-kapitalistischen Verhältnisse und zur Errichtung einer proletarischen Herrschaft,
- die chinesische Revolution von 1949 zur Abschaffung feudal-halbka-

pitalistischer Gesellschaftsverhältnisse und zur Errichtung einer sozialistischen Herrschaftsordnung,
- die kubanische Revolution unter Fidel Castro von 1959 zur Abschaffung imperialistischer Abhängigkeit,
- viele soziale Bewegungen und Revolutionen in der Dritten Welt seit den 40er Jahren zur Erlangung der Unabhängigkeit von den imperialistischen und kolonialistischen Mächten (vgl. u. a. Indien und fast alle afrikanischen Staaten),
- die Solidaritätsbewegung in Polen Anfang der 80er Jahre zur Demokratisierung der dortigen sozialistischen Verhältnisse.

(2) Reformbewegungen

Reformbewegungen fordern und streben mehr Gleichheit an, aber die soziale Veränderung soll Schritt für Schritt innerhalb des jeweiligen Gesellschaftssystems erfolgen. Sind die Veränderungen minimal und bedeuten sie nur eine bessere Anpassung des Gesellschaftssystems an neue sozioökonomische und technische Bedingungen, dann spricht man von Reformismus. Sind dagegen die Veränderungen tiefgreifender im Sinne eines grundlegenden Wandels, dann spricht man von reformerischer Veränderung. Bekannte Beispiele dieser Reformbewegung sind historisch und aktuell:

- die Arbeiter- und Gewerkschaftsbewegung sozialdemokratischer Prägung seit Mitte des vorigen Jahrhunders zur Lösung der sozialen Frage – von einer krassen kapitalistischen Ausbeutung zu einer sozialen Demokratie hin,
- die Frauenbewegung seit den 70er Jahren zur Erringung der Gleichberechtigung der Frauen in einer Männergesellschaft,
- die Homosexuellenbewegung seit den 70er Jahren zur Abschaffung der Diskriminierung der Homosexuellen,
- die Bürgerrechtsbewegung der Schwarzen in den USA in den 60er Jahren zur Erlangung der ethnisch-sozialen Gleichberechtigung in der amerikanischen Gesellschaft,
- die Anti-Vietnam-Bewegung in den 60er Jahren zur Beendigung des Vietnamkriegs der Amerikaner,
- die ökologische Bewegung seit den 70er Jahren zu einer ökologischen Umgestaltung einer rein ökonomisch orientierten Gesellschaft und
- die Friedensbewegung seit den 80er Jahren zur Verhinderung eines Atomkrieges und zur Sicherung des Weltfriedens.

(3) Expressive Bewegungen

Als neutral lassen sich alle diejenigen sozialen Bewegungen bezeichnen, deren primäre Funktion der Ausdruck ihrer jeweiligen Lebensgefühle ist, ohne das Gesellschaftssystem verändern zu wollen. Dazu gehören unter anderem:

- religiöse Bewegungen aller Zeiten, um als Religion in einem bestehenden Gesellschaftssystem anerkannt zu werden,
- die Modebewegungen aller Art,
- die Hippie-Bewegung in den 60er Jahren,
- die Jugendbewegungen zu allen Zeiten als Darstellung des Andersseins im Vergleich zu den Erwachsenen und
- die Punk-Bewegung in den 80er Jahren als Ausdruck besonders expressiver Verhaltensweisen.

(4) Konservative Bewegungen

Konservative Bewegungen sind gekennzeichnet durch das Streben nach weniger Gleichheit in der Gesellschaft, weil man sie für die Leistungsdynamik des Gesellschaftssystems für schädlich hält, aber die Veränderungen werden innerhalb des Systems durch Gegenreformen angestrebt. Bekannteste Beispiele sind:

- der „Thatcherismus" in den 80er Jahren zur Privilegierung der Mittelschicht und zur Zurückdrängung der organisierten Gewerkschafts- und Arbeiterbewegung,
- „Reaganomics" in den 80er Jahren in den Vereinigten Staaten zur Durchsetzung ökonomischer und militärischer Zielsetzungen auf Kosten der unteren Einkommensgruppen,
- die Klu-Klux-Klan-Bewegung während und nach dem amerikanischen Bürgerkrieg (1860–1865) zur Verhinderung der Gleichberechtigung der Schwarzen mit der weißen Bevölkerung und
- die soziale Wendepolitik der liberal-konservativen Bundesregierung in den 80er Jahren zur Überwindung der ökonomischen Krise zu Lasten der Errungenschaften und Leistungen des Sozialsstaats.

(5) Reaktionäre oder konterrevolutionäre Bewegungen

Konterrevolutionäre Bewegungen streben nach weniger Gleichheit, indem das bestehende System grundsätzlich geändert werden soll. Dazu zählen insbesondere alle faschistischen Bewegungen des 20. Jahrhunderts wie z. B.:

- Hitler 1933 bis 1945 in Deutschland,
- Mussolini 1922 bis 1944 in Italien,
- General Franco 1939 bis 1976 in Spanien,
- die Salazar-Diktatur 1932 bis 1974 in Portugal,
- die Diktatur von Pinochet seit 1973 in Chile.

In Anlehnung an Mauss (1975, 61–66) lassen sich fünf Stufen oder Etappen in der Entwicklung einer sozialen Bewegung feststellen: Anfang, Vereinigung, Institutionalisierung, Fragmentierung und Ende.

Jede soziale Bewegung *beginnt* mit einer Unzufriedenheit von Mitgliedern einer Gesellschaft über bestimmte soziale Zustände, den ersten Diskussionen in der Öffentlichkeit und dem ersten Grad vorläufiger Organisation von Leuten, die diese Interessen vertreten wollen. Die zweite Stufe *Vereinigung* bedeutet eine stärkere informelle Organisierung zur Durchsetzung der Interessen. Die dritte Stufe *Institutionalisierung* bedeutet eine gesellschaftsweite Organisation und Koordination der Aktivitäten, die breite Diskussion in den Massenmedien, die Auseinandersetzung im Gesellschaftssystem und der Dialog mit den Politikern. Die vierte Stufe der *Fragmentierung* bedeutet, daß nach den ersten Erfolgen ein Teil der Anhängerschaft abbröckelt, da sie bereits mit dem Erreichten zufrieden sind. Die fünfte Stufe, das *Ende* einer sozialen Bewegung ist oft mit dem Erfolg dieser sozialen Bewegung erreicht.

1.4 Soziale Probleme als soziale Bewegungen

Zentraler Ausgangspunkt ist die These, daß soziale Probleme als soziale Bewegungen definiert werden können. Wichtig in diesem Zusammenhang ist dabei die wissenschaftstheoretische Prämisse, daß es keine objektive Wissenschaft im strengen Sinne gibt, sondern nur eine Relativität der Wahrheit. Soziale Realität wird durch den Menschen wahrgenommen, in seinem Gehirn aufgrund bisheriger Erkenntnisse eingeordnet und als vorläufige Theorie formuliert. Sowohl die soziale als auch die physikalische Realität hängt von den gesammelten empirischen Daten, den angewandten Methoden und der vorläufigen Theoriekonzeption über die Realität ab. Bekanntes Beispiel ist der Wechsel vom erdzentrierten zum sonnenzentrierten Weltbild durch den Gedankenentwurf von Galilei. Erst im Jahre 1984 hat die katholische Kirche die vor 400 Jahren ausgesprochene Verbannung von Galileo Galilei aus den kirchlichen Dogmen aufgehoben. Lange Zeit hat sich gerade die Kirche gegen diese neue Theorie gesträubt. Aber wer kann streng wissenschaftlich behaupten, daß dieses Sonnensystem die einzig mögliche wahrhaftige wissenschaftliche Erklärung ist? Vielleicht entdecken die Physiker und Astronomen aufgrund neuer Methoden und mit Hilfe des Computers und der Erdsatelliten neue Fakten, die zu einem anderen physikalischen Weltbild führen können.

„Wenn von einem Naturbild der exakten Naturwissenschaft in unserer Zeit gesprochen werden kann, so handelt es sich also eigentlich nicht mehr um ein Bild der Natur, sondern um ein Bild unserer Beziehungen zur Natur. Die alte Einteilung der Welt in einen objektiven Ablauf in Raum und Zeit auf der einen Seite und die Seele, in der sich dieser Ablauf spiegelt, auf der anderen, also die Descartessche Unterscheidung von res cogitans und res extensa, eignet sich nicht mehr als Ausgangspunkt zum Verständnis der modernen Naturwissenschaft. Im Blickfeld dieser Wissenschaft steht vielmehr vor allem das Netz der Beziehungen zwischen Mensch und Natur, der Zusammenhänge, durch die wir als körperliche Lebewesen abhängige Teile der Natur sind und sie gleichzeitig als Menschen zum Gegenstand unseres Denkens und Handelns machen. Die Naturwissenschaft steht nicht mehr als Beschauer vor der Natur, sondern erkennt sich selbst als Teil dieses Wechselspiels zwischen Mensch und Natur. Die wissenschaftliche Methode des Aussonderns, Erklärens und Ordnens wird sich der Grenzen bewußt, die ihr dadurch gesetzt sind, daß der Zugriff der Methode ihren Gegenstand verändert und umgestaltet, daß sich die Methode also nicht mehr vom Gegenstand distanzieren kann. Das naturwissenschaftliche Weltbild hört damit auf, ein eigentlich naturwissenschaftliches zu sein" (Heisenberg 1984, 111–112).

Wenn es also in den Naturwissenschaften schon keine absolute Wahrheit gibt, so ist es in den Sozialwissenschaften noch viel schwieriger. Denn hier sind die Fakten noch weniger eindeutig, die Methoden dementsprechend noch unzulänglicher und die Theoriebildungen daher als jeweilig relative für bestimmte Menschen, soziale Gruppen und regionale Räume anzusehen.

Emile Durkheim hat in „Die Regeln der soziologischen Methode" (1895) dieser Tatsache voll Rechnung getragen:

„Jede wissenschaftliche Untersuchung bezieht sich auf eine bestimmte Gruppe von Erscheinungen, die ein und derselben Definition entsprechen. Der erste

Schritt des Soziologen muß also darin bestehen, die Dinge, die er behandelt, zu definieren, damit man weiß, und genau weiß, um welches Problem es sich handelt. Das ist die erste und unumgänglichste Voraussetzung einer jeden Beweisführung und jeder Verifizierung; eine Theorie kann überhaupt nicht kontrolliert werden, wenn man die Tatschen nicht kennt, denen sie Rechnung tragen sollen. Überdies wird, da durch diese einleitende Definition der Gegenstand der Wissenschaft selbst konstituiert wird, dieser Gegenstand ein Ding sein oder nicht, je nachdem wie die Definition gebildet wird" (Durkheim 1895/1984, 130f.).

Soziale Fakten werden also aufgrund vorausgeschickter Definitionen interpretiert. Ein Beispiel soll dies verdeutlichen: Die in den Industriegesellschaften westlicher und östlicher Prägung feszustellende Tatsache einer steigenden Scheidungsrate läßt sich aufgrund eines vorgegebenen Wertsystems unterschiedlich auslegen: Die einen sehen in dieser Scheidungsrate ein Symptom des moralischen Niedergangs der Gesellschaft, vielleicht sogar den Zusammenbruch der Gesellschaft, während eher am Gleichheitsgrundsatz orientierte Frauen-, aber auch Männer-Gruppen darin den Beweis sehen, wie Millionen unglücklicher verheirateter Frauen in den letzten Jahrhunderten unterdrückt worden sind und nun einen Schritt zu ihrer Befreiung getan haben. Der soziale Indikator Scheidungsrate wird also aufgrund bestimmter gesellschaftlicher Werte kontrovers interpretiert.

Die Frage nach der sozialen Realität hängt vom interpersonalen oder gesellschaftlichen Konsens ab. Viele Theorien haben sich erst mühselig in jahrelangen wissenschaftspolitischen Auseinandersetzungen durchgesetzt. Was als wissenschaftlich richtig und wahr gilt, hängt auch von den gesellschaftlichen Umständen ab, nämlich von den sich in der Öffentlichkeit und im wissenschaftspolitischen Raum durchsetzenden Interessengruppen. Die Förderung bestimmter Wissenschaftszweige hängt von der jeweilig ökonomisch-politischen Konstellation in der Gesellschaft ab. Bestes Beispiel ist heutzutage die enorme Förderung der Natur- und Ingenieurwissenschaften im Sinne eines Glaubens an das Allheilmittel Technologie im Vergleich zur geringeren Förderung der Sozialwissenschaften.

Dementsprechend hängt auch die Frage nach der „Existenz" eines sozialen Problems von dem Bewußtsein in der Öffentlichkeit ab, das wiederum durch die Interessengruppen geprägt wird, die sich in der Gesellschaft durchsetzen können. Das führt zu der *These, daß soziale Probleme ein besonderer Fall der sozialen Bewegungen sind* (vgl. Mauss 1975, 38).

Die Existenz eines sozialen Problems in der Gesellschaft läßt sich mit Blumer (1975, 102 u. 107) zusammenfassen:

„Meine These ist, daß soziale Probleme hauptsächlich Resultate eines Prozesses kollektiver Definition sind; sie existieren nicht unabhängig davon als eine Konstellation objektiver sozialer Bedingungen spezifischer Art. ...

Soziale Probleme sind nicht das Resultat eines innerlichen Dysfunktionierens der Gesellschaft, sondern das Resultat eines Prozesses der Definition, in welchem eine bestimmte Bedingung herausgegriffen und als soziales Problem identifiziert wird. Ein soziales Problem existiert für eine Gesellschaft nicht, wenn es von dieser nicht als existierend anerkannt wird. Solange eine Gesellschaft sich eines sozialen Problems nicht bewußt ist, nimmt sie es nicht wahr; sie befaßt sich nicht mit ihm, diskutiert es nicht, und sie unternimmt auch nichts in Hinblick auf eine Lösung. Das Problem besteht einfach nicht. Von daher ist es notwendig, die Frage zu untersuchen, wie soziale Probleme entstehen.“

Diese These ist insoweit zu relativieren, als soziale Probleme in der Gesellschaft „objektiv“ existieren können, aber nicht bewußt wahrgenommen werden. Das von Individuen oder sozialen Gruppen festgestellte soziale Problem wird erst durch eine soziale Bewegung politikfähig.

Weiterführende Literatur

Glatzer, Wolfgang/*Zapf,* Wolfgang (Hrsg.): Lebensqualität in der Bundesrepublik. Objektive Lebensbedingungen und subjektives Wohlbefinden. Frankfurt a. M./New York 1984

Hardert, Ronald A. u. a.: Confronting Social Problems. St. Paul 1984

Lauer, Robert H.: Social Problems and the Quality of Life. Second Edition. Dubuque, Iowa 1982

Mauss, Armand L.: Social Problems as Social Movements. Philadelphia/New York/San Jose/Toronto 1975

Oberschall, Anthony: Social Conflicts and Social Movements. Englewood Cliffs, N. Y. 1973

Rammstedt, Otthein: Soziale Bewegung. Frankfurt a. M. 1978

Raschke, Joachim: Soziale Bewegungen. Ein historisch-systematischer Grundriß. Frankfurt a. M./New York 1985

Stallberg, Friedrich W./*Springer,* Werner (Hrsg.): Soziale Probleme. Grundlegende Beiträge zu ihrer Theorie und Analyse. Neuwied und Darmstadt 1983

Zald, Mayer N./*McCarthy,* John D. (Hrsg.): The Dynamics of Social Movements. Cambridge, Mass. 1979

2. Kapitel: Soziales Zusammenleben – allein versus gemeinsam

Im Bewußtsein der meisten Leute gilt die Familie noch immer als tragende Stütze unserer Gesellschaft. Aber ein Blick in die Statistik zeigt, daß dieses Bild seit Jahren nicht mehr der Realität entspricht. Die Familie ist als Lebensform bereits in eine Minderheit, wenn man Haushalte als Vergleichsmaßstab heranzieht.

2.A Gesellschaftliches Problemfeld Familie

2.A.1 Alternatives Zusammenleben als soziale Problembewegung

In den letzten Jahren zeigte sich ein zunehmender Widerspruch zwischen dem ideologischen Anspruch der Familie als traditioneller Lebensform und den ökonomischen Veränderungen, die diese Form des Zusammenlebens der Familie zerstören. Dieser Widerspruch macht sich an folgenden Tatsachen fest:

1. Zunahme der Berufstätigkeit beider Eltern aus ökonomischen Gründen und/oder emanzipatorischen Bestrebungen der Frau.
2. Eine Folge ist eine Zunahme an Schlüsselkindern und Fremderziehung in außerfamiliären sozialpädagogischen Einrichtungen.
3. Teilweise noch enge Wohnverhältnisse erschweren das Zusammenleben der Familienmitglieder.
4. Viele junge Menschen wachsen heute als Einzelkinder auf.

Diese sozialökonomischen Sachzwänge haben dazu geführt, daß viele junge Leute ausziehen und heiraten oder mit anderen Gleichaltrigen zusammenziehen.

Die Familie wurde erst dann öffentlich als gesellschaftliches Problemfeld wahrgenommen, als viele junge Menschen begannen, neue Lebensformen zu suchen. Diese drängten – quantitativ – auf den Wohnungsmarkt und suchten – qualitativ – ihre Wertvorstellungen in anderen

Lebenszusammenhängen durchzusetzen. Es kam zu Konflikten mit Hauseigentümern, Wohnungsbaugesellschaften und Nachbarn. Kommune, Wohn- und Hausgemeinschaften galten als Tabu. Da aber Tausende von jungen Menschen alternative Lebensformen ausprobierten, entstand eine soziale Problembewegung. Heute werden Wohn- und Hausgemeinschaften in der Regel von der Öffentlichkeit toleriert und von Wohnungsbaugesellschaften und Hauseigentümern weitgehend akzeptiert. Es ist sicherlich schwieriger, eine Wohngemeinschaft in einer katholischen Kleinstadt als in einer liberal-protestantischen Großstadt durchzusetzen.

Fazit: Alternatives Zusammenleben ist erst dann in der Gesellschaft akzeptiert worden, als eine soziale Problembewegung in Form von Wohngemeinschaften und Probezusammenleben zahlreich aufgetreten ist. Diese Alternativen haben die Familie als ein gesellschaftliches Problemfeld in das Bewußtsein der Öffentlichkeit gehoben.

2.A.2 Indikatoren des sozialen Zusammenlebens

(1) Privathaushalte:

		davon mit ... Personen			
Jahr	insgesamt	1	2	3	4 und mehr
1950	16650000	3229000	3833000	5379000	
1961	19460000	4010000	5156000	4389000	5905000
1970	21991000	5527000	5959000	4314000	6190000
1985	26367000	8863000	7861000	4514000	5129000
1985 in %	100%	33,61%	29,81%	17,12%	19,45%

(Statistisches Jahrbuch 1987, 66)

Die Zahl der Ein-Personen-Haushalte nimmt zu und die der 4- und mehr-Personenhaushalte nimmt ab. In Berlin (West) verändert sich die Haushaltsstruktur im Verhältnis der Ein-Personen-Haushalte zu den Mehrpersonenhaushalten radikal. Während es 1960 erst 388000 Ein-Personen-Haushalte und 641000 Mehr-Personen-Haushalte gegeben hat, sind die Zahlen 1983 im umgekehrten Trend, nämlich 548400 Ein-Personen-Haushalte und 474200 Mehr-Personen-Haushalte. Daraus ergibt sich bei knapp 2 Mill. Einwohnern für Berlin (West) die Tatsache, daß mehr als ein Viertel der Bevölkerung allein in einem Haushalt lebt.

(2) Eheschließungen und -lösungen

Die Zahl der Eheschließungen geht zurück, während sich gleichzeitig die Zahl der (gerichtlichen) Ehelösungen erhöht (vgl. Statistisches Jahrbuch 1987, 70 und 78). In jüngster Zeit nehmen die Eheschließungen leicht zu.

Jahr	*Eheschließungen*	*Ehelösungen*
1950	535708	86341
1960	521445	49325
1970	444510	76711
1980	362408	96351
1982	361966	118609
1984	364140	130894
1985	364661	128268
1986	372008	—

Auf drei Eheschließungen kommt im Jahresdurchschnitt bereits eine Ehelösung. Berlin (West) als möglicher „Frühwarn-Indikator" eines gesamtgesellschaftlichen Entwicklungstrends zeigt ein Verhältnis von 2:1 (vgl. Statistisches Landesamt Berlin 1984):

Jahr	*Eheschließungen*	*Ehelösungen*
1960	21093	4487
1970	16723	6483
1983	12162	5950

(3) Selbstmord und Selbstbeschädigung

Beim Indikator Selbstmord und Selbstbeschädigung liegt die Bundesrepublik im „mittleren" Bereich (vgl. Statistisches Jahrbuch 1987, 713):

Bundesrepublik Deutschland	1985	20,7
Frankreich	1984	22,0
Griechenland	1984	3,9
Japan	1985	19,4
Niederlande	1984	12,4
Österreich	1985	27,7
Ungarn	1985	44,4
Vereinigte Staaten	1983	12,1

(4) Telefonseelsorge

Die Telefonseelsorge ist ein weiterer Indikator für Probleme im sozialen Zusammenleben.

„1984 haben sich mit 22371 Anrufen und in 290 persönlichen Beratungen Menschen an die Telefonseelsorge gewandt.

Auf einmal nicht mehr weiter wissen...

Wenn das Alleinsein zur Einsamkeit wird und ein Mensch verzweifelt ist, weil er nicht mehr weiß, wie es weitergehen soll und auch niemanden hat, mit dem er darüber sprechen kann, ist es möglich, daß er die Telefonseelsorge anruft.

Bei den vielen verschiedenen Problemen, die Mitbürger veranlassen, sich an die Telefonseelsorge Berlin zu wenden – tagtäglich etwa 63 Anrufe – stehen zwei Dinge deutlich im Vordergrund: Einsamkeit und Verzweiflung.

Sich alleingelassen zu fühlen, unter seiner Einsamkeit leidend, ohne Hilfe, orientierungs-, mut- und hoffnungslos zu sein, ist ein belastender Zustand, der sich nur schwer ertragen läßt.

Wenn keiner da ist, mit dem man reden kann..." (Telefonseelsorge 1984, 4).

Eine Aufschlüsselung der Motive der Anrufer ergibt folgendes Bild in Prozent (ebd., 5):

Psychische Probleme (z. B. Depression, Angst, mangelndes Selbstgefühl): 22,7%
Besondere Lebenssituationen (z. B. Vereinsamung, Isolation, Probleme Alleinstehender, alte Menschen, organische Krankheiten, akute Schicksalsschläge): 18,4%
Sucht: 12,3%
Sonstige Anlässe und Motive: 10,9%
Suizid: 8,1%
Partnerschaftsprobleme Unverheirateter: 7,6%
Eheprobleme: 7,3%
Umwelt und soziale Fragen: 6,8%
Familienprobleme der Eltern: 3,4%
Religion und Weltanschauung: 2,4% und
Familienprobleme der Kinder und Jugendlichen: 2,1%

2.A.3 Lebensqualität und gesellschaftliche Perspektive

Es ist fast unmöglich, den Zusammenhang zwischen sozialem Zusammenleben und Lebensqualität zu untersuchen. Zu unterschiedlich sind die Standpunkte über das „richtige" soziale Zusammenleben. Die Auffassungen schwanken zwischen dem Ideal einer christlichen Familie und dem einer Wohnkommune auf dem Lande. Aus diesem Grunde werden nachstehend nur einige Einflußfaktoren genannt.

1. Als gesellschaftliches Wesen ist der Mensch u. a. auf Solidarität, Liebe, Zärtlichkeit und Sexualität angewiesen. Das Erlebnis solidarischen Handelns wird in der arbeitsteilig-komplexen Gesellschaftsordnung schwieriger. Computerarbeitsplätze verbinden den Menschen nur noch über Terminals. Ein Blick in die Spalte „Lonely Hearts" vieler Zeitschriften belegt die Problematik.
2. Artikel 6 des Grundgesetzes stellt die Ehe und die Familie unter den besonderen Schutz der staatlichen Ordnung, aber die soziale Wirklichkeit widerspricht diesem Verfassungsanspruch. Die Indikatoren für zurückgehende Eheschließungen und zunehmende Ehescheidungen belegen, daß das Zusammenleben in einer traditionellen Kleinfamilie immer schwieriger wird.
3. Soziales Zusammenleben wird auch durch enge Wohnverhältnisse, geringe Bildung, schlechte Ausbildung und geringen sozialen Berufsstatus bedroht. Konkrete Beispiele sind die kleinen Kinderzimmer im sozialen Wohnungsbau, der Mangel an Ausbildungsplätzen, keine oder schlechte Spielplätze, Jugendarbeitslosigkeit usw.
4. Armut bedroht soziales Zusammenleben. Wer tagaus, tagein wirtschaftlich über die Runden kommen muß, kann nicht heute längerfristige Planungen für morgen vornehmen. Eine gesicherte materielle Basis ist Voraussetzung für ein „gutes" soziales Zusammenleben.
5. Drogen- und Alkoholkonsum, nicht akzeptiertes nonkonformistisches Sexualverhalten, mangelnde Anpassungsfähigkeit aufgrund von Aggressivität, Unsicherheit und Überanpassung können soziales Zusammenleben erschweren (vgl. Lauer 1982, 494–500).

Eine Studie im Auftrag der „Deutschen Liga für das Kind in Familie und Gesellschaft" gelangt zu folgender gesellschaftlicher Perspektive:

„In Zukunft werden wohl mehr Menschen als bisher zeitlebens ledig bleiben, das Heiratsalter dürfte sich weiter nach oben verschieben, ein viel größerer Teil der Ehen als bisher dürfte durch Scheidungen enden und mehr Männer und Frauen als bisher werden durch Wiederheirat oder durch Eingehen einer ‚Ehe ohne Trauschein' im Laufe ihres Lebens nacheinander mit mehreren Partnern zusammenleben. Eine solche Prognose ist zurückzuführen auf

- den weiter wachsenden Anteil junger Menschen, insbesondere auch Frauen mit langer Ausbildungsdauer;
- den weiter wachsenden Anteil wirtschaftlich unabhängiger Frauen;
- die Tendenz zu einer wachsenden Reduzierung der Partnerbeziehungen auf eine hochpersonalisierte Intimgemeinschaft, welche die Partnerwahl schwierig und risikoreich macht und an die Fähigkeit zu einem harmonischen Zusammenleben für viele Jahre so hohe Ansprüche stellt, daß viele überfor-

dert sind. Wahrscheinlich hat auch die Fähigkeit zur Konfliktbewältigung und auch schon der Wille zur Konfliktvermeidung abgenommen;
- auch das noch kaum vorhandene Risiko einer Mußheirat;
- die wachsende Bereitschaft der Gesellschaft, auch ihre älteren Mitglieder, viele Formen des Zusammenlebens der Geschlechter, auch solche von kürzerer Dauer, wenigstens zu tolerieren und schließlich
- einen zunehmenden Individualismus, den man gerne mit dem Schlagwort ‚Selbstverwirklichung' umschreibt, hinter der neben der Forderung nach Freiheit und Gleichheit der Gedanke der Solidarität in den Hintergrund tritt" (Schwarz/Höhn 1985, 15).

Die traditionelle Kleinfamilie wird nur eine von vielen Formen des sozialen Zusammenlebens sein. Andere Arten von Lebens- und Wohngemeinschaften werden gleichrangig und oft im Lebenszyklus nacheinander existieren. Wertewandel und ökonomische Individualabsicherung führen zu einem Pluralismus an Formen des sozialen Zusammenlebens.

2.B Soziale Bewegungen

2.B.1 LAT-Bewegung

Living Apart Together – getrennt gemeinsam leben (Meulenbelt 1985). Das ist anscheinend die heutige Lebensdevise: Gehen wir zu Dir oder zu mir nach Hause oder trennen wir uns, weil jeder für sich leben möchte. Diese Devise der 80er Jahre ist die Fortsetzung der verschiedenen Bewegungen des sozialen Zusammenlebens in den 70er Jahren. Damals waren die Schlagworte „Wohngemeinschaft"; „Ehe auf Probe"; „Landkommune"; „Single"; und „Hausgemeinschaft". Alle diese Erscheinungsformen bedeuten die Flucht aus der traditionellen Kleinfamilie.

In der Bundesrepublik Deutschland gibt es schätzungsweise mindestens 30000 Wohnkollektive (vgl. Korczak 1979, 101). Sie sind Teil der Ende der 60er Jahre entstandenen Wohngemeinschaftsbewegung.

„Stand bei der legendären Kommune 2, ..., noch die Verbindung der Befriedigung der eigenen individuellen Bedürfnisse mit dem politischen Kampf gegen die Quellen ihrer Unterdrückung im Vordergrund, so ist heute das politische Motiv eher in den Hintergrund getreten. Wichtiger dagegen sind die anderen Elemente des Motivationskataloges geworden, wie ihn einst die Kommune 2 in ihrem gleichnamigen Buch formuliert hat. Es waren, eine Alternative zum Familien- oder Einzeldasein zu sein, die Verbindung von Lust- und Leistungsprinzip zu gewährleisten, die Emanzipation des Einzelnen voranzutreiben und das Erreichen einer repressionsfreien Kindererziehung" (Korczak 1979, 103).

Parallel zu dieser Wohngemeinschaftsbewegung hat sich der dialektische Kontrapunkt Single als soziale Bewegung entwickelt. Der Begriff kommt aus Amerika.

„Dort ist das Allein-Leben förmlich auf den Begriff gebracht worden: ‚single' ist nicht nur eine personenbezogene Zustandsbeschreibung, sondern eine etablierte Familienstandsbezeichnung. In Amerika sind die Singles eine soziologisch ziemlich genau definierte, wirtschaftlich wichtige Bevölkerungsgruppe, ... deren genau beobachtete Konsumgewohnheiten mit einem spezifischen Angebot an Waren und Dienstleistungen beantwortet werden.

Amerikanische Singles haben, zumindest in den großten Städten, ‚ihre' Kneipen, also auf sie spezialisierte Bars, als Kommunikationszentrum, auch als Umfeld für die relativ problemfreie Anknüpfung von ‚transitory arrangements'. Es gibt vielerlei Wochenendtreffs und spezielle Reiseveranstaltungen für Singles, die ganz unverhohlen einer ‚transitorischen' Partnerbeziehung Vorschub leisten. Insgesamt aber hat sich der Begriff Singles zusehends entsexualisiert, ist eher zu einer demographischen Größenordnung geworden, die relativ bürgerliche Formen des kooperativen Zusammenlebens beschreibt" (Schreiber 1980, 18).

Bei diesen Singles gibt es sicherlich eine Gruppe, die aus Prinzip oder aufgrund sozialer Umstände (z. B. insbesondere alte Leute) immer oder über längere Zeiträume allein leben, während eine andere Gruppe wechselnde Formen des sozialen Zusammenlebens probiert. Zusammen aber getrennt oder Living Apart Together ist wohl die angemessene Bezeichnung für diese Bewegung der 80er Jahre. Es ist der Wunsch, zwei Lebensprinzipien auszuleben: einerseits die eigene persönliche Freiheit zu genießen und andererseits das Bedürfnis nach Kommunikation und gemeinsamen Erleben zu befriedigen.

2.B.2 Kleinfamilienbewegung

Unter dem Eindruck der Tendenz des weiteren Funktionsverlustes bis hin zu Auflösungstendenzen der traditionellen (christlich-bürgerlichen) Kleinfamilie und wohl auch als Gegenbewegung zu der Single- und Wohngemeinschaftsbewegung ist in den letzten Jahren eine neo-konservative Bewegung entstanden: Propagierung der Kleinfamilie als ideale soziale Lebensform und als Stabilitätsfaktor einer demokratisch-kapitalistischen Gesellschaftsordnung. Zur Unterstützung dieser familienpolitischen Zielsetzung ist insbesondere „das Gesetz über die Gewährung von Erziehungsgeld und Erziehungsurlaub (Bundeserziehungsgeldgesetz-BErzGG)“ verabschiedet worden. So heißt es in der Zielsetzung des Gesetzentwurfes:

„Mit der Einführung eines Erziehungsgeldes wird ermöglicht oder erleichtert, daß sich ein Elternteil in der für die ganze spätere Entwicklung entscheidenden ersten Lebensphase eines Kindes dessen Betreuung und Erziehung widmet. Für Mütter und Väter wird mehr Wahlfreiheit zwischen der Tätigkeit für die Familie und Erwerbstätigkeit geschaffen. Die Erziehungskraft der Familie wird gestärkt, ihre Erziehungsleistung wird von der Gemeinschaft anerkannt“ (Bundestagsdrucksache 10/3792, 1).

Dieses Erziehungsgeld ist zentraler Bestandteil eines familienpolitischen Konzepts der liberal-konservativen Bundesregierung seit ihrem Amtsantritt 1982. So heißt es in der Regierungserklärung am 04.05.1983 wie folgt:

„Beruf ist für uns nicht nur außerhäusliche Erwerbstätigkeit. Tätigkeit im Hause und für Kinder ist gleichwertig; sie muß wieder Anerkennung finden“.

Dieses Erziehungsgeld gilt als wichtige Hilfe für die junge Familie.

2.C Analytische Erklärungskonzepte

In bezug auf soziales Zusammenleben gibt es sehr unterschiedliche, teilweise konträre Erklärungskonzepte. Im Mittelpunkt stehen dabei die Analysen zur Familie in unserer Gesellschaftsordnung.

2.C.1 Strukturfunktionalistische Systemtheorie

Soziale Strukturen und funktionale Bedingungen in einem gesellschaftlichen System sind die zentralen Begriffe für die analytische Einordnung der Familie. In dem strukturfunktionalistischen Systemmodell werden Familienmitglieder nicht mehr in ihrer Individualität als einzigartige und unverkennbare Persönlichkeiten gesehen, sondern sie sind Positionsinhaber und Rollenträger im gesamtgesellschaftlichen System.

„Die überragende Bedeutung der Familie liegt in ihrer Vermittlungsfunktion im Rahmen der Gesamtgesellschaft. Sie verklammert das Individuum mit der weiteren Sozialstruktur. Eine Gesellschaft ohne die Erfüllung ihrer vielen Bedürfnisse – wie Produktion und Verteilung von Nahrungsmitteln, Schutz der Kinder und Alten, der Kranken und Schwangeren, Einhaltung der Gesetze, Sozialisierung der Kinder usw. – kann nicht bestehen.

... So stellt sich also heraus, daß die Gesellschaft nur *durch die Familie* das Individuum zur notwendigen Mitarbeit anhalten kann. Andererseits aber kann die Familie nur mit Unterstützung der Gesamtgesellschaft fortbestehen. Wenn also die Gesellschaft als größeres soziales System der Familie als kleinerem sozialen System die für ihren Bestand notwendigen Bedingungen garantiert, müssen diese beiden Systemtypen in vielerlei Hinsicht miteinander verbunden sein" (Goode 1971, 13f.).

Dieses strukturfunktionalistische Systemmodell abstrahiert von der Konkretheit des Familiensystems und weist daher einen ahistorischen Charakter auf. Die Familienmitglieder erfüllen bestimmte Rollen nach innen und außen innerhalb der Kleinfamilie. Funktionale Systemzusammenhänge und strukturelle Notwendigkeiten zur gesamtgesellschaftlichen Funktionsweise des Systems treten in den Vordergrund. Binnenfamiliäre Interaktionen sind in diesem Konzept interpretierbar.

„Zusammenfassend kann also festgehalten werden, daß die Familie in einer strukturfunktionalistischen Familientheorie als ein soziales System konzeptualisiert wird, das durch eindeutig festgelegte familiale Positionen und Rollen, durch institutionell geregelte Verhaltensweisen und ein von allen Mitgliedern geteiltes Wert- und Normensystem gekennzeichnet ist. Die Interaktionsprozesse der Familienmitglieder erscheinen in diesem Ansatz als funktionale Prozesse innerhalb eines nach Gleichgewicht tendierenden, sich selbst stabilisierenden sozialen Systems. Die Familie wird in diesem Ansatz nur in ihren ‚verdinglichten' Aspekten erfaßt. Die Beziehungen zwischen den Familienmitgliedern werden nicht als Beziehungen zwischen einzigartigen Persönlichkeiten, sondern als Beziehungen zwischen Systemeinheiten, als Systemstrukturen und -prozesse thematisiert. Stabilität und Kontinuität des Familiensystems erscheinen nur unter der Bedingung gewährleistet, daß individuelle Interpretationen gesellschaftlicher Erwartungen unterdrückt und Bedürfnisse der Individuen nur soweit befriedigt werden, als es der Stabilität des Familiensystems zuträglich ist" (Bösel 1980, 22).

Dieses strukturfunktionalistische Systemmodell der Familientheorie ist eher statisch-systemstabilisierend im Sinne einer Rechtfertigung bestehender sozialer Herrschaftsverhältnisse. Sozialer Wandel ist schwer durchsetzbar.

2.C.2 Interaktionistische Familientheorie

Beim symbolischen Interaktionismus geht es um die sozialen Beziehungen und inwieweit der Einzelne hierbei jeweils den anderen in der Interaktion wahrnimmt und auf ihn reagiert. Klassischer Vertreter dieser hauptsächlich in den Chicagoer Schule vertretenen Soziologierichtung ist Burgess. Die Familie erscheint im symbolischen Interaktionismus nicht als eine Einheit auf der Grundlage funktionalistischer Rahmenbedingungen eines sozialen Systems, sondern sie existiert als Einheit von Handlungen, die ihre Mitglieder miteinander ausüben.

„Familie stellt sich für Burgess als ein Interaktionszusammenhang her, an dem jedes Mitglied als autonom handelndes Individuum teilnimmt (Kinder ebenso wie Eltern). Die Familienmitglieder werden nicht reduziert definiert als Inhaber von Positionen und Träger vorgegebener Rollen, sondern sie werden als Persönlichkeiten verstanden, die sich in ihren besonderen Eigenschaften, Bedürfnissen, Erfahrungen und Erwartungen unterscheiden.

Entsprechend können Interaktionsprozesse und interpersonelle Beziehungen nur dann adäquat interpretiert werden, wenn die Persönlichkeitsstrukturen der Familienmitglieder entsprechend Berücksichtigung finden“ (ebd., 67f.).

In diesem Ansatz geht es um die Frage, wann relativ stabile Familienstrukturen trotz unterschiedlicher Persönlichkeitsstrukturen der Mitglieder entstehen können: Welches Bild mache ich mir von anderen, und gleichzeitig, welches Bild machen sich andere von mir? Beides führt zum „I and me“. Die gegenseitigen Erwartungen spielen hier also eine wichtige Rolle.

„Zusammenfassend kann festgehalten werden, daß das interaktionistische Familienkonzept von Burgess sich durch drei Bestimmungen der Familie bzw. des Familienzusammenlebens auszeichnet:

a) Familie wird als (Handlungs-)Einheit interagierender Persönlichkeiten verstanden.
b) Die Einheit der Familie und die Realität des Familienlebens stellen sich her und werden erhalten in und durch die Interaktionsprozesse der Familienmitglieder.
c) Die Realität des Familienlebens konstituiert sich in und über die Vorstellungen, die die Familienmitglieder von der Familie bzw. ihrer Rolle und der Rolle der anderen Mitglieder haben“ (ebd., 68).

Durch die Betonung der Familie als Handlungseinheit werden die Verhältnisse der Familie intern in den Mittelpunkt der Forschungsperspektive gerückt. Die Familie läßt sich als psycho-soziale Organisation definieren und in einen Bezugsrahmen interpretieren. Eine solche symbolisch-interaktionistische Interpretation führt zu einem Ansatz der Familie als Lebenskonzept im Sinne einer interpretativen Familiensoziologie.

„Mit dem Lebensweltkonzept der Familie, ..., wird ein methodischer Weg verfolgt, bei dem die soziale Konstitution der Familie aus den intentionalen Akten der Individuen (der Familienmitglieder) erschlossen wird. Es wird ... davon ausgegangen, daß der Lebenswelt ‚Familie' ein eigensinniger Charakter zukommt, der darin besteht, daß die Familie eine durch Symbole, Bedeutungen und soziale Regeln konstuierte Wirklichkeit ist, die vor aller wissenschaftlicher Untersuchung ihre Interpretation von sich hat" (ebd., 111).

2.C.3 Funktionsverlust und Vergesellschaftung der Familie

Eine sozialhistorische Analyse zur Entwicklung der Familie im Laufe der letzten hundert Jahre führt zur These vom Funktionsverlust der Familie und einer zunehmenden Vergesellschaftung ihrer (Erziehungs-) Aufgaben. Die Entfaltung kapitalistischer Produktionsverhältnisse mit ihrer Arbeitsteilung und den voranschreitenden gesellschaftlichen Differenzierungsprozessen haben zu Funktionsverlagerungen von der Familie zu spezialisierten Leistungsträgern geführt.

„Danach soll die Familie wesentliche Aufgaben, die sie früher wahrnehmen mußte und scheinbar auch gelöst hat, an andere Institutionen abgegeben haben: Produktionsfunktionen an spezialisierte Industriebetriebe, Versorgungsaufgaben an öffentliche Fürsorge- und Versicherungseinrichtungen, Erziehungsleisten an Schulen und Lehrwerkstätten, Freizeitaktivitäten und diverse Unterhaltungsmedien" (Neidhardt 1971, 57).

Dieser Funktionsverlust der Familie ging teilweise einher mit einer Reduktion des Familienverbandes zur Kleinfamilie. Sicherlich ist es historisch falsch, ein idealistisches Bild einer vorkapitalistischen Großfamilie zu kennzeichnen.

„Das Christentum begünstigte in gewisser Hinsicht von vornherein die Klein- oder Kernfamilie, gab aber dem großfamiliären Verband einen ausdrücklichen Schutz. Natürlich bekämpfte das Christentum die großfamiliären Bindungen nicht. Deshalb haben in vorindustrieller Zeit alle christlichen Völker wie auch andere Völker mehr oder weniger in Großfamiliengruppen gelebt...

Bezeichnend ist aber, daß der kleinfamiliäre Kern – Vater, Mutter, Kinder – gewissermaßen den Kristallisationspunkt darstellte, um den sich eher locker die organisierte Großfamilie herumgruppierte" (Bahrdt 1966, 83).

Funktionsverlust und Vergesellschaftung der Familie bedeutet nun nicht die Reduktion der Familie auf eine reine Konsumentengemeinschaft. Obgleich gerade die Erziehungsfunktion nach und nach in gesellschaftliche Einrichtungen (Kindergarten, Schule) verlagert worden ist, so daß man hier von einem Vergesellschaftungsprozeß der Erziehung sprechen kann, erfüllt aber weiterhin die Familie eine wichtige Reproduktions- und Sozialisationsfunktion. Insbesondere hat die Familie noch einen wichtigen Einfluß in bezug auf Erziehungswerte (Enkulturation) und den weiteren beruflichen und gesellschaftlichen Lebensweg eines Kindes (Placierungsfunktion), dazu gehören u. a. die Übernahme der Wertvorstellungen, Sprache und Berufsrollen der Eltern.

„Der Placierungseinfluß der Eltern wird an diesen Sachverhalten offenkundig. Eine Gleichheit der Positions- und Statuschancen ist den Kindern und Jugendlichen auch heute insofern nicht gegeben, als ihnen ihre eigenen Eltern unterschiedliche Statusvoraussetzungen vermitteln. Bevor Kinder für sich selbst sozial verantwortlich werden, ist durch ihre Eltern viel entschieden, was später nur schwer korrigierbar ist. In dieser Weise erscheint die Familie geradezu als der Garant für den Fortbestand der Ungleichheit unter den Menschen. Diskriminierungen und Privilegierungen werden weiterhin durch sie vererbt" (Neidhardt 1971, 67).

Aufgrund der zunehmenden kapitalistischen Arbeitsteilung mit einem höheren Komplexitätsgrad der Gesellschaft wird der Funktionsverlust der Familie und damit der Vergesellschaftungsprozeß tendenziell zunehmen.

2.C.4 Kritische Familientheorie

Im Anschluß an Max Horkheimer, Erich Fromm, Wilhelm Bernfeldt, Edwin Hoernle und Wilhelm Reich bedeutet kritische Familientheorie die historisch-materialistische Analyse der bürgerlichen (Klein-)Familie in ihrer Funktion zur Stabilisierung der kapitalistischen Gesellschaftsordnung. Das kritische Moment bedeutet antiautoritär, antikapitalistisch bis hin zu antifamilial. Ausgangspunkt ist das Verhältnis von

Autorität(sbewußtsein) und Familie, wie es in der Gesellschaft von den politischen Kräften geprägt ist.

„Das Verhältnis der Individuen zur Autorität, das durch die besondere Art des Arbeitsprozesses in der neueren Zeit vorgezeichnet ist, bedingt ein dauerndes Zusammenwirken der gesellschaftlichen Institutionen zur Erzeugung und Festigung der ihm entsprechenden Charaktertypen. Diese Wirksamkeit erschöpft sich nicht in bewußten Maßnahmen von Kirche, Presse usw., sondern mehr noch als durch die absichtlich auf Menschenbildung gerichteten Handlungen wird diese Funktion durch den stetigen Einfluß der herrschenden Zustände selbst, durch die gestaltende Kraft des öffentlichen und privaten Lebens, durch das Vorbild von Personen, die beim Schicksal des Einzelnen eine Rolle spielen kurz aufgrund vom Bewußtsein nicht kontrollierter Prozesse ausgeübt“ (Horkheimer 1970, 31).

Die Familie übt bestimmte Formen der Disziplin im Erziehungsprozeß aus, denn das Kind ist von seinen Eltern affektiv abhängig. Diese können als Autoritätspersonen durch Beifallsliebe oder Lieblosigkeit und/oder durch physische Mittel wie schmerzhafte Strafen oder Uninteressiertheit den Erziehungsprozeß steuern (vgl. Bernfeldt 1974, 225).

„Im Konfliktfalle stehen auf der einen Seite die autoritären Ansprüche auf Folgsamkeit, deren letzte Legitimierungsursache die Tatsache ist, daß diese Ansprüche von den Wünschen eines Erwachsenen getragen sind. Auf der anderen Seite steht der Wille des Kindes, das sich diesem Anspruch verweigert“ (ebd., 225).

Bei Wilhelm Reich wird dieses Dreieck Vater, Mutter und Kind zum Bestandteil des autoritären Staates und der autoritären Gesellschaft. In seinem Buch „Die sexuelle Revolution“ wird ein Kapitel „Die Zwangsfamilie als Erziehungsapparat“ genannt. Ökonomisch in den Anfängen des Kapitalismus entstanden, sozial als Funktion zum Schutze der wirtschaftlich und sexuell entrechteten Frau wird die Kleinfamilie heute von konservativer Seite politisch funktionalisiert.

„Ihre kardinale Aufgabe, diejenige, um derentwillen sie von konservativer Wissenschaft und konservativem Recht am meisten verteidigt wird, ist ihre Eigenschaft als Fabrik autoritärer Ideologien und konservativer Strukturen. Sie bildet den Erziehungsapparat, durch den fast ausnahmslos jedes Mitglied der Gesellschaft vom ersten Atemzuge an hindurch muß“ (Reich 1966, 106).

Diese heutige rechtlich sanktionierte bürgerliche (Klein-)Familie steht im Widerspruch zu der (post-)industriellen Gesellschaftsentwicklung mit ihrer zunehmenden Arbeits- und Rollenverteilung. Am radikalsten hat diesen Widerspruch Edwin Hoernle in „Grundfragen proletarischer Erziehung“ formuliert:

„Die bürgerliche Familienverfassung mit strenger Monogamie, Unterordnung von Frau und Kinder unter den Mann, Erwerbslosigkeit der unehelichen Kinder, Verbot der Verwandtschaftsheirat, ist der Stufe der kleinbürgerlichen Warenproduktion und des Frühkapitalismus entsprechende Funktion. Der entwickelte Kapitalismus hat diese kleinbürgerliche Familienverfassung zwar praktisch zersetzt, rechtlich jedoch fast ohne jede Lockerung beibehalten. Er hat die Ehe dadurch in eine unerschöpfliche Quelle von körperlichen und geistigen Qualen, Familientragödien, Mißhandlungen, Gemeinheiten und Erziehungsfehlern verwandelt. Trotzdem wird sie heilgesprochen, denn sie entspricht am besten den Ausbeutungs-, Eigentums- und Herrschaftsinteressen der besitzenden Klassen“ (Hoernle 1970, 35).

Eine so verstandene Funktion der Familie führt zu einer repressiven Familienpolitik durch den Staat (vgl. Haensch 1971, 38ff.). Die kritische Familientheorie sieht die Familie als Stabilisator autoritärer kapitalistischer Gesellschaftsverhältnisse.

Weiterführende Literatur

Claessens, Dieter/Milhoffer, Petra (Hrsg.), Familiensoziologie. Ein Reader als Einführung. Frankfurt a. M. 1973

Filser, Franz: Einführung in die Familiensoziologie mit Quellentexten. Paderborn, München, Wien, Zürich 1978

Korczak, Dieter: Neue Formen des Zusammenlebens. Erfolge und Schwierigkeiten des Experiments „Wohngemeinschaft“. Frankfurt a. M. 1979

Neidhardt, Friedhelm: Die Familie in Deutschland. Gesellschaftliche Stellung, Struktur und Funktionen. Opladen 1971[3]

3. Kapitel: Männer versus Frauen – Geschlechtliche Ungleichheit

Ein zentrales geschlechtliches Problemfeld in den sozialen Auseinandersetzungen der letzten Jahre ist die Durchsetzung der Gleichberechtigung für und durch die Frauen in einer noch immer von Männern beherrschten Gesellschaft. Die Ungleichheit zwischen den Geschlechtern ist heute eine der am meisten diskutierten gesellschaftlichen Ungleichheiten. Sie beruht auf dem Jahrtausend alten Patriarchat. Aber an dieser angeblich unumstößlichen Männerherrschaft rütteln die Erkenntnisse der Ethnologie und die Frauenbewegung.

3.A Gesellschaftliches Problemfeld Frauen

3.A.1 Frauen als soziale Problembewegung

Abgesehen von wenigen einfachen Gesellschaften mit gleichberechtigter bzw. matriarchalischer Ordnung finden wir in allen großen Zivilisationen (Europa, Indien, Arabien, China) nur patriarchalische Gesellschaftshierarchien vor: Die Männer dominieren die Frauen.

Geht man nun von der Wertprämisse der Gleichberechtigung zwischen Frau und Mann aus, dann gab es schon immer das soziale Problem der geschlechtlichen Ungleichheit. Dennoch ist dieses Problem erst durch aktive Frauen der über hundert Jahre alten Frauenbewegung allmählich in das Bewußtsein der gesellschaftlichen Öffentlichkeit gerückt worden. Gerade die Frauenfrage ist ein sehr markantes Beispiel für eine soziale Problembewegung. Die Frauen haben selbst kämpfen müssen, um allmählich ihre Rechte als gleichberechtigte Bürgerinnen durchzusetzen.

Bekanntes Beispiel aus den letzten Jahren ist der Kampf für Frauenhäuser. Noch heute meinen viele Männer, daß so eine Zufluchtstätte für Frauen nicht nötig sei. Jedoch die Zahl der Vergewaltigungen und der Gewaltanwendung von Männern gegenüber Frauen ist der beste Beweis für die Notwendigkeit solcher Frauenhäuser. Inzwischen sind sie als soziale Einrichtungen in vielen Großstädten etabliert und auch akzeptiert.

Fazit: Die geschlechtliche Ungleichheit zwischen Männern und Frauen, d. h. die Vorherrschaft des Mannes über die Frau läßt sich nur durch eine soziale Problembewegung der Frauen brechen.

3.A.2 Indikatoren der geschlechtlichen Ungleichheit

Indikatoren zur geschlechtlichen Ungleichheit können zwar die quantitativ meßbare Ungleichheit belegen, aber sie sagen nichts über die qualitative Seite der sozialen Beziehungen zwischen Männern und Frauen aus.

(1) Weibliche Erwerbstätigkeit

Im internationalen Vergleich 1985 steht die Bundesrepublik Deutschland zusammen mit Frankreich in bezug auf den Anteil der weiblichen Bevölkerung, die erwerbstätig ist, am unteren Ende der Skala (Statistisches Jahrbuch 1986, 652 in Klammern Männer bzw. insgesamt):

China (Taiwan)	51% (84% bzw. 68%)
DDR	50% (58% bzw. 53%)
Schweden	49% (57% bzw. 53%)
Kanada	41% (58% bzw. 50%)
Großbritannien	38% (59% bzw. 49%)
Frankreich	35% (52% bzw. 44%)
BRD	35% (60% bzw. 47%)

(2) Durchschnittliche Bruttostunden und -wochenverdienste der Arbeiterin

In der Bundesrepublik lassen sich die nachfolgenden durchschnittlichen Bruttostunden und -wochenverdienste der Industriearbeiter für das Jahr 1986 feststellen (Statistisches Jahrbuch 1987, 484ff.):

Bruttostundenverdienst in der Industrie 1986:
DM 13,04 Frauen
DM 17,85 Männer
Bruttowochenverdienst in der Industrie 1986:
DM 513.– Frauen
DM 729.– Männer

Am höchsten waren die Verdienste für Frauen im Fahrzeugbau mit DM 16,19 bzw. DM 628.–, am niedrigsten in der Lederverarbeitung mit jeweils DM 10,61 bzw. DM 419.–.

(3) Durchschnittliche Monatsverdienste weiblicher Angestellter:

In der Bundesrepublik haben 1986 kaufmännische Angestellte im Monat durchschnittlich verdient (Statistisches Jahrbuch 1987, 490f.):

Industrie und Handel zusammen:	*DM 2738.– Frauen*
	DM 4045.– Männer
nur in der Industrie:	*DM 3087.– Frauen*
	DM 4582.– Männer

Am höchsten war der monatliche Verdienst von Frauen in der Mineralölverarbeitung mit DM 4140.– im Vergleich zu den Männern mit DM 6009.–

Am niedrigsten sind die Verdienste im Einzelhandel mit DM 2169.– im Vergleich zu den Männern mit DM 3225.–

Die Differenz der Verdienste der Frauen im Einzelhandel (niedrigste Leistungsgruppe) versus Verdienste der Männer (oberste Leistungsgruppe) bei der Mineralölverarbeitung ergibt eine Gegenüberstellung von DM 1709.– versus DM 6838.–; also eine Differenz von DM 5129.– (!).

(4) Weibliche Schulabsolventen mit Hochschul- oder Fachhochschulreife

1985 betrug der Anteil weiblicher Schulabsolventen mit Hochschul- oder Fachhochschulreife (Statistisches Jahrbuch 1987, 360)

insgesamt:	141 425 Absolventinnen
zu insgesamt:	298 080 Absolventen, das ergibt einen Frauenanteil von 47,45%.

(5) Ausbildungsberufe:

In den 20 am stärksten besetzten Ausbildungsberufen ergab sich 1985 folgende Reihenfolge bei den Frauen und bei den Männern (Statistisches Jahrbuch 1987, 363):

Frauen: Friseurin, Verkäuferin, Verkäuferin im Nahrungsmittelhandwerk, Bürokauffrau, Industriekauffrau, Arzthelferin, Zahnarzthelferin, Bankkauffrau, Einzelhandelskauffrau, Bürogehilfin, Kauffrau im Groß- und Außenhandel, Fachgehilfin in steuer- und wirtschaftsberatenden Berufen, Hotelfachfrau, Hauswirtschafterin, Bürokauffrau im Handwerk, Verwaltungsangestellte, Rechtsanwaltsgehilfin, Rechtsanwalt- und Notargehilfin, Floristin, Apothekenhelferin.

Diese 20 Ausbildungsberufe der Frauen umfassen 563891 oder 75,8% aller Auszubildenden. Alle diese genannten Ausbildungsberufe gelten als typisch weiblich.

Hier zum Vergleich die 20 am stärksten besetzten Ausbildungsberufe bei den Männern:

Kraftfahrzeugmechaniker, Elektroinstallateur, Maschinenschlosser, Maler und Lackierer, Tischler, Gas- und Wasserinstallateur, Maurer, Kaufmann im Groß- und Außenhandel, Bäcker, Bankkaufmann, Betriebsschlosser, Industriekaufmann, Schlosser, Fleischer, Werkzeugmacher, Koch, Verkäufer, Energieanlagenelektroniker, Einzelhandelskaufmann, Zentralheizungs- und Lüftungsbauer. Das sind insgesamt 618563 oder 56,9% aller Auszubildenden.

(6) Professorinnen an deutschen Hochschulen:

1985 betrug die Anzahl der Professorinnen in der Bundesrepublik 1577 von insgesamt 30265 Professoren; das ergibt 5,08% (Statistisches Jahrbuch 1987, 373).

(7) Weibliche Richter:

Im Jahre 1985 gab es im Landes- und Bundesgebiet 2540 Frauen als Richter von insgesamt 17031; das ergibt einen weiblichen Anteil von 14,91%.

Bei den Richtern an Verfassungsgerichtsorganen ist das Verhältnis von Frauen zu Männern 4:96; das ergibt einen weiblichen Anteil von 4,08% (Statistisches Jahrbuch 1987, 336).

(8) Politische Repräsentation

In gesellschaftlichen Führungspositionen der Politik, der Wirtschaft und der Gewerkschaften sind Frauen unterrepräsentiert. Bekanntes Beispiel ist der Anteil an Frauen im Bundestag:

In der 10. Wahlperiode (1983–1987) waren von den insgesamt 489 Bundestagsabgeordneten (einschließlich Berlin) 53 Frauen. Das sind 10,8% – und das bei einem Anteil von 18668000 abgegebenen Frauenstimmen im Vergleich zu 16476000 abgegebenen Männerstimmen bei den Bundeswahlen 1983 (Statistisches Jahrbuch 1986, 85)!

3.A.3 Lebensqualität und gesellschaftliche Perspektive

Beim gesellschaftlichen Problemfeld Frauen gibt es als Maßstab für die Lebensqualität die verfassungsrechtliche Norm des Artikels 3 des Grundgesetzes:

„(I) Alle Menschen sind vor dem Gesetz gleich.
(II) Männer und Frauen sind gleichberechtigt.
(III) Niemand darf wegen seines Geschlechts, seiner Abstammung, seiner Rasse, seiner Sprache, seiner Heimat, seiner Herkunft, seines Glaubens, seiner religiösen oder politischen Anschauung benachteiligt oder bevorzugt werden."

Die Verfassungsnorm der Gleichberechtigung von Mann und Frau ist eine Konkretisierung des allgemeinen Gleichheitssatzes. Dieses Differenzierungsverbot kann nach herrschender Rechtsprechung aufgrund sozialbezogener Persönlichkeitsmerkmale wegfallen. So heißt es dazu in einem juristischen Kommentar:

„Es bedarf kaum eines Hinweises, daß im Bereich des Familienrechts im Hinblick auf die *objektiven biologischen oder funktionalen (arbeitsteiligen) Unterschiede* nach der Natur des jeweiligen Lebensverhältnisses auch eine besondere rechtliche Regelung erlaubt oder sogar notwendig ist z.B. alle Bestimmungen zum Schutze der Frau als Mutter, Differenzierungen der Art der Leistung für die Familiengemeinschaft ... daher gilt das *Verbot der Differenzierung* nach dem Vergleichspaar Mann – Frau nur dann, wenn der zu *ordnende soziale Lebenstatsbestand essentiell vergleichbar ist,* d.h. wenn er, vom Geschlecht des Betroffenen abgesehen, weitere wesentliche Elemente umfaßt, die ihrerseits gleich sind ... wie z.B. im Arbeitsrecht oder im Wahlrecht" (Leibholz/Rinck 1971, 167).

Dieser Gleichheitsgrundsatz steht im Widerspruch zur geschlechtlichen Ungleichheit: Frauen sind weiterhin in bezug auf Beruf, Einkommen und Ausbildung benachteiligt.

Besonders eklatant fällt die mangelnde Beteiligung von Frauen in gesellschaftlichen Organisationen und in politischen Gremien auf. Obgleich sie mehr als die Hälfte der Wahlberechtigten stellen, sind sie in allen Parlamenten und Regierungen erheblich unterrepräsentiert. In jeder Bundesregierung befindet sich nur eine Alibi-Frau. Die Frauen werden nicht nur im Beruf, in der Erziehung und in der Politik, sondern auch im gesellschaftlichen Umgang diskriminiert. Historisch drückt sich diese Diskriminierung im Sprachgebrauch im folgenden Adjektivpaar aus: „Herrlich“ kommt von Herr, und „dämlich“ kommt von Dame. Die weitere Entwicklung des gesellschaftlichen Problemfeldes Frauen hängt vom dialektischen Wechselspiel zwischen längerfristigen gesamtgesellschaftlichen Strukturveränderungen einerseits und dem politischen Handeln sozialer Bewegungen andererseits ab. Die für die Entstehung der neuen Frauenbewegung zugrunde gelegten strukturellen Veränderungen der letzten Jahre gelten sicherlich auch für die nächsten Jahre:

„a) Die Zunahme der weiblichen Erwerbstätigkeit (vor allem in den Mittelschichten (und die erhöhte Bildungs- und Berufsqualifikation auch bei den Frauen));
b) Veränderungen der familiären Situation (Trend zu Kleinfamilie und Ein-Personen-Haushalten, Zunahme alleinstehender Mütter, relative Entlastung der häuslichen Arbeit durch technische Geräte und partielle Hilfeleistungen durch den Mann);
c) die Enstehung neuer Anspruchshaltungen und Freiheitsräume auf der Grundlage einer weitgehenden Absicherung materieller Bedürfnisse, einer verlängerten Adoleszenz von mehr Freiheit, eines breiteren Informations- und Bildungsangebotes usw.;
d) die Umwertung von kulturellen Werten (Neubelebung und Ausweitung des Emanzipationsgedankens, Demokratisierung und Partizipation, Industrie- und Technikkritik, Erosion bürgerlicher Tugenden, Hedonismus) und Verhaltensstandards (Angleichung der Geschlechterrollen, sexuelle Liberalisierung, Zunahme von Scheidungen usw.)“ (Brand u.a. 1984, 123f.)

Zusammenfassend läßt sich die Frauenperspektive so einschätzen:

1. Trotz „neuer Mütterlichkeit“ und des Versuchs der Wiederaufwertung der Rolle der Hausfrau wird die weibliche Erwerbstätigkeit zunehmen. Das führt zu größerer sozialer Unabhängigkeit der Frauen.
2. Der vergangene Bildungsschub wird in der zweiten Generation wiederum zu einem größeren Bildungs- und Emanzipationsschub führen. Eltern haben immer den Ehrgeiz, ihren Kindern mindestens den gleichen, wenn nicht sogar einen besseren (Aus-)Bildungsstandard zu vermitteln.
3. Ökonomische Integration einerseits und neu zu erwartender Bildungsschub andererseits wird die politisch-gesellschaftliche Emanzipation der Frauen Schritt für Schritt vorantreiben.

3.B Soziale Bewegungen

Da es schwierig ist, die Vielfalt der vergangenen und der heutigen Frauenbewegung als einheitliche Frauenbewegung zu charakterisieren, wird nachstehend die historische Unterteilung in die erste Frauenbewegung und in die neue vorgenommen. Auch das wird nicht der Tatsache gerecht, daß es jeweilig gemäßigte und radikale bzw. bürgerliche und proletarische Flügel gegeben hat.

3.B.1 Die erste Frauenbewegung: bürgerlich versus proletarisch

Nach der gescheiterten bürgerlichen Revolution von 1848 waren die ersten Anzeichen einer Frauenbewegung zu erkennen. 1865 wurde der Allgemeine Deutsche Frauenverein (ADF) gegründet. Bis in die 90er Jahre des vorigen Jahrhunderts stand die Bildungs- und Erwerbsfrage im Vordergrund. 1894 wurde die Dachorganisation Bund Deutscher Frauenverein (BDF) gegründet. Er bildete den formalen Rahmen für sehr divergierende Frauenvereine. Diese im BDF repräsentierte bürgerliche Frauenbewegung hatte einen gemäßigten und einen radikalen Flügel. Dem gemäßigten Flügel ging es überwiegend um praktische Nahziele für ausbildungs- und berufsbezogene Einrichtungen. Freiwillige Sozialarbeit und soziale Selbsthilfemaßnahmen standen im Vordergrund.

„Im gemäßigten Flügel der Frauenbewegung ist das soziale Engagement von einem anderen Motiv begleitet: die Unentbehrlichkeit weiblicher Sozialarbeit sichtbar zu machen. Die Wohltätigkeit der Frauen soll professionalisiert werden; über die Schaffung eines typisch weiblichen Berufsbildes, der Sozialarbeiterin, soll ein Einstieg in den Arbeitsmarkt geschaffen werden.

...

Im gemäßigten Flügel entsteht die Idee von der Frauenbewegung als der ‚Bewegung organisierter Mütterlichkeit'. Nicht mehr die Forderung nach Frauenrechten und die aggressive Kritik an den Privilegien der Männer steht im Vordergrund, sondern der Gedanke, daß die berufstätigen Frauen in ihrer Eigenschaft als Frauen etwas Besonderes zu leisten im Stande seien. Dieser besondere ‚weibliche Kulturbeitrag' sei die Disposition der ‚seelischen Mütterlichkeit', die sich am deutlichsten in sozialen, pflegerischen und erzieherischen Berufen auswirken könne" (Schenk 1980, 44–46).

Dagegen vertrat der radikale Flügel andere Themen. Ihm ging es um die Sittlichkeitsfrage, die Neue Ethik und das Frauenstimmrecht. Bei der

Sittlichkeitsfrage ging es um Probleme der Prostitution und der Prostituierten, bei der Neuen Ethik um die herrschende doppelte Moral – auch Frauen sollten gleiche Rechte wie Männer in bezug auf sexuelle Bedürfnisse haben. Die Frauenstimmrechtsbewegung wollte gleiches Stimmrecht für Frauen bei allen politischen Wahlen erlangen.

Diese sozialistische oder proletarische Frauenbewegung hatte ihre Wurzeln in den Arbeiterinnenvereinen der 70er bis 90er Jahre des vorigen Jahrhunderts. Die sozialistische Frauenbewegung sah die Frauenfrage im direkten Zusammenhang mit der Klassenfrage, d.h. der Kampf um die Gleichheit der Frau ist Teil des Klassenkampfes. Clara Zetkin, eine der führenden proletarischen Frauenrechtlerinnen, hat ihren Standpunkt für die Befreiung der Frau in ihrer Rede auf dem Internationalen Arbeiterkongress zu Paris 1889 wie folgt formuliert:

„Die Arbeiterinnen, welche nach sozialer Gleichheit streben, erwarten für ihre Emanzipation nichts von der Frauenbewegung der Bourgeoisie, welche angeblich für die Frauenrechte kämpft. Dieses Gebäude ist auf Sand gebaut und hat keine reelle Grundlage. Die Arbeiterinnen sind durchaus davon überzeugt, daß die Frage der Frauenemanzipation keine isoliert für sich bestehende ist, sondern ein Teil der großen sozialen Frage. Sie geben sich vollkommen klare Rechenschaft darüber, daß diese Frage in der heutigen Gesellschaft nun und nimmermehr gelöst werden wird, sondern erst nach einer gründlichen Umgestaltung der Gesellschaft. Die Frauenemanzipationsfrage ist ein Kind der Neuzeit und die Maschine hat dieselbe geboren.

Emanzipation der Frau heißt die vollständige Veränderung ihrer sozialen Stellung von Grund aus, eine Revolution ihrer Rolle im Wirtschaftsleben. ...

Die unheilvollen Folgen der Frauenarbeit, die sich heute so schmerzlich bemerkbar machen, werden erst mit dem kapitalistischen Produktionssystem verschwinden“ (Menschik 1977, 93–96).

Neben der bürgerlichen und sozialistischen Frauenbewegung gab es noch die konfessionelle Frauenbewegung, die sich 1899 im Deutsch-Evangelischen-Frauenbund (DEF) und 1904 im Katholischen Frauenbund Deutschlands (KFD) organisierten. Beide Verbände waren konservativ orientiert: Bildung der Frauen war wichtig, aber nicht die Forderung nach Frauenstimmrecht.

Die allgemeinen Ziele der ersten Frauenbewegung lassen sich wie folgt zusammenfassen:

„Die erste Frauenbewegung kämpfte vor allem um Frauenrechte: um das Recht auf Bildung, das Recht auf einen Beruf, um gleiche Staatsbürgerrechte, vor allem das aktive und passive Wahlrecht, auch um juristische Gleichberechtigung im bürgerlichen wie im Strafrecht. Die Anhängerinnen der ersten Frauenbewegung hatten aber nicht nur die ökonomische und politische Besser- oder Gleichstellung der Frauen im Sinn. Es ging auch um das ‚Erwachen und Bewußtwerden der Frau zur freien eigengesetzlichen schöpferischen Mitarbeit an der Gestaltung der Menschheit überhaupt', um die ‚Herausbildung eines neuen Typus Frau', um die ‚geistige Hebung der Frauenwelt' im Sinne einer ‚vollen Persönlichkeitsentwicklung' und einer ‚Betätigung ihrer Eigenart über die Familie hinaus im öffentlichen Leben'. Mit der Erlangung der Staatsbürgerrechte und größerer Möglichkeiten individueller Selbstverwirklichung verbanden die Frauen den Anspruch, die Gesellschaft zu verbessern" (Schenk 1980, 104f.).

Nach dem Ersten Weltkrieg kam die erste Frauenbewegung für mehrere Jahrzehnte zum Erliegen.

3.B.2 Die neue Frauenbewegung

Seit Beginn der 70er Jahre läßt sich von der Existenz einer neuen Frauenbewegung sprechen. Obgleich erste Vorläufer der Frauenbewegung in den politischen Auseinandersetzungen bei linken Frauengruppen und sozialliberalen Vereinen und Arbeitskreisen (Frauenforen) zu erkennen sind, bilden die bundesweiten Aktionen gegen den §218 den eigentlichen Schmelztiegel für das Entstehen der neuen Frauenbewegung.

„Der §218 bleibt das bestimmende Thema für die meisten Frauengruppen, wie für die Mehrzahl spektakulärer Aktionen, die in den nächsten Jahren durchgeführt werden. Mit der Forderung nach ersatzloser Streichung des §218 (‚mein Bauch gehört mir'; ‚Ob wir Kinder wollen oder keine/bestimmen wir alleine') gehen viele Tausende von Frauen auf die Straße. Zehntausende von Unterschriften werden gesammelt, Flugblätter verteilt, Plakate entworfen, Informationsstände errichtet; es werden Straßentheater und öffentliche Tribunale veranstaltet, gruppenweise Kirchenaustritte vorgenommen, ein ungeheures Aktivitätspotential wird entfaltet" (Schenk 1980, 87).

In der zweiten Hälfte der 70er Jahre entstehen viele Selbsterfahrungs- und Theoriegruppen von Frauen. Typische Themen dieser Selbsterfahrungsgruppen sind Probleme der Kindheit (Verhältnis zu den Eltern, Ausbildung und Berufswahl), Sexualität, Beruf, Familie und Zweierbeziehung, eigene Identität und Selbstbewußtsein und das Verhältnis zu anderen Frauen (vgl. Schenk 1980, 91f.). Nach und nach entwickeln sich Ende der 70er Jahre zahlreiche Frauenprojekte, die sich die Befreiung der Frauen von den Abhängigkeiten der Männergesellschaft zum Ziel gesetzt haben.

„Seit Beginn der 70er Jahre ist in der BRD eine neue Frauenbewegung entstanden, die sehr bald erkannt hat, daß sie den Kampf um die Befreiung von der patriarchalen Unterdrückung der Frau nicht den ‚fortschrittlichen' Parteien, dem Gesetzgeber oder den Gewerkschaften – oder gar den alten, braven Frauenverbänden – überlassen kann. Sie mußte und muß sich selber helfen. Und sie wurde zu einem der aktivsten und erfolgreichsten Teile der Selbsthilfebewegung" (Vilmar/Runge 1986, 253).

Die Zahl der Einrichtungen der Frauenbewegung in der BRD wird Mitte der 80er Jahre auf über 1000 geschätzt (vgl. Vilmar/Runge 1986, 254): autonome Frauenhäuser (83) und Initiativgruppen (21), Notrufe (43), Frauenzentren (114), Frauentreffs, -gruppen und -gesprächskreise (108), Frauenbuchläden (33), Frauencafés, -kneipen, -stammtische, -discos und -restaurants (72), Informations- und Beratungsstellen (37), Therapie, gesundheitliche und psychologische Beratung (32), Lesbengruppen (94), Friedensgruppen (83), Frauenforschung, -studien und -archive (33), Zeitschriften der autonomen Frauenbewegung (51), Frauenverlage (23), Frauen-Ferienhäuser (17) und sonstige Gruppen wie Kabarett, Theater, Musik, Literatur, Photo-, Film-, Videogruppen, Galerien, Arbeitskreise zu gesellschaftlichen und politischen Themen, Selbstverteidigungsgruppen und Werkstätten (ca. 200).

Die Frauenbewegung ist ein Faktor in der gesellschaftspolitischen Auseinandersetzung in der Bundesrepublik Deutschland.

„Die Neue Frauenbewegung muß also im Zusammenhang mit der Umstrukturierung der industriellen zur nachindustriellen Gesellschaft gesehen werden. Ihre Wertvorstellungen sind postmaterialistische: Selbstverwirklichung, Bedürfniserfüllung in zwischenmenschlichen Beziehungen u.ä. stehen im Vordergrund.

...

Dennoch ist die Frauenbewegung auf jeden Fall mehr als eine soziale Mode. Sie muß als Ausdruck einer gesellschaftlichen Entwicklungstendenz verstanden werden, die sich wahrscheinlich auch ohne Frauenbewegung (möglicherweise langsamer) fortsetzen wird. Die Frauenbewegung ist Teil eines nun schon zwei Jahrhunderte andauernden sozialen Individualisierungsprozesses" (Schenk 1980, 222).

Die heutige Frauenbewegung ist weniger eine Frauen*rechts*bewegung, sondern eher eine kulturrevolutionäre Frauen*befreiungs*bewegung (vgl.

Brand u. a. 1984, 152), die durch ein dichtes infrastrukturelles Netz frauenspezifischer Einrichtungen stabilisiert wird.

3.C Analytische Erklärungskonzepte

Feministische Theoriebildung ist durch zwei gegensätzliche Entwicklungslinien gekennzeichnet: Zuerst war die Unterdrückung der Frau durch den Mann, und daraus entwickelte sich die Klassengesellschaft (feministische Entwicklungslinie) (vgl. 3.C.1) oder zuerst war die Spaltung in Klassen zwischen Ausbeutern und Ausgebeuteten und darin ist die Unterdrückung der Frau eingebettet (marxistische Entwicklungslinie (vgl. 3.C.2)).

3.C.1 Existentialistisch-feministische Theorie

Den Begriff „existentialistischer Feminismus" prägte Wolf-Graaf im Hinblick auf den großen Einfluß von Simone de Beauvoir auf weitere feministische Theorieentwürfe und auf die Frauenbewegung. Diese Position faßt sie wie folgt zusammen:

„Beauvoir begründet, wie im Ringen um die Existenz des Menschen die Frau in die Rolle der Anderen, des Objekts, der in der Immanenz Verharrenden, gekommen ist. Beauvoir ist die erste Autorin, die zwei Argumente miteinander verknüpft: die biologische Benachteiligung der Frau durch ihre Gebärfähigkeit sowie die historische Unmöglichkeit, sich als Subjekt, als wesentlich zu setzen, weil sie an entscheidenden ökonomischen und kulturellen Prozessen nicht teilhatte. Diese Verbindung von Biologie und wertmäßig hierarchisierter Dualität der Geschlechter... habe ich unter den Begriff existentialistischer Feminismus subsumiert" (Wolf-Graaf 1981, 9).

Beauvoir formuliert ihre Position wie folgt:

„Sie (die Frau) wird bestimmt und unterschieden mit Bezug auf den Mann, dieser aber nicht mit Bezug auf sie; sie ist das Unwesentliche angesichts des Wesentlichen. Er ist das Subjekt, er ist das Absolute: sie ist das Andere" (Beauvoir 1968, 11).

„Was aber nun auf eine eigenartige Weise die Existenz der Frau begrenzt, ist, daß sie, obwohl wie jedes menschliche Wesen, eine autonome Freiheit, sich entdeckt, und sich wählt in einer Welt, in der die Männer ihr auferlegen, sich als das Andere zu sehen: Man bemüht sich, sie zu einem Ding erstarren zu lassen und sie zur Immanenz zu verurteilen, da ja ihre Transzendenz unaufhörlich von einem anderen essentiellen und souveränen Bewußtsein überstiegen wird. Das Drama der Frau besteht in dem Konflikt zwischen dem fundamentalen Anspruch jedes Subjekts, das sich immer als das Wesentliche setzt, und den Anforderungen einer Situation, die sie als unwesentlich konstituiert" (ebd., 21).

Wolf-Graaf hat die verschiedenen feministischen Positionen wie folgt zusammengefaßt:

„Durch die grundlegende Annahme, daß die Frau bis zur Entwicklung der Geburtenkontrolle oder sogar solange, wie nicht die Möglichkeit der künstlichen Fortpflanzung besteht, durch ihre biologische Fähigkeit, Kinder zu gebären, versklavt war und ist, wird hergeleitet, daß der Mann im wesentlichen die Entwicklung der Kultur (wenn er sie auch einseitig) prägt und in der Lage war, den wesentlichen Schritt der kulturellen Menschwerdung zu vollziehen. Der Mann erfuhrt sich als Handelnder, als Existenz. Er vollbrachte die entscheidenden Arbeiten zur Entwicklung der menschlichen Gesellschaft auf immer höherer Stufenleiter, die vor allem durch die Entwicklung des Werkzeuges, von Waffen zur Ausübung der Jagd etc. Die Frau hingegen blieb durch permanente Schwangerschaft und Kinderaufzucht iher biologischen Funktion verfangen, war abhängig vom Mann, der im wesentlichen Nahrung beschaffte und sie beschützte" (Wolf-Graaf 1981, 108).

Auch diese existentiell-feministische Position beruht auf der These, daß die Produktionssphäre, die in den Händen der Männer liegen, die Reproduktionsbedingungen bestimmen, allerdings nur solange, wie das Überleben vollkommen von der Arbeit abhängt. Wenn aber eine Gesellschaft aufgrund fortschreitender Industrialisierung (mikroelektronische Automatisierung) einen bestimmten Grad an Produktivität und damit Wohlstand erreicht hat, gewinnt der Reproduktionssektor wieder eine stärkere eigengesetzliche Bedeutung.

„Die menschlichen Beziehungen machen sich von den Zwängen der Produktion frei. Immaterielle Ziele wie Selbstverwirklichung, persönliches Glück, individuelle Entfaltung werden zunehmend außerhalb der Arbeit gesucht. Sie setzen zwar einen bestimmten Wohlstand, nicht aber seine weitere Steigerung voraus. Die Menschen verbringen nun einen zu großen Teil ihrer wachen Zeit außerhalb des Arbeitsplatzes in der Familie und den privaten Beziehungen, daß die dort gelernten Verhaltensweisen, Einstellungen und Motivationen sich wiederum prägend auf ihr Verhalten am Arbeitsplatz auswirken können, an den sie nun andere Ansprüche stellen.

Der Feminismus verkörpert die Revolte des Reproduktionsbereichs gegen die Bedingungen des Produktionsbereichs. Es ist kein Zufall, daß es – obgleich das Phänomen der Frauenunterdrückung uralt ist – erst in der hochindustrialisierten und im Übergang zur nachindustriellen Gesellschaft Frauenbewegungen gibt.

Der Feminismus greift die vielleicht älteste Form der Arbeitsteilung zwischen den Menschen an, die am tiefsten verwurzelte Form der Ausbeutung des Menschen durch den Menschen. An einen Abbau der Geschlechtsschranken kann überhaupt erst gedacht werden, wenn die sozialen Klassenunterschiede durch einen allgemeinen verbreiteten Wohlstand bis zu einem gewissen Grade nivelliert und für den Lebenslauf irrelevanter geworden sind als die Geschlechtsunterschiede" (Schenk 1980, 216).

Bei dieser letzten Argumentation gibt es Anknüpfungspunkte an die marxistisch orientierte Emanzipationstheorie.

3.C.2 Sozialistische Emanzipationstheorie

Während die existentialistisch-feministische Position davon ausgeht, daß der Gegensatz zwischen den Geschlechtern bzw. die Unterdrükkung der Frau durch den Mann historisch primär war und Klassengegensätze sekundär abzuleiten sind, argumentiert die sozialistische Emanzipationstheorie umgekehrt: Zuerst haben sich die sozialen Klassengegensätze bzw. -unterdrückungen entwickelt, und daraus ist die Unterdrückung der Frau durch den Mann abzuleiten. Clara Zetkin als Wortführerin der sozialistischen oder proletarischen Frauenbewegung hat das so formuliert:

„Die Grundursache des Klassengegensatzes, die das bewirkt, ist das Privateigentum an den der bürgerlichen Gesellschaft eigentümlichen Mitteln der Gütererzeugung für Lebenserhaltung und kulturelle Lebenserhöhung. Damit die Frauen der unterdrückten und ausgebeuteten Klasse und ihr nahestehender Schichten – und sie bilden die ungeheure Mehrzahl des gesamten weiblichen Geschlechts – in Wahrheit und Tat volle Befreiung und Gleichberechtigung erlangen, muß diese Grundursache ihrer Klassensklaverei beseitigt werden. Dem vergesellschafteten Charakter der modernen Produktionsmittel entsprechend, kann das nur dadurch geschehen, daß sie aus dem Privateigentum einzelner oder kleiner Gruppen zum Gesellschaftseigentum werden, daß die Gesellschaft die Bedingungen der Gütererzeugung und die Verteilung ihrer materiellen und kulturellen Früchte regelt. Nur auf dem Boden der so umgewälzten Wirtschaft können sich neue, höhere soziale Lebensformen entwickeln, die der Gesamtheit der Frauen tatsächliche Freiheit der Entwicklung und Betätigung zum vollen Menschentum verbürgen. Nur der organisierte revolutionäre Klassenkampf aller Ausgebeuteten ohne Unterschied des Geschlechts führt zu diesem Ziel und nicht der Kampf der Frauen ohne Unterschied der

Klasse wider die Vormachtstellung der Männer“ (Zetkin zit. nach Menschik 1977, 45).

Ausgangspunkt jeder marxistischen Frauentheorie ist die Annahme einer Urgesellschaft, die durch das Mutterrecht oder das Matriarchat geprägt war. Die zunehmende Arbeitsteilung führte in einem langen historischen Prozeß zu Privateigentum und zum Patriarchat. August Bebel hat dies in seinem berühmten Werk „Die Frau und der Sozialismus“ (1879) analysiert:

„Mit der zunehmenden Arbeitsteilung tritt aber nicht bloß Trennung der Verrichtungen, sondern auch Trennung des Erwerbs ein. Fischfang, Jagd, Viehzucht, Ackerbau erfordern besondere Kenntnisse und in noch höherem Maße die Herstellung von Werkzeugen und Gerätschaften, die vorzugsweise Eigentum der Männer wurden. Der Mann, der bei dieser Entwicklung im Vordergrund stand, wurde eigentlich Herr und Eigentümer dieser Reichtumsquellen. ...

In dem neuen Zustand, in dem der Vater Eigentümer, das heißt Besitzer von Herden und Sklaven, von Waffen und Vorräten, Handwerker oder Handeltreibender geworden war, fiel sein Besitz, solange er noch zur Gens der Mutter zählte, nach seinem Tod nicht an seine Kinder, sondern an seine Brüder oder Schwestern und die Kinder seiner Schwestern oder an die Nachkommen seiner Schwestern. Die eigenen Kinder gingen leer aus. Der Drang, diesen Zustand zu ändern, war also ein sehr mächtiger, und er wurde geändert. Es entstand zunächst anstelle der Vielehe die Paarungsfamilie. Ein bestimmter Mann lebte mit einer bestimmten Frau, und die aus diesem Verhältnis hervorgehenden Kinder waren ihre eigenen Kinder. ...

Mit dieser Loslösung aus dieser alten Gentilordnung sanken rasch der Einfluß und die Stellung der Frau. Das Mutterrecht verschwand, das Vaterrecht trat an seine Stelle. Der Mann als Privateigentümer hatte das Interesse nach Kindern, die er als *legitime* ansehen und zu Erben seines Eigentums machen konnte, *er zwang daher der Frau das Verbot des Umgangs mit anderen Männern auf*. ...

Mit der Herrschaft des Privateigentums war die Unterjochung der Frau unter den Mann besiegelt. Es folgte die Zeit der Geringschätzung und selbst der Verachtung der Frau.

Die Geltung des Mutterrechts bedeutete Kommunismus, Gleichheit aller; das Aufkommen des Vaterrechts bedeutete Herrschaft des Privateigentums, und zugleich bedeutete es Unterdrückung und Knechtung der Frau“ (Bebel 1879/1973, 54–59).

Die sozialistische Emanzipationstheorie geht also davon aus, daß der Widerspruch zwischen Arbeit und Kapital in der kapitalistischen Gesellschaft existiert und die Unterdrückung der Frau den Rang eines Nebenwiderspruchs einnimmt. Die Frauenfrage läßt sich also nur mit der allgemeinen sozialen Frage lösen. Die sozialistische Position folgert logischerweise, daß es keinen echten Widerspruch und Interessengegensatz zwischen Frauen und Männern gibt und daß die Lösung allein im Sozialismus liegt (vgl. Wolf-Graaf 1981, 167f.).

Weiterführende Literatur

Beauvoir, Simone de: Das andere Geschlecht. Sitte und Sexualität der Frau. Reinbek bei Hamburg 1968

Bebel, August: Die Frau und der Sozialismus. (1879) Berlin 1973

Bornemann, Ernest: Das Patriarchat. Ursprung und Zukunft unseres Gesellschaftssystems. Frankfurt a. M. 1979

Menschik, Jutta: Feminismus. Geschichte, Theorie, Praxis. Köln 1979[2]

Menschik, Jutta: Grundlagentexte zur Emanzipation der Frau. Köln 1977[2]

Schenk, Herrad: Die feministische Herausforderung. 150 Jahre Frauenbewegung in Deutschland. München 1980

Wolf-Graaf, Anke: Frauenarbeit im Abseits. Frauenbewegung und weibliches Arbeitsvermögen. München 1981

4. Kapitel: Nonkonformistisches Sexualverhalten – monogam versus polygam

Traditionelles Sexualverhalten ist eng mit der Institution Ehe und Familie verbunden. Im streng christlich-katholischen Sinne ist Sexualität nur im Rahmen einer Ehe und Familie erlaubt, d. h. als konformistisches Sexualverhalten zu definieren. Tatsache ist jedoch, daß wahrscheinlich seit Beginn der Menschheit unterschiedliche Formen des Sexualverhaltens ausgeübt worden sind. Das geschah entweder aufgrund anderer als bei uns vorherrschender Normen oder im Sinne eines abweichenden Sexualverhaltens.

Dem traditionellen familienorientierten Sexualverhalten christlich-westlicher Zivilisationsmoral steht eine Vielzahl nonkonformistischer Verhaltensweisen in der Sexualität gegenüber: Pornographie, Prostitution, Homosexualität, Bisexualität, Promiskuität, Swinging (Partnertausch) und Untreue. Anstelle des Ausdrucks „abweichendes Sexualverhalten" wird bewußt der Begriff „nonkonformistisches Sexualverhalten" gebraucht. Abweichung bedeutet bereits, die herrschende Sexualmoral bzw. das herrschende Sexualverhalten als normal zu akzeptieren. Zur Sexualität läßt sich sowohl wissenschaftlich als auch moralisch keine endgültige Aussage über ein „richtiges" oder „falsches" Verhalten formulieren.

4.A Gesellschaftliches Problemfeld Sexualität

4.A.1 Entmonogamisierung als soziale Problembewegung

In der Vergangenheit war Sexualität ein gesellschaftliches Tabu. Sie galt als reine Privatangelegenheit der Familie. Trotz der durch Gesetz geschützten Insitution Monogamie gab und gibt es immer wieder folgende Probleme: uneheliche Kinder, Scheidungen, Ehebruch, Prostitution, Homosexualität und vorehelichen Geschlechtsverkehr. Dieser Widerspruch zwischen der erwünschten Monogamie und dem tatsächlichen Sexualverhalten führt zu konformistischem Sexualverhalten in der Ehe und nonkonformistischem Sexualverhalten als Abweichung von dieser erwünschten Regel. Erst in den 60er Jahren entstand allmählich eine soziale Problembewegung zur Entkriminalisierung und zur gesellschaftlichen Duldung anderer Verhaltensweisen des sexuellen Zusammenlebens. Diesen Prozeß nenne ich Entmonogamisierung: Infragestellung der Monogamie als alleinige Möglichkeit zur Ausübung der Sexualität. Entmonogamisierungsprozeß bedeutet das praktische Handeln vieler, insbesondere junger Leute seit den 60er Jahren zur Durchsetzung nonkonformistischen Sexualverhaltens.

Wissenschaftler, Politiker, Juristen und Medienleute lenkten die Diskussion auf das gesellschaftliche Problemfeld Sexualität, d.h. sie brachten Themen in die Öffentlichkeit, die bisher als gesellschaftlich tabu galten. Dazu gehörten u.a. die Frage der Sexualaufklärung der Heranwachsenden, die Diskriminierung der Homosexuellen, die moralische Duldung von Ehen auf Probe und Wohngemeinschaften.

Der Widerspruch zwischen offizieller monogamer Familienideologie einerseits und praktizierter nonkonformistischer Sexualität andererseits führte zu Reformen in den 70er Jahren: liberales Scheidungsrecht, Abschaffung des § 175, der die Homosexualität strafgesetzlich verfolgte, Aufklärung über Sexualität in Schule und Öffentlichkeit und Tolerierung von Probeehen und Wohngemeinschaften als alternative Lebensformen.

Fazit: Eine soziale Problembewegung thematisierte die Sexualität als gesellschaftliches Problemfeld und leitete einen Prozeß der Entmonogamisierung der Monopolinstitution Ehe & Familie ein.

4.A.2 Indikatoren nonkonformistischen Sexualverhaltens

Aus zwei Gründen ist es besonders schwierig, geeignete Indikatoren zu finden. Einerseits sind bestimmte Verhaltensweisen noch strafgesetzlich untersagt (vgl. homosexuelle Handlungen mit Minderjährigen nach § 175 des Strafgesetzbuches), und andererseits sind viele Sexualpraktiken ein gesellschaftliches Tabu oder bewegen sich in einer Grauzone, die durch die amtliche Statistik überhaupt nicht zu erfassen ist.

(1) Homosexualität

Schon aus dem alten Griechenland wissen wir, daß Homosexualität als nonkonformistisches Sexualverhalten existierte. Auch in unserer

Gesellschaft ist Homosexualität ein in allen sozialen Schichten verbreitetes Verhalten.

Homosexuelle Handlungen: Nach §175 des Strafgesetzbuches sind homosexuelle Handlungen eines Erwachsenen mit Minderjährigen strafgesetzlich verboten.

- Bekannt gewordene Straftaten 1985: 835 oder 1,4% auf je 100000 Einwohner:
- Aufgeklärte Straftaten: 767 oder 91,9% der bekanntgewordenen Fälle.
- Verurteilte 1983: 178 und 1984: 153 sowie 1985: 123 (Statistisches Jahrbuch 1987, 343 und 345).

(2) Zuhälterei

Wegen Zuhälterei wurden 1983: 123, 1984: 81 und 1985: 93 Personen verurteilt (ebd., 345).

(3) Prostitution

Sozialstrukturell gesehen rekrutieren sich Prostituierte vorwiegend aus den unteren sozialen Schichten.

„In einer Untersuchung von G. Röhr nach der Schichtzugehörigkeit von 98186 untersuchten Frauen gehörten 10% der oberen Mittelschicht, 9% der mittleren Mittelschicht, 16% der unteren Mittelschicht, 35% der oberen Unterschicht und 20% der unteren Unterschicht an...

weisen die vorliegenden empirischen Untersuchungen von Prostituierten und ihrem sozialen Hintergrund stets depravierende Verhältnisse in Familien und Elternhaus auf. Ein derartiger sozialer Hintergrund wird für die Prostituierten aus der Unterschicht bestimmend sein“ (Westhoff 1983, 347).

(4) Statistische Angaben aus den USA:

In einer nationalen amerikanischen Studie aus den 70er Jahren wird nachgewiesen, daß 20–25% aller Männer, 10–11% aller verheirateter Frauen und ungefähr 20% der unverheirateten Frauen homosexuelle Erfahrungen haben. Jedoch nur 1–2% der Männer sagen, daß sie vorwiegend oder ausschließlich homosexuell sind. Wahrscheinlich ziehen 3–4% der amerikanischen Männer und 2–3% der amerikanischen Frauen ausschließlich Homosexualität vor; das bedeutet in absoluten Zahlen, daß 7–8 Mill. Amerikaner homosexuell sind (vgl. Lauer 1982, 80).

In bezug auf die Zahlen der Prostituierten schwanken die Schätzungen in den USA zwischen mindestens 100000 bis 500000 Prostituierten (ebd., 96).

Zahlen über Promiskuität, Swinging oder Untreue sind nicht zu erhalten. Als einzige Zahl für nichttraditionelles Sexualverhalten wird geschätzt, daß ca. 1,3 Mill. Haushalte mit nicht-verheirateten Paaren in den USA existieren (ebd., 78).

4.A.3 Lebensqualität und gesellschaftliche Perspektive

Nonkonformistisches oder abweichendes Sexualverhalten zu definieren, setzt eine a priori definierbare Normalität von Sexualität voraus. Unter der Bedingung, daß kein Zwang ausgeübt wird, sondern die jeweiligen Sexualpartner ihre Beziehung freiwillig eingehen, kann nonkonformistisches Sexualverhalten die Lebensqualität erhöhen. Swinging, Promiskuität, Pornographie (mit Einschränkungen) und Homosexualität bedeuten nicht die Verletzung von Normen des Grundgesetzes der Bundesrepublik Deutschland.

Homosexualität – Angst und Chancengleichheit

Solange Homosexualität strafrechtlich und moralisch als abweichendes Verhalten diskriminiert wird, müssen Homosexuelle mit einer gewissen Angst in dieser Gesellschaft leben: Angst vor dem Gesetz, Angst vor dem Bekanntwerden der Homosexualität bei Arbeitskollegen, Freunden, Nachbarn; Angst vor möglicher Erpressung und Ausbeutung durch andere; Angst, sich in der Öffentlichkeit mit seinem Partner zu zeigen, d.h. allgemein Angst, sich zu seiner Homosexualität bekennen zu können.

Für diese gesellschaftliche Minderheit gibt es keine Chancengleichheit in den Lebensbereichen Arbeit, Wohnen und Freizeit. Insoweit verletzt der gegenwärtige Status eines Homosexuellen seinen persönlichen Anspruch auf Lebensqualität. Hier wird allerdings die Mehrheit sagen, daß Homosexualität eben keine Lebensqualität aufgrund des Abweichens von sog. normaler Sexualität ist und daher dieser Lebensqualitätsanspruch einem Homosexuellen nicht zusteht.

Prostitution

Das Verhältnis der Gesellschaft zur Prostitution ist ambivalent: Einerseits wird sie in der Öffentlichkeit von Moralaposteln verteufelt, und andererseits wird sie als praktisches Sexualventil geduldet. Roland

Girtler hat anhand von Interviews mit Prostituierten und Zuhältern die Beziehungen Prostituierte zu ihren Kunden untersucht (vgl. Girtler 1984).

Die Kunden, die aus allen sozialen Schichten kommen, suchen sexuelle und seelische Befriedigung bei einer Prostituierten. Zwischen beiden existiert eine Geschäftsbeziehung:

„Der Kunde tritt hier lediglich als Käufer von Sexualität auf, den die Prostituierte als Mensch meist gar nicht interessiert. Umgekehrt ist es ähnlich: die Prostituierte sieht im Kunden jemanden, der ihr für eine Tätigkeit zahlt, bei der sie ausschließlich als Verkäuferin von Sexualität fungiert" (ebd., 340).

Das Ideal sexueller und eventuell auch seelischer Erfüllung für den Kunden steht im Widerspruch zur tatsächlichen Rollenausübung der Prostituierten. Die flüchtige Geschäftsbeziehung beider hat Warencharakter. Die Prostituierte versucht aus ihrem seelischen Dilemma oft in Alkohol und Drogen zu flüchten.

Eine Einschätzung des zukünftigen Sexualverhaltens in unserer Gesellschaft ist in die allgemeine gesellschaftliche Entwicklung eingebettet. Die fortschreitende Arbeitsteilung mit ihren Spezialisierungen und den gleichzeitig notwendigen Kooperationszwängen wird die Zahl gesellschaftlicher Rollen vermehren. Das kann zu einem größeren Wechsel an Partnern führen. Promiskuität, Ehe auf Probe, Wohngemeinschaft versus Single-Dasein und freie Wahl des Partners werden die weitere Perspektive des Sexualverhaltens bestimmen. Der Einfluß katholischer Moralvorstellungen und staatlich sanktionierter Moralnormen wird abnehmen.

Schwieriger ist dagegen der Einfluß durch die neue Krankheit AIDS zu beurteilen. Auf dem Hintergrund wissenschaftlicher Studien und deren Vermittlung in die Öffentlichkeit (vgl. Rosenbrock 1986) stellen sich viele Homosexuelle, Bisexuelle und Swinger die Frage, ob sie ihr Sexualverhalten ändern sollten. Angst breitet sich aus. Bei den Homosexuellen läßt sich dieses veränderte Sexualverhalten bereits feststellen.

„Wenn die entsprechenden Studien ihre Wirklichkeit einigermaßen korrekt wiedergeben, dann haben sie in überraschend kurzer Zeit und in einem tiefgreifenden Ausmaß ihr sexuelles Verhalten verändert. ...

Homosexuelle Männer sind in einem enormen Ausmaß von AIDS bedroht, und nicht wenige von ihnen haben über Freunde und Bekannte engste Berührungen mit dieser Krankheit gehabt. Sie sind so stark bedroht davon, daß sie schließlich begriffen haben, daß es nicht mehr darum geht, die Sexualität oder gar die Lust zu retten, sondern ihre Gesundheit oder gar ihr Leben.

... Nichts weniger als die Angst vor dem Tod hat die Sexualität der homosexuellen Männer disponibel gemacht, und sie überlassen sich widerstandsloser, als zu erwarten gewesen wäre, der von außen an sie herangetragenen Kanalisierung und Umformung ihrer Sexualität" (Dannecker 1986, 36).

Die in den letzten Jahren feststellbare größerer Liberalität im Sexualverhalten ist anscheinend durch die tödliche Immunschwäche AIDS bedroht. Experten halten sie für das große, zentrale Problem des Gesundheitswesens in der Zukunft. Aufgrund der noch ungewissen Öffentlichkeit (Meldepflicht für AIDS-Kranke ja oder nein, Akzeptanz neuer/alter sexueller Präventionsmaßnahmen) andererseits lassen sich keine sicheren Aussagen über das zukünftige Sexualverhalten der Gesellschaft machen.

4.B Soziale Bewegungen

Soziale Problemgruppen in dem traditionell tabuisierten gesellschaftlichen Bereich nonkonformistischen Sexualverhaltens haben es besonders schwer, sich in der Öffentlichkeit als Problembewegung Gehör zu verschaffen; der Kreis möglicher Sympathisanten ist schwer mobilisierbar.

4.B.1 Homosexuellen-Bewegung

In der Bundesrepublik Deutschland gab es 1985 schätzungsweise 150 homosexuelle Gruppen in fast 100 Städten und 59 Lesbenprojekte und -gruppen in 37 Städten, die dem „Info-Dienst" angeschlossen bzw. in „Lesbenkalender" aufgezählt sind (vgl. Vilmar/Runge 1986, 283).

In Berlin existieren im Jahre 1985 22 Schwulengruppen (Stattbuch 3 Berlin 1985, 765). Sie sind das Resultat einer zehnjährigen Schwulenbewegung, die inzwischen eine umfangreiche eigene „Infrastruktur" hat.

„Zur bereits seit vielen Jahren bestehende Subkultur der Kneipen und Bars gesellten sich nun Schwulencafés, Buchhandlungen, Verlage und nicht zuletzt eine Vielzahl von Gruppen und Institutionen mehr oder weniger emanzipatorischem Anspruch.

Ob es nun um Häkeln und Stricken, ärztliche und psychologische Beratung, Lobbyarbeit im Abgeordnetenhaus, Belange von Studenten, juristische oder psychische Probleme geht – die schwule Gemeinde in Westberlin hat für jeden interessierten Betroffenen etwas zu bieten" (Stattbuch 3 Berlin 1985, 764).

„Das Spektrum der Gruppen reicht von allgemeinen Gruppen, über politische und gewerkschaftliche Gruppen, Café-Treffpunkte, Freizeit-, Kultur- und Medien-Gruppen bishin zu Hilfe- und Beratungsgruppen. In den letzten Jahren haben die Homosexuellen auch öffentlich demonstriert. Zumindest in den Großstädten hat sich das Spannungsverhältnis zwischen der ‚konformistisch' lebenden Mehrheit und den Homosexuellen entspannt. Die Diskriminierung der Homosexuellen scheint aufgrund des Einflusses dieser sozialen Bewegung abzunehmen" (ebd., 764).

4.B.2 Prostituierten-Bewegung

Noch schwieriger als bei Homosexuellen ist es in der Öffentlichkeit möglich, daß sich Prostituierte als soziale Problemgruppe und eventuell sogar als soziale Bewegung verstehen. Aber auch hier gibt es erste Ansätze der Selbstdarstellung, der Öffentlichkeitsarbeit und des Ansatzes von öffentlichem Engagement. So gibt es in Berlin z. B. den Verein zur beruflichen und kulturellen Förderung Hydra als Treffpunkt und Beratung für Prostituierte seit 1980.

„Ziel des Projektes ist es, die Isolation und Konkurrenzsituation unter Prostituierten aufzuheben und gemeinsam mit anderen Frauen gegen die gesellschaftliche Doppelmoral, die insbesondere zu Lasten der Prostituierten in Form von Diskriminierungen geht, anzugehen" (ebd., 227).

Neben den regelmäßigen Treffen gibt es unregelmäßig eine Zeitung, um auch überregional Kontakte zu anderen Betroffenen aufzunehmen und die Öffentlichkeit zum Thema Prostitution anzusprechen.

4.C Analytische Erklärungskonzepte

4.C.1 Monogamie und Homophobia

Spätestens seit der Etablierung der christlich-abendländischen Kultur in den westlichen Ländern herrschen bestimmte Sexualnormen vor, die durch das Rechtssystem abgesichert werden. Im einzelnen besteht diese Bedingung der Sexualität aus folgenden Normen:

- Die christlichen Kirchen propagieren die lebenslange Ehe oder die Monogamie als die einzige durch die Bibel abgesicherte Form für die Kinderzeugung und die Ausübung von Geschlechtsverkehr.

- Homosexualität und Prostitution werden moralisch als Verdammnis und als verwerfliches Handeln verurteilt.
- Die Monogamie steht unter besonderem staatlichen Schutz und wird durch das Rechtssystem abgesichert.

Diese auf christlich-moralischen Normen fußende Institution der Monogamie führt damit zu einem durch Sanktionen zu bestrafenden abweichenden Verhalten aller Individuen, die sich nicht streng monogam verhalten, sondern z.B. homosexuell oder Prostituierte sind. Homophobia läßt sich definieren als Gefühle persönlicher Angst, Verachtung und Vermeidung von Homosexuellen. Diese Homophobia beruht auf der Angst, daß insbesondere Homosexualität, aber auch Prostitution antifamiliär seien, d.h. die Familie als soziale Instiution bedrohen. Homophobia sichert also die Existenz der Familie (vgl. Hardert u.a. 1984, 83f.). Bei diesem Erklärungsansatz stellt sich die Frage, inwieweit Homophobia als ideologischer Vorwand dient, um die Herrschaft der Männer über ihre Frauen in den Familien abzusichern.

4.C.2 Homosexualität – Vererbung versus Rollenerziehung

Auf einer ganz anderen Ebene liegt die seit Jahren geführte Diskussion in bezug auf Homosexualität: Ist sie genetisch vererbt oder ist sie im Sozialisationsprozeß als Rolle erlernt worden oder eine Mischung aus beiden extremen Positionen? Obgleich es aufgrund der Forschungen noch keine endgültige Antwort auf diese alte biologisch-versus-soziologische Kontroverse gibt, so ist doch eher anzunehmen, daß Sozialisationsformen und Rollenverhalten zu homosexuellen Verhaltensweisen führen.

Weiterführende Literatur

Barry, Kathleen: Sexuelle Versklavung von Frauen. Aus dem Amerikanischen. Berlin 1983

Berlin Museum (Hrsg.): Eldorado. Homosexuelle Frauen und Männer in Berlin 1850–1950. Geschichte, Alltag und Kultur. Berlin 1984

Gindorf, Rolf/Haeberle, Erwin J. (Hrsg.): Sexualität als sozialer Tatbestand. Theoretische und empirische Beiträge zu einer Soziologie. Berlin/New York 1986

Girtler, Roland: Der Strich. Erkundungen in Wien. Wien 1985

Haeberle, Erwin J.: Die Sexualität des Menschen. Handbuch und Atlas. Berlin/New York 1983
Nahas, Rebecca: Liebe im Dreieck. Soziale Verhaltensmuster in partnerschaftlichen Beziehungen zwischen homosexuellen Männern und heterosexuellen Frauen. München 1983
Schulte, Regina: Sperrbezirke. Tugendhaftigkeit und Prostitution in der bürgerlichen Welt. Frankfurt a. M. 1979

5. Kapitel: Junge versus Alte – generative Ungleichheit

Altsein heißt normalerweise der wohlverdiente Rückzug aus dem Erwerbsleben in einen gesicherten Ruhestand. Das mag auch für die Mehrheit der Rentner und Pensionäre stimmen. Aufgrund der gestiegenen Lebenserwartung ist ein doppeltes Phänomen aufgetreten: 1. mit zunehmendem Alter nehmen die psychosozialen Belastungen in bezug auf Krankheit, Pflege und finanzielle Absicherung zu; 2. steigt der Anteil der alten Menschen ständig, so daß soziale Benachteiligungen alter Menschen auch eine größere quantitative Dimension haben. Es existiert eine generative Ungleichheit zwischen Jungen versus Alten.

5.A. Gesellschaftliches Problemfeld Alter

5.A.1 Alte Menschen als soziale Problembewegung

Jahrzehntelang galt das Alter als problemlose Phase sozialer Entwicklung: Alte Menschen hatten sich an die Normen einer jung-dynamischen Gesellschaft anzupassen oder sich vor ihr im Altenghetto zu verstecken. Die biomedizinische Steigerung der Lebenserwartung ließ quantitativ eine „kritische Masse" entstehen: Die Alten sind nicht mehr zu übersehen (in West-Berlin fast ein Viertel der Bevölkerung). Jedoch erst die Aktivitäten der Grauen Panther rückten das Alter als gesellschaftliches Problemfeld in das öffentliche Bewußtsein. Das Alter als soziale Problembewegung wurde ein Anstoß für eine veränderte Altenpolitik: Autonomie statt sozialpädagogisch-bürokratischer Betreuung. Der Weg zur Emanzipation der Alten ist noch weit. Eine soziale Problembewegung hat ihn geebnet.

5.A.2 Indikatoren zur sozialen Lage alter Menschen

Aufgrund der gestiegenen Lebenserwartung einerseits und der niedrigen Geburtenrate andererseits steigt der Anteil alter Menschen an der Gesamtbevölkerung stetig. Alte Menschen sind mehr als der Durchschnitt der Bevölkerung sozioökonomisch benachteiligt und psychosozial belastet. Die nachstehenden Indikatoren belegen diesen Tatbestand (vgl. im folgenden (2)–(9) Meier/Seemann 1985, 101–104).

(1) Bevölkerungsstruktur:

12,3 Millionen Bundesbürger sind über 60 Jahre alt, davon sind 7,9 Millionen Frauen. Jeder fünfte Bundesbürger ist über 60 Jahre alt (1984).

Die Lebenserwartung der Männer liegt bei 70,8 Jahren (1984) und die der Frauen bei 77,4 Jahren (1984); in den Jahren 1901–1910 lag die Lebenserwartung bei 44,8 bzw. 48,3 Jahren. 15,2% aller Männer und 24,9% aller Frauen sind über 60 Jahre alt (vgl. Statistisches Jahrbuch 1986, 62 und 76). Nach Modellrechnungen des Statistischen Bundesamtes wird im Jahre 2030 der Anteil der 65jährigen Menschen der deutschen Bevölkerung bei 25% liegen (ebd., 67).

(2) Familienstruktur

Es gibt mehr als doppelt so viel ledige Frauen zwischen 60 und 70 wie Männer und fast dreimal so viel ledige Frauen über 70 wie Männer. Weiterhin gibt es fast fünfmal so viele verwitwete und geschiedene Frauen zwischen 60 und 70 wie Männer.

Mehr als drei von vier Männern über 60 sind verheiratet, aber nur jede dritte Frau. Jeder sechste Mann über 60 ist verwitwet oder geschieden, jedoch mehr als die Hälfte der Frauen über 60 sind dies.

(3) Krankheit und Unfall

Fast jeder dritte Kranke und jedes siebte Unfallopfer ist über 65. Es gibt fast doppelt so viele bettlägrige, kranke Männer und Frauen über 65 wie zwischen 40 und 65 oder unter 15 und fast dreimal so viele wie zwischen 15 und 40 Jahren.

Es gibt doppelt so viele Männer und Frauen über 65 in ärztlicher Behandlung wie zwischen 40 und 65 und mehr als viermal so viele Männer (fünfmal so viele Frauen) über 65 wie zwischen 15 und 40 und unter 15 Jahren.

Mehr als jeder dritte Kranke ist über 65 (35%).

(4) Behinderte

37,7% der Behinderten sind über 65 Jahre (Bevölkerungsanteil 14,6%).

(5) Todesursachen

Sechsmal so viele Männer über 65 sterben an Krebs oder Herzinfarkt wie der Durchschnitt der Bevölkerung.

Siebenmal so viele Männer über 65 und fünfmal so viele Frauen wie der Durchschnitt der Bevölkerung sterben an Kreislaufstörungen und Hirngefäßerkrankungen wie die übrigen Altersgruppen.

(6) Rente

Die durchschnittliche monatliche Versichertenrente beträgt 1987 für einen Arbeiter 842.– DM und für einen Angestellten 1210.– DM (vgl. Statistisches Jahrbuch 1987, 412).

(7) Arbeitslosigkeit

13,3% der Arbeitslosen sind zwischen 55 und 65 Jahren (Männer 16%, Frauen 11,2%). Die Hälfte der Arbeitslosen ist länger als ein Jahr arbeitslos.

(8) Sozialhilfe

Über ein Drittel (36,5%) der Sozialhilfeempfängerinnen sind über 65. Mehr als drei Viertel (78%) der über 65jährigen Bezieher von Leistungen nach dem Bundessozialhilfegesetz sind Frauen (482000). 40% aller Sozialhilfeempfänger sind über 50 Jahre, 28,5% sind über 65 (618000).

(9) Heime

4,4% der über 65jährigen lebten 1979 in Heimen: 2,3% in Altenheimen, 1,2% in Pflegeheimen und 0,8% in Wohnheimen. Von 405052 Heimbewohnern über 65 lebten 52,4% im Altenheim, 27,1% in Pflegeheimen und 18,3% in Wohnheimen.

Fazit: Alle Indikatoren zur sozialen Lage alter Menschen belegen, daß ein großer Anteil alter Menschen in der Bundesrepublik sozioökonomisch benachteiligt und psychosozial überproportional belastet ist.

5.A.3 Lebensqualität und gesellschaftliche Perspektive

Altsein läßt sich statistisch-sozialversicherungsrechtlich, biologisch-medizinisch oder soziologisch definieren. Die statistische Definition wurde vor 100 Jahren in der Sozialversicherung festgelegt. Damals erreichten nur wenige Menschen die berufliche Altersgrenze von 60 Jahren für Frauen bzw. 65 Jahren für Männer. Diese Altersgrenze ist heute keine exakte statistische Größe mehr, denn für viele Berufe liegt sie früher (Piloten, Feuerwehrleute, Bundeswehr usw.) und aufgrund sozial- und arbeitsmarktpolitischer Maßnahmen rückt sie zur Zeit (noch) nach vorn.

Das biologische Altern ist ein lebenslanger Prozeß, der bei vielen Menschen bereits sehr frühzeitig einsetzt (ab dem 30. Lebensjahr), während er bei anderen erst viel später beginnt. Viele soziale Umstände (Sport, Drogen, Arbeitsbelastungen usw.) bestimmen diesen Prozeß des Alterns.

Soziologisch gesehen ist Altsein in unserem kapitalistischen Gesellschaftssystem eine Restgröße. Nur der arbeitsfähige Mensch paßt in eine sich stets als jung, dynamisch, investierend und konsumierend verstehende Gesellschaft. Alte Menschen sind im Kapitalismus wertlos. Sie werden nur noch beschäftigungstherapeutisch betreut.

In bezug auf Lebensqualität lassen sich vier vergleichende Bezugspunkte herausarbeiten (vgl. Lauer 1982, 339–351):

1. Einsamkeit und soziale Beziehungen,
2. Autonomie versus Institutionalisierung,
3. Legenden, Stereotypen und Mythen über Intellektualität und Sexualität und
4. psychische Gesundheit und psychische Zufriedenheit.

Alte Menschen sind durch Einsamkeit bedroht, weil ihre früheren Bezugspersonen wie Berufskollegen oder/und eigene Kinder fehlen.

In unserer jung-dynamischen Gesellschaft wird den alten Menschen der Status einer autonomen Persönlichkeit abgesprochen. Die soziale Autonomie alter Menschen ist ökonomisch durch den Mangel an Geld, gesellschaftlich durch den Verlust aktiver Rollen und sozialpolitisch durch sogenannte altersgerechte Institutionen bedroht. Im Prozeß der Institutionalisierung wird seit Jahren eine gezielte Altenpolitik betrieben, z.B. durch den Bau von Seniorenheimen, -wohnheimen und -tagesstätten. Alte leben oft in sozialen Ghettos, die zu Einsamkeit, Mangel an sozialen Beziehungen und damit einer erheblichen Beeinträchtigung ihrer Lebensqualität führen.

In der Gesellschaft bestehen beträchtliche Vorurteile, Stereotypen, Legenden und Mythen über das Altsein in bezug auf geistige Fähigkeiten (Intellektualität) und in bezug auf Sexualität im Alter. Viele empirische Studien (vgl. Lauer 1982, 349) haben gezeigt, daß alte Menschen auch noch im hohen Alter „intellektuell und sexuell funktionieren".

Die Altenperspektive hat einen quantitativen und einen qualitativen Aspekt: höherer Anteil an alten Menschen und sozial-ökonomischer Generationskonflikt. Nach Modellrechnungen bis zum Jahre 2030 wird die absolute Zahl der Bürger über 60 Jahre sich nur geringfügig von 11,9 Mill. (1982) auf wahrscheinlich 13,6 Mill. (2030) erhöhen, aber der Anteil der unter 20jährigen sinkt von 14,2 Mill. (1982) auf 6,2 Mill. (2030). Der Anteil der Jüngeren wird also auf 16% schrumpfen, während der Anteil der Älteren dagegen auf 35% wahrscheinlich zunehmen wird (vgl. Schwarz/Höhn 1985, 33). Daraus ergeben sich andere Belastungsquotienten, d. h. die erwerbstätige Bevölkerung zwischen 20 und 60 Jahren muß einen größeren Anteil an unter 20- und an über 60jährigen als „Bildungs- oder Jugendlast" und als „Altenlast" sozialpolitisch tragen. Auf 100 20- bis 60jährige kommen 85 unter 20- und über 60jährige 1982, dann sinkt die Zahl auf 71 im Jahre 1990, steigt dann auf 106 im Jahre 2030, d. h. das Verhältnis der 20- bis 60jährigen im Vergleich zu der Summe der unter 20jährigen und über 60jährigen beträgt 100:106 (vgl. Schwarz/Höhn 1985, 96).

In der Zukunft muß jeder Erwerbstätige mehr als einen Jugendlichen oder alten Menschen durch seine Arbeit über Steuer- und Sozialabgaben mitfinanzieren. Das wird wahrscheinlich den Generationskonflikt verschärfen, denn die sozialökonomischen Belastungen steigen: Ein höherer Anteil alter Menschen (Altenlastquote) führt zur Erhöhung der Rentenversicherungsbeiträge, zu Problemen der Freizeitgestaltung (Altenbetreuung), zu sozialräumlichen Segregationsprozessen (Altenghettos) und zur allgemeinen gesellschaftlichen Benachteiligung der älteren Bürger. Ein Altenanteil von 35% bedeutet – umgerechnet auf das Wählerpotential – fast die Hälfte aller Wähler. Aus dem Leitbild einer jung-dynamischen Gesellschaft kann das einer alt-statischen Gesellschaft werden.

5.B Soziale Bewegung

Als wichtigste soziale Bewegung läßt sich die Bewegung „Graue Panther" darstellen.

5.B.1 Graue Panther

Die Grauen Panther wurden 1970 von Maggy Cohn gegründet. Sie versammelte in Philadelphia eine Gruppe von Leuten, um über Altersdiskriminierung und über die Alten als Opfer zu diskutieren. Heute existieren die Grauen Panther in mindestens 16 amerikanischen Städten. Jede Gruppe ist autonom, da die örtlichen Bedingungen für ältere Leute verschieden sind. Die Grauen Panther gelten als radikale Altengruppe und sind insoweit eine soziale Bewegung, da sie ihre Interessen selbst durchsetzen wollen, ohne sich auf die offizielle Sozial- und Altenpolitik zu verlassen.

Mit einer Zeitverzögerung von ca. 5 Jahren entstanden die Grauen Panther Mitte der 70er Jahre auch in der Bundesrepublik. Die Gründung erfolgte durch eine resolute Dame in Wuppertal:

„Trude Unruh (57), verheiratet, zwei Kinder, Gründerin und bis heute Vorsitzende des ‚Senioren-Schutzbundes'; ihr Name ist ihr Programm. Im letzten Jahrzehnt ist sie zum Symbol des Altenprotestes in Deutschland geworden. Als Kraft- und Ideenquell hat sie die Geschichte der ‚Grauen Panther' entscheidend geprägt. Von ihrer politischen Aggressivität, die mit Lust und Härte die Schläge in alle Richtungen austeilt, muß man sich auch in Zukunft in acht nehmen. ‚Wenn ich mir vorstelle, daß die Herren in Bonn und Düsseldorf noch mindestens 20 Jahre mit mir rechnen müssen...' – dieser Gedanke bereitet ihr sichtlich Vergnügen" (Meier/Seeman 1982, 16).

Inzwischen ist Frau Unruh Mitglied des Deutschen Bundestages (seit 1987).

5.C Analytische Erklärungskonzepte

Auf dem biologischen Hintergrund des psychischen Alterns und auf dem gesellschaftspolitischen Hintergrund der Wertvorstellungen einer jung-dynamischen Gesellschaft haben sich drei Theorieansätze entwikkelt.

5.C.1 Disengagement-Theorie

Diese von Cumming und Henri 1961 entwickelte Theorie geht davon aus, daß sich alte Menschen individuell von der Gesellschaft und die Gesellschaft sich von ihnen zurückzieht. Dieser Ansatz hängt eng mit den Wertvorstellungen einer jung-dynamischen Gesellschaft zusammen. Der jung-dynamische aktive Teil der Gesellschaft will von den

Alten nichts mehr wissen und sortiert sie aus. Gleichzeitig fühlen sich die Alten nicht mehr aktiv genug und meinen, aus biologischen und psychischen Gründen sich zurückziehen zu müssen. Dieser doppelseitige Rückzugsprozess ist angeblich universal und unvermeidbar und daher funktional für beide Seiten in der Gesellschaft. Dieser strukturell-funktionale Ansatz geht davon aus, daß erfolgreiches Altwerden mit einem erfolgreichen Rückzug oder Disengagement aus der Gesellschaft gleichzusetzen sei (vgl. Hardert u. a. 1984, 120).

5.C.2 Aktivitäts-Theorie

Einen genauen gegenteiligen Ansatz formuliert die Aktivitätstheorie. Sie geht von einem direkten Zusammenhang zwischen Aktivität und Lebenszufriedenheit aus. Die Aktivitätstheorie argumentiert:

„Obgleich alternde Menschen Veränderungen ihres physiologischen und Gesundheitszustandes erfahren, bleiben die emotionalen und sozialen Bedürfnisse. Diese Bedürfnisse sind schwieriger zu erhalten, wenn sich die soziale Umwelt von den alternden Personen zurückzieht. Da erfolgreiches Altern als aktiv bleiben und als Widerstand gegen Rückzug definiert wird, altern die Individuen optimal, die es schaffen, den Verlust verlorener Rollen durch neue Rollen zu ersetzen“ (ebd., 120).

Die Aktivitätstheorie orientiert sich an der Sozialstruktur insoweit, daß die Individuen das Gesellschaftssystem beeinflussen können und umgekehrt, d. h. es wird Wert gelegt auf die soziale Interaktion.

Im engen Zusammenhang mit der Aktivitätstheorie läßt sich die Austauschtheorie sehen. Dieser Ansatz geht von der Maximierung von Belohnungen und der Reduktion von Kosten aus.

Weil ältere Menschen in einer Industrie- und Dienstleistungsgesellschaft über weniger Macht verfügen, haben sie weniger Chancen, ihre Interessen durchzusetzen. Sie verlieren an Einfluß und geraten in soziale Abhängigkeit (ebd., 120f.).

5.C.3 Subkultur-Theorie

Die von Rose entwickelte Subkulturtheorie geht davon aus, daß ältere Menschen ein spezielles Statussystem entwickeln, sich in ihren Werten von der jüngeren Gesellschaft unterscheiden und insbesondere ein spezifisches Altersgruppenbewußtsein bzw. eine Altersgruppenidentifikation haben. Menschen mit Altersgruppenbewußtsein werden definiert:

„als solche älteren Personen, die ein Bewußtsein dessen erlangen, daß sie nicht nur alt, sondern auch aufgrund ihres Alters bestimmten Deprivationen ausgesetzt sind. Sie reagieren auf diese Deprivationen mit Ärger und positiven Versuchen, diese Deprivationen zu überwinden. Darüber hinaus sind sie sich bewußt, daß die meisten oder alle alten Menschen diesen Deprivationen ausgesetzt sind. Aufgrund dessen haben sie ein positives Gefühl der Identifikation mit anderen älteren Menschen. Sie erleben die Älteren als Gruppe und nicht mehr als Kategorie" (Rose 1965, 19, zit. nach Dürscheid 1984, 60f.).

Ausgangspunkt dieser Überlegungen ist das interaktionistische Axiom, daß eine erhöhte Interaktion zwischen Mitgliedern einer bestimmten Bevölkerungsgruppe zur Entwicklung einer Subkultur beiträgt, d. h. es besteht eine positive Affinität in bezug auf gemeinsame Freundschaften und Interessen und Ausschluß von anderen Altersgruppen (vgl. Dürscheid 1984, 61). Der Senioren-Schutz-Bund Graue Panther ist ein empirischer Beleg für diesen subkulturellen Ansatz. Die Grauen Panther ebenso wie andere Altenclubs sind typische subkulturelle Interaktionsfelder (ebd., 197ff.).

Weiterführende Literatur

Dürscheid, Heinrich: Zwischen „Grauen Panthern" und Ballsaal. Eine sozialpsychologische Studie zur Entwicklung einer „Subkultur" älterer Menschen am Beispiel selbstorganisatorischer Altengruppen. München 1984

Hummel, Konrad: Öffnet die Altersheime! Gemeinwesenorientierte, ganzheitliche Sozialarbeit mit alten Menschen. Weinheim 1986[2]

Meier, Rainer/Seemann, Hans-Jürgen: Die Grauen Panther. Rebellion der Alten. Weinheim/Basel 1982

6. Kapitel: Arbeitende versus Arbeitslose – ökonomische Ungleichheit

Die seit 1973 anhaltende Wirtschaftskrise der Bundesrepublik Deutschland mit einer Sockelarbeitslosigkeit von ungefähr 2 Millionen hat zu einem veränderten Bewußtsein von Arbeitslosigkeit geführt. Seit der Erreichung der Vollbeschäftigung Ende der 50er Jahre herrschte bis Ende der 70er Jahre die Überzeugung, Arbeitslosigkeit sei in der Gesellschaftsordnung der sozialen Marktwirtschaft grundsätzlich überwunden bzw. kurzfristig mit einer staatlich gesteuerten Konjunkturpolitik zu beseitigen. Diese axiomatische Annahme einer krisenfreien kapitalistischen Wirtschaftsordnung hatte in den vergangenen Jahrzehnten zu einem Glauben an stetiges Wirtschaftswachstum und grenzenlosen Wohlstand einer Dienstleistungs- und Freizeitgesellschaft geführt. Das war ein historischer Irrtum.

Schärfer denn je ist heute ins Bewußtsein gedrungen, daß wir wahrscheinlich bis zum Jahr 2000 aufgrund der Rationalisierungsschübe, insbesondere durch die Mikroelektronik, eine dauerhafte Massenarbeitslosigkeit behalten werden.

6.A Gesellschaftliches Problemfeld Arbeitslosigkeit

6.A.1 Arbeitszeitverkürzung als soziale Problembewegung

Die ökonomische Ungleichheit zwischen Arbeitenden und Arbeitslosen führt seit Mitte der 70er Jahre zu der Frage, ob aufgrund der anhaltenden industriellen Überproduktion, der damit verbundenen mangelnden Kapazitätsauslastungen der Industrieanlagen und der dadurch wiederum bedingten mangelnden Nachfrage nach Arbeitskräften, eine Umverteilung der Arbeit notwendig werden wird. Dieses Thema wurde von seiten der Unternehmer jahrelang tabuisiert, d.h. als unzulängliches wirtschaftspolitisches Instrument verspottet. Erst als die Gewerkschaften, insbesondere die IG Metall, das Thema Arbeitszeitverkürzung auf ihre Fahnen schrieben und mit Hilfe eines Streiks dieses gewerkschaftspolitische Ziel durchzusetzen versuchte, wurde das Thema Arbeitszeitverkürzung und damit auch das Thema Arbeitslosigkeit zu einem allgemein anerkannten gesellschaftlichen Problemfeld. Vorher wurde Arbeitslosigkeit eher als eine vorübergehende Erscheinung betrachtet oder argumentiert, wer arbeiten will, der findet auch einen Arbeitsplatz. Sowohl die Dauer der anhaltenden Arbeitslosigkeit als auch die immer wieder von gewerkschaftlichen und politischen Interessengruppen in die Öffentlichkeit gebrachte Thematik führte schließlich zu einer sozialen Problembewegung, nämlich der Bereitschaft, für die 35-Stunden-Woche zu streiken. Erst der Streik in der Druckerei- und Metallindustrie von 1984 führte zu einem positiven Ergebnis, nämlich der 38,5-Stunden-Woche als erstem Schritt hin auf dieses Ziel.

Was für viele private Haushalte mit einem sicheren beruflich-sozialen Status kein Thema ist, wurde erst durch das Engagement von seiten der Arbeiterbewegung (Gewerkschaften und Sozialdemokratie) zu einem gesellschaftlichen Problemfeld. Das Vehikel Arbeitszeitverkürzung diente als geeigneter Anlaß, um eine soziale Problembewegung zu initiieren.

6.A.2 Indikatoren zum Arbeitsrisiko

Arbeit als gesellschaftliches Problemfeld läßt sich durch verschiedene Dimensionen erfassen, z.B. Arbeitslosigkeit, Entfremdung bzw. Arbeitsunzufriedenheit und Gesundheit bzw. Arbeitsunfälle. Arbeit wird nur von wenigen Bürgern selbstbestimmt durchgeführt; sie ist weitgehend entfremdete Arbeit. Diese Tatsache ist aber weniger gravierend als die Bedrohung durch Arbeitslosigkeit.

(1) Arbeitslosigkeit

In den letzten Jahren bewegte sich die Quote der registrierten Arbeitslosen in der Bundesrepublik Deutschland um die 9% (Statistisches Jahrbuch 1987, 112):

Jahr	*Arbeitslose*	*Arbeitslosenquote*
1976	1060336	4,6%
1977	1029965	4,5%
1978	992948	4,3%
1979	876137	3,8%

Jahr	*Arbeitslose*	*Arbeitslosenquote*
1980	888900	3,8%
1981	1271574	5,5%
1982	1833244	7,5%
1983	2258235	9,1%
1984	2265559	9,1%
1985	2304014	9,3%
1986	2228004	9,0%

Zur offiziellen Arbeitslosigkeit ist noch die Gesamtzahl der Personen der Stillen Reserve zu rechnen. Sie betrug 1985 durchschnittlich 1,23Mill. (vgl. Arbeitsgruppe Alternative Wirtschaftspolitik 1986, 38). Die Stille Reserve ist in den letzten Jahren ständig gestiegen.

„Hinter diesen Zahlen stehen die entmutigenden Arbeitslosen, die sich nicht mehr als arbeitslos melden, weil sie sich vom Arbeitsamt keine Vermittlung versprechen und keine Leistungen der Bundesanstalt für Arbeit erhalten. Zum anderen wirken sich verschiedene statistische Bereinigungen der Arbeitsämter aus: Zahlreiche Arbeitssuchende gelten nach den Verwaltungsvorschriften der Arbeitsämter als dem Arbeitsmarkt nicht bzw. nicht mehr zur Verfügung stehend“ (Arbeitsgruppe Alternative Wirtschaftspolitik 1985, 5).

Weiterhin ist der Arbeitsmarkt durch bestimmte Strategien entlastet worden (vgl. ebd., 4–10):

1. Abdrängen von ausländischen Arbeitnehmern aufgrund des Anwerbestops und der „Ausländerrückführungspolitik“ der Bundesregierung:
2. Aufbewahrung von Arbeitslosen in Fortbildungsmaßnahmen nach dem Arbeitsförderungsgesetz;
3. Aufbewahrung von Arbeitslosen in Arbeitsbeschaffungsmaßnahmen (ABM) und
4. Ausgrenzung und Abdrängung von ausbildungs- und arbeitssuchenden Jugendlichen aus dem Arbeitsmarkt durch „Warteschleifen“ in berufsvorbereitenden Maßnahmen.

(2) Arbeitsunfälle und Berufskrankheiten

Angezeigte Unfälle und Erkrankungen im Jahre 1985 (Statistisches Jahrbuch 1987, 409):

insgesamt	1752000
davon Arbeitsunfälle im engeren Sinne	1536000
Wegeunfälle	179000
Berufskrankheiten	37000

6.A.3 Lebensqualität und gesellschaftliche Perspektive

Es gibt zwar in der Verfassung der Bundesrepublik Deutschland kein verankertes Recht auf Arbeit, aber Arbeit hat in einer kapitalistischen Gesellschaftsordnung einen hohen Stellenwert. Der in der arbeitsteiligen Industrie- und Dienstleistungsgesellschaft Beschäftigte ist abhängig von der Verwertung seiner Ware Arbeitskraft, um seinen Lebensunterhalt und -standard zu gewährleisten. Das gesellschaftliche Problemfeld Arbeit bzw. Arbeitslosigkeit betrifft drei Aspekte: Menschenwürde, Gesundheit und soziales Zusammenleben.

Menschenwürde

Da die meisten Menschen entfremdete Arbeit leisten, spielt eine gesellschaftliche Anerkennung ihrer Arbeit eine große Rolle.

Dieser Aspekt der Menschenwürde läßt sich z. B. indirekt daran erkennen, daß es für alle Berufe – aufgrund von Wertäußerungen anderer Menschen – eine Werteskala an Prestige gibt. Einige Berufe besitzen einen hohen Prestigecharakter und stehen daher in der gesellschaftlichen Rangskala ganz oben, während andere weit unten sind. Amerikanische Untersuchungen zeigen, daß an der Spitze Kopfberufe wie Richter, Ärzte, Wissenschaftler, Gouverneure, Professoren, Rechtsanwälte usw. stehen, während Straßenreiniger, Müllabfuhrleute, Taxifahrer, Hauswarte, Kellner usw. in der Skala ganz unten rangieren (Babbie 1980, 250). Auch für die Bundesrepublik Deutschland läßt sich eine ähnliche Skala an Prestige ausmachen.

Noch wichtiger ist der Aspekt der Menschenwürde für die Arbeitslosen. Gerade aus Umfragen mit Arbeitslosen weiß man, daß sie – nach jahrelanger Arbeit – ein Gefühl der Leere und Wertlosigkeit bekommen.

Gesundheit

Die Statistik über Arbeitsunfälle und Invalidität zeigt mit aller Deutlichkeit, daß viele Arbeitsprozesse gegen das verfassungsrechtliche Gebot der körperlichen Unversehrtheit verstoßen. Während Arbeit zu Unfällen, Krankheiten und Streß führen kann, leiden Arbeitslose oft unter der psychosomatischen Leere ihres Schicksals.

Soziales Zusammenleben

Längerfristig haben Arbeitsbelastungen und Arbeitslosigkeit erkennbare Auswirkungen auf das soziale Zusammenleben in der Familie, mit Kollegen am Arbeitsplatz und im Freundes- und Bekanntenkreis. Qualifizierte Arbeitspositionen und Berufsprestige ermöglichen den Zugang zu anderen gesellschaftlichen Leistungen. Wer einen besseren Job hat und mehr Geld verdient, der ist z. B. bei einer Bank kreditwürdiger. Wer einen akademischen oder beruflichen Titel hat, gelangt leichter über das Vorzimmer zu einem Chef. Arbeitslosigkeit kann dagegen interpersonelle Beziehungen belasten, in Frage stellen oder sogar abreißen lassen.

Die wirtschaftliche Entwicklung eines Landes hängt von vielen Faktoren ab. Dazu gehören einerseits die wirtschaftlichen Verhaltensweisen von Unternehmen, privaten Haushalten und Staat im eigenen Lande, aber andererseits auch die allgemeine weltwirtschaftliche Entwicklung in Abhängigkeit von der amerikanischen Wirtschafts- und Finanzpolitik (Dollarkurs) und die Absatzmärkte in den benachbarten europäischen Ländern und in der hochverschuldeten Dritten Welt.

1. Die seit über zehn Jahren anhaltende ökonomische Krise wird sich mit einer hohen Dauerarbeitslosigkeit fortsetzen.
2. Die Technologisierung aller Arbeitsbereiche, insbesondere des humanen Dienstleistungssektors, wird voranschreiten. Die Mikroelektronik wird zu einer veränderten Berufs- und Arbeitsstruktur führen. Eines Tages wird an jedem Arbeitsplatz eines Dienstleistungsberufes ein Personalcomputer stehen.
3. Dieser permanente Technologisierungsprozeß erfordert einen großen Umqualifizierungsschub in Bildung und Ausbildung. Offen bleibt hierbei die Frage, ob er mehr zu einer Qualifizierung oder zu einer Dequalifizierung der Arbeitskräfte führen wird. Hierüber gehen die Ansichten der Wissenschaftler noch auseinander (vgl. Kern/Schumann 1984). Wahrscheinlich ist eine Doppeltendenz zu erwarten: einerseits eher eine Dequalifizierung im industriellen Sektor aufgrund der Automatisierung durch den Einsatz von Industrierobotern und andererseits eine zunehmende Qualifizierung für die immer differenzierter werdenden humanen Dienstleistungsberufe durch die komplexer werdenden kommunikativ-sozialen Zusammenhänge unserer Gesellschaft.
4. Der Kampf für die 35-Stunden-Woche ist wahrscheinlich nur ein Durchgangsstadium für das Ziel einer 30- oder sogar 25-Stunden-Woche. Wenn wir immer mehr in der Lage sind, mit weniger

Arbeitsaufwand aufgrund einer leistungsfähigeren Technik ein Mehr an Gütern und Dienstleistungen bereitzustellen, dann bleibt die verteilungspolitische Frage das Thema Nr. 1.

5. Die internationale Verflechtung, insbesondere in der Ersten Welt (Europäische Gemeinschaft, Nordamerika und Japan), aber auch mit der Zweiten Welt (Ostblockstaaten) wird zunehmen.
6. Das größte Problem bleibt das Verhältnis der (westlichen) Industrieländer zur hochverschuldeten Dritten Welt. Der ökonomische und der politische Druck der Dritten Welt wird zunehmen.

Fazit: Das Thema Dauerarbeitslosigkeit, Umqualifizierung, Technologisierung, Umverteilungskämpfe und internationale Wirtschaftsprobleme werden die gesellschaftspolitischen Auseinandersetzungen in der Bundesrepublik Deutschland bestimmen.

6.B Soziale Bewegungen

Drei sehr unterschiedliche soziale Bewegungen lassen sich erkennen:
Die traditionelle Arbeiterbewegung sucht nach neuen strategischen Konzepten, um mit Hilfe staatlicher Regulierungsmechanismen das gesellschaftliche Problemfeld Arbeitslosigkeit zu beseitigen; die neokonservative Privatisierungsbewegung sucht strategische Lösungswege in einem möglichst staatsfreien Wirken traditioneller marktwirtschaftlicher Kräfte und die historisch jüngste dualwirtschaftliche Alternativbewegung will neue Wege durch dezentrale sozialökologisch orientierte Projekte einschlagen.

6.B.1 Arbeiterbewegung

Die sich im 19. Jahrhundert entwickelnde Arbeiterbewegung und die ersten sozialpolitischen Gesetze sind eine Reaktion auf die Folgen der sich entfaltenden kapitalistischen Produktionsverhältnisse (Industrialisierung). Die Entstehung einer kapitalistischen Produktionsweise mit der sozialräumlichen Ballung von Maschinen und Menschen in Großbetrieben (Urbanisierung) hat das Aufkommen einer neuen sozialen Klasse zur Voraussetzung, nämlich des Proletariats oder der Arbeiterklasse. Die rücksichtslose Ausbeutung dieser Arbeiter führte zur Sozialen Frage des 19. Jahrhunderts und war der Nährboden für die Entstehung der Arbeiterbewegung. Sozialpolitik entstand nicht freiwillig als Zugeständnis von seiten der Unternehmer, sondern erst unter dem Druck eines stärkeren Zusammenschlusses der Arbeiter.

„Die ersten Schranken gegen die hemmungslose Ausbeutung in der Phase der kapitalistischen Frühakkumulation entstanden keineswegs durch freiwillige Zugeständnisse der Unternehmer, sondern wurden unter dem Druck der Arbeiter aufgerichtet. Das englische Fabrikgesetz von 1833, das zunächst nur für die Textilindustrie verbindlich war, setzte Rahmenzeiten für die Arbeit fest – für Jugendliche zwischen 13 und 18 Jahren 2 Stunden, für Kinder zwischen 9 und 13 Jahren 8 Stunden täglich; die Arbeit von Kindern unter 9 Jahren wurde verboten. Dieses Gesetz suchten die Unternehmer möglichst zu umgehen; sie erreichten, daß das Unterhaus das Mindestalter für die Beschäftigung von Kindern auf 8 Jahre reduzierte und die allgemeine Fabrikarbeitszeit jetzt generell auf 12 Stunden festgelegt, auch für Kinder zur verbindlichen Regel machte.

Aufgrund neuer Erfolge der Chartisten kam es schließlich zum Fabrikgesetz vom 8. Juni 1847, das die Arbeitszeit für Frauen und Jugendliche auf zunächst 11, ab 1. Mai 1848 auf 10 Stunden begrenzte“ (Abendroth 1972, 35f.).

Ein gutes Beispiel für den Zusammenhang zwischen aufblühendem Kapitalismus, erstarkender Arbeiterbewegung und notwendiger Sozialpolitik ist das Wilhelminische Kaiserreich mit der Bismarck'schen Politik von Zuckerbrot und Peitsche. Einerseits die immer stärker werdende deutsche Sozialdemokratie mit zunehmender Zahl von Sitzen im Deutschen Reichstag und andererseits die Notwendigkeit, darauf in irgendeiner Form zu reagieren. Bismarck verfolgte damals eine Art „Doppelstrategie“: einerseits das Sozialistengesetz als Reaktion auf Attentatversuche auf den Kaiser zum Verbot der sozialdemokratischen Partei Deutschlands und andererseits die Schaffung von sozialpolitischen Gesetzen.

„1878 verübten zwei Männer, die keine Sozialdemokraten waren, kurz hintereinander Attentate auf Wilhelm I.; Bismarck nahm die Vorfälle zum Vorwand, um gegen die Vermehrung ‚der bedrohlichen Räuberbande, mit der wir gemeinsam unsere Städte bewohnen‘ vorzugehen und das ‚Gesetz gegen die gemeingefährlichen Bestrebungen der Sozialdemokratie‘ – kurz Sozialistengesetz – im Reichstag durchzusetzen; es galt zunächst für drei Jahre und wurde bis 1890 noch viermal verlängert. Durch das Gesetz wurden alle Organisationen verboten,

‚welche durch sozialdemokratische sozialistische und kommunistische Bestrebungen den Umsturz der bestehenden Staats- oder Gesellschaftsordnung bezwecken‘ und ‚in welchen sozialdemokratische, sozialistische oder kommunistische, auf den Umsturz der bestehenden Staats- oder Gesellschaftsordnung gerichtete Bestrebungen in einer den öffentlichen Frieden, insbesondere die einfachen Gesellschaftsklassen gefährdenden Weise zutage treten'.

... gleichzeitig versuchte Bismarck mit den Anfängen seiner Sozialgesetzgebung die Arbeiter mit dem politischen Einfluß der Sozialdemokratie zu entziehen und für den bestehenden Staat zu gewinnen.

... 1883 wurde die Krankenversicherung, 1884 die Unfallversicherung und 1889 die Alters- und Invalidenversicherung geschaffen; eine Erweiterung des Arbeitsschutzes lehnte Bismarck ab. Die Sozialgesetzgebung verfehlte durch die Koppelung mit dem gleichzeitig rigoros gehandhabten Sozialistengesetz völlig ihren von Bismarck gewünschten Zweck: die Versöhnung des Arbeiters mit dem Staat. Wenn so politisch auch ohne Wirkung, war sie objektiv von großer Bedeutung: als erste Sozialgesetzgebung in der Welt war sie bahnbrechend und entwicklungsfähig und ein tatsächlicher Beitrag zur sozialen Sicherung der Arbeiter" (Grebing 1966, 75–77).

Die Arbeiterbewegung wird heute in der Bundesrepublik vorwiegend durch die Sozialdemokratische Partei Deutschlands (SPD) und den Deutschen Gewerkschaftsbund (DGB) getragen. Die Sozialpolitik ist heute Bestandteil der Wirtschafts- und Gesellschaftspolitik aller Parteien.

In bezug auf einen Mindeststandard an sozialer Absicherung hat die Arbeiterbewegung ihr reformistisches Ziel erreicht, allerdings dafür das früher zumindest in der Theorie programmierte revolutionäre Ziel einer Beseitigung der kapitalistischen Gesellschaftsordnung aufgegeben. Sozialpolitik und ein relativ hoher Konsumstandard der arbeitenden Bevölkerung haben die Arbeiterbewegung weitgehend in das bürgerlich-kapitalistische Wirtschafts- und Gesellschaftssystem integriert (vgl. u. a. Abendroth 1978).

6.B.2 Privatisierungsbewegung

Auf der anderen Seite der gesellschaftspolitischen Auseinandersetzung steht die konservative Privatisierungsbewegung. Bei dieser von den Konservativen angestrebten Wende geht es um folgende Schlagworte: „Mehr Markt – weniger Staat", „Entstaatlichung", „Entbürokratisierung" und „Hilfe zur Selbsthilfe". Privatisierung wird verstanden als

„Übertragung bisher staatlicher Aufgaben oder Leistungen oder die Übertragung der Durchführung bisher durch Behörden selbst vorgenommene Aufgaben oder Leistungen oder die Übertragung von Staatsvermögen an private Träger" (Hamer 1981, 40).

Im mittelständischen Bereich wird hierbei gedacht an Reinigung öffentlicher Gebäude, Kantinenbetriebe, Wäschereien, handwerkliche Werkstätten, Druckereien, Gartenbaubetriebe und Baggerei in Häfen (ebd., 40). Privatisierung wird hier als Rationalisierungschance begriffen. Sowohl bei Bund, Ländern und Gemeinden als auch insbesondere bei öffentlichen Unternehmen wird eine große Rationalisierungsreserve, d.h. Privatisierungsmöglichkeit angenommen.

„Der weit überwiegende Teil der gesamten Kommunalverwaltung stellt eine Leistungsverwaltung dar, für die irgendeine der Privatisierungsformen in der Regel in Frage kommt. Hier liegt insofern von allen Gebietskörperschaften der größte privatisierungsfähige Bereich. Auch die Gemeinden könnten ihren Haushalt durch Privatisierung sanieren.

Uneingeschränkt privatisierungsfähig sind die öffentlichen Unternehmen und Einrichtungen, wie z.B. die Bundespost, die Bundesbahn, der öffentliche Rundfunk u.a. bisher in öffentlich-rechtlicher Form betriebenen Leistungsangebote, ganz gleich, von welcher Gebietskörperschaft sie beherrscht sind" (ebd., 178).

Strategisch geht es also um die Ökonomisierung der Staatstätigkeit im Sinne einer Funktionalisierung der Politik im Interesse wirtschaftlicher Ziele. Allerdings ist zwischen den Privatisierungstendenzen in der mittelständischen Wirtschaft und der möglichst unbürokratischen Subventionierung der Großindustrie zu unterscheiden.

„Es geht innerhalb dieser neokonservativen Antikrisenpolitik nicht um ‚Entstaatlichung' um jeden Preis. ... Der Großindustrie etwa, für die die verstaatlichte Nachfragegarantie unmittelbare Voraussetzung ihres Absatzes – und damit ihrer Produktionsmöglichkeiten – ist, kann an einer ‚Privatisierung' dieser staatlichen Garantiefunktion nicht gelegen sein. ... Die propagandistische Forderung nach unmittelbare Privatisierung bzw. Reprivatisierung bis zur öffentlichen Produktion – wie Müllabfuhr, Reinigungsdienste und Schlachthöfe – bringt nur einen ausgesprochen kleinen Teil der Wahrheit neokonservativer, sog. ‚Entstaatlichungs'-Strategie zum Ausdruck ... bei der ‚Privatisierungs'-Kampagne handelt es sich lediglich um ein Förderungsprogramm für die mittelständische Industrie ... Inhalt und Grenzen der Entstaatlichung sind durch die sich im Staat niederschlagenden, aus der kapitalistischen Produktionsstruktur folgenden Interessengegensätze bestimmt. Mit der ‚Entstaatlichung' sollen die Kräfteverhältnisse zugunsten der Kapitalinteressen umgestaltet werden. ... Bei der neokonservativen Strategie der ‚Wiederherstellung vernünftiger Rahmenbedingungen' – ... – geht es also um eine, über unterschiedliche Instrumente herzustellende Funktionalisierung staatlicher Politik für den Prozeß privatwirtschaftlicher Gewinnproduktion" (Arbeitsgruppe Alternative Wirtschaftspolitik 1980, 141f.).

Diese Privatisierung im wirtschaftlichen Sektor geht einher mit dem Abbau des Sozialstaates und der Propagierung des Konzeptes der Selbsthilfe durch bürgerschaftliches Engagement und unbezahlte Laienhelfer.

Hauptargument für diese Privatisierung ist die (angebliche) Überlegenheit der marktwirtschaftlichen Kräfte gegenüber jeder Form staatlicher Lenkung. Am ausgeprägtesten ist diese neokonservative Privatisierungsbewegung in den USA seit Amtsantritt des amerikanischen Präsidenten Ronald Reagan (1980). In diesem Sinne spricht man daher oft von Reaganomics (Reagan + economics).

6.B.3 Dualwirtschaftliche Alternativbewegung

Als Alternative zur traditionellen marktwirtschaftlichen Industriegesellschaft hat sich in den letzten Jahren eine Alternativbewegung entwickelt, die sich – theoretisch formuliert – am Konzept der Dualwirtschaft orientiert, die Joseph Huber wie folgt definiert:

„Dualwirtschaft – d.h. Aufbau und Instandhaltung eines informellen Wirtschaftsbereiches innerhalb moderner, hochentwickelter Industriegesellschaften. Der immer größer werdenden Entmündigung des Einzelnen durch Vermarktung, Institutionalisierung, Professionalisierung, Technisierung und Monetarisierung wird das Prinzip der Autonomie des Einzelnen, die solidarische Erarbeitung von Gebrauchswerten und optimale Selbstversorgung entgegengestellt. Das Monopol der Experten, Technokraten und der Geldwirtschaft soll durch Eigenarbeit, Selbsthilfe und der Selbstversorgung verhindert oder durchbrochen werden. Nur so läßt sich der Gefahr einer immer totaler werdenden Komplexierung sozialer, politischer und wirtschaftlicher Gebilde entkommen und die Ansätze einer offenen, dezentralisierten Gesellschaft erhalten und weiter ausbauen“ (Huber 1979, 17).

Diese Dualwirtschaft geht letzten Endes von einem „zweitgeteilten Menschen“ aus: einerseits die Arbeit in einem traditionellen Industrie- und Dienstleistungssektor zur Erlangung eines Lohnes, um den Mindestbedarf an Lebensmittel zu decken und andererseits autonome selbstbestimmte Arbeit in einem sogenannten Alternativsektor.

Nach vorläufigen Schätzungen gibt es zur Zeit ca. 12000 alternative Betriebe in der Bundesrepublik Deutschland, in denen ca. 100000 Menschen arbeiten, davon aber nur 60% gegen Entgelt (vgl. Vilmar/Runge 1986, 188f). Fast die Hälfte aller Betriebe ist im Handel tätig, die übrigen sind es im Handwerk und sonstigen Dienstleistungen. Hierbei handelt es sich um Kneipen, Kinos, Tagungsstätten, Buchhandlungen, Fahrrad- und Naturkostläden, Druckereien, Schreinereien, Kfz-Werkstätten, alternative Technologiebetriebe und Bauernhöfe (vgl. Alteköster 1985, 134f).

Der duale Charakter dieser Alternativbewegung ergibt sich auch aus der Verbindung von im traditionellen Sektor arbeitenden Menschen und deren Finanztransfers in diesen neuen Alternativsektor hinein.

„Elementares Bindeglied des Alternativsektors ist seine Fähigkeit, Mittel und Wege zur Selbsthilfe zu entwickeln. Einer der ersten und bekanntesten Ansätze ist das sogenannte ‚Netzwerk Selbsthilfe', das, von Berlin ausgehend, sich in den letzten sieben Jahren in der ganzen Bundesrepublik verbreitet hat und auf 34 Netzwerke angewachsen ist. Ziel der Netzwerke ist es, eine Verbindung herzustellen zwischen dem Alternativsektor und den finanzkräftigen Individuen, die bereit sind, ihre politische Gesinnung in materiellem Engagement auszudrücken. Sie sind Kreditvermittlungsstellen zwischen einem privaten Geldgeber und einem alternativen Projekt, das diesem bekannt ist" (Alteköster 1985, 136).

Diese Alternativbewegung ist sozial und ökologisch orientiert. Es geht um dezentrale und autonome Alternativen zu traditioneller ökonomischer Wachtumspolitik im Bereich von Industrie- und Dienstleistungen.

„Unter Wirtschaftsdualismus soll hier nicht das Nebeneinander zweier Wirtschaftssektoren verstanden werden, die völlig abgekoppelt voneinander existieren oder sogar in unversöhnlichem Gegensatz voneinander stehen. Der Begriff Dualismus umschreibt an dieser Stelle die Notwendigkeit, angesichts der Grenzen des ökonomischen Wachtums und der Belastbarkeit unserer Umwelt, unserer Wirtschaft wieder ein heterogenes und vielfältiges Strukturgefüge zu vermitteln. Unsere Ökonomie braucht Sektoren, in denen menschengerechter und menschennäher produziert wird, die überschaubare Wirtschaftskreisläufe herstellen, die in der Lage sind, Krisenauswirkungen sanfter abzufedern und in ihrem Bezug für Umwelt besser unter soziale Kontrolle zu nehmen sind" (ebd., 144).

Wenn auch der Sektor der dualwirtschaftlichen Alternativbewegung volkswirtschaftlich noch gering einzuschätzen ist, so ist doch der Modell- und Vorbildcharakter für die weitere Diskussion ökonomischer Probleme nicht zu unterschätzen.

6.C Analytische Erklärungskonzepte

6.C.1 Soziale Marktwirtschaft und Reaganomics

Die Vertreter des klassischen Liberalismus gehen in ihrer Theorie von folgenden Funktionsprinzipien einer kapitalistischen Wirtschaftsordnung aus:

1. Privateigentum an den Produktionsmitteln.
2. Einzelwirtschaftliche Entscheidungsautonomie der Unternehmungen und Haushalte.
3. Die Abstimmung der formal voneinander unabhängigen Einzelpläne wird im Wettbewerb über den Koordinations- und Sanktionsmechanismus des Marktes geregelt.
4. Dieser Wettbewerb Aller führt über das Streben nach persönlicher Nutzenmaximierung auch zu einem maximalen gesellschaftlichen Wohlstand.
5. Langfristig gibt es keine Wirtschaftskrisen in diesem System, da sich Angebot und Nachfrage stets zu einem Gleichgewicht der Produktionsfaktoren Arbeit und Kapital, die beide voll ausgelastet sind (Say'sche-Theorem) einpendeln.

Die unsichtbare Hand (invisible hand/Adam Smith) sorgt für die liberalistische Harmoniethese:

> „Das auf persönlichen Vorteil bedachte Verhalten der Individuen führe automatisch auch zum maximalen gesellschaftlichen Wohlstand, worin sich ein Naturgesetz der prästablierten Harmonie erweise. Die Harmonisten behaupten, daß unter konkurrenzwirtschaftlichen Bedingungen, d.h. bei Realisierung des liberalistischen Systems, nicht nur die arbeitsteilige Kooperation gefördert wird, sondern die Volkswirtschaft als Ganzes ‚den Reichtum', d.h. eine Maximierung des Sozialproduktes, erreicht und zugleich auch der höchstmögliche Wohlstand der Individuen realisiert werde. Es besteht nach dieser Ansicht kein Gegensatz zwischen Individualinteressen und Gesamtinteressen. Die Harmoniethese enthält auch die Vorstellung der krisenfreien Wirtschaft" (Zinn 1974, 28).

Spätestens durch die große Wirtschaftskrise 1929 mit ihren Folgen von 6 Millionen Arbeitslosen im Deutschen Reich wurde diese liberalistische Harmoniethese erschüttert. 1936 hat dann John Maynard Keynes nachgewiesen, daß sich die Volkswirtschaft auch über einen längeren Zeitraum zu einem Gleichgewicht bei Unterbeschäftigung, d.h. also bei größerer Arbeitslosigkeit einpendeln kann. Diese Kritik am klassischen Kapitalismus führte dann zu den neoliberalen Vorstellungen einer sozialen Marktwirtschaft, die nach ihrem Theoretiker Alfred Müller-Armack durch die vier Grundelemente Ordnung des Wettbewerbs, Ergänzung des Wettbewerbs, Stabilisierung des Wettbewerbs und Korrektur des Wettbewerbs gekennzeichnet ist (vgl. ebd., 920).

„Sinn der sozialen Marktwirtschaft ist es, das Prinzip der Freiheit auf dem Markt mit dem des sozialen Ausgleichs zu verbinden."

„Der Begriff der sozialen Marktwirtschaft kann so als ordnungspolitische Idee definiert werden, deren Ziel es ist, auf der Basis der Wettbewerbswirtschaft die freie Initiative mit einem gerade durch die marktwirtschaftliche Leistung gesicherten sozialen Fortschritt zu verbinden" (Müller-Armack 1956, 390).

Dementsprechend fühlt sich die soziale Marktwirtschaft zu folgendem verpflichtet:

1. Aufrechterhaltung der Wettbewerbsverhältnisse durch eine vom Staat garantierte Ordnungspolitik,
2. eine ausgleichende Sozialpolitik zur Verbesserung der Lage der Sozial-Schwachen auf dem Wege der Gesetzgebung (Vermögensbildung, Wohngeld, Sozialhilfe) und
3. die Notwendigkeit einer staatlichen Konjunkturpolitik zum Ausgleich nicht vermeidbarer konjunktureller Schwankungen, insbesondere bei einer Krise. Nach Auffassung sozialer Marktwirtschaftler ist die Arbeitslosigkeit also nur eine vorübergehende Erscheinung, die sich durch das ausgebaute soziale Netz staatlicher Sozialpolitik abmildern und durch eine gezielte staatliche Ordnungs- und Konjunkturpolitik bewältigen läßt.

Unter Reaganomics wird ein neokonservatives, d. h. liberal-marktwirtschaftliches Konzept der Wirtschaftspolitik verstanden, das in der Bundesrepublik wissenschaftlich vom Sachverständigenrat zur Begutachtung der gesamtwirtschaftlichen Entwicklung (der sogenannten fünf Weisen) vertreten wird. Im Mittelpunkt des neokonservativen Konzepts steht eine angebotsorientierte Wirtschaftspolitik, d. h. über die Ankurbelung der Investitionen eine privatwirtschaftliche Wachstumsdynamik freizusetzen. Anstelle der Verstärkung und der Nachfrage wie beim Keynesianismus geht dieses Konzept umgekehrt von der strategischen Bedeutung der Investitionen aus. Bereits im Jahre 1976 hat der Sachverständigenrat sein Konzept für eine angebotsorientierte Wirtschaftspolitik vorgelegt (vgl. Sachverständigenrat 1976, Ziff. 303ff). Im Jahresgutachten 1981/1982 wurde die Wunschliste aufgeführt, die der Staat neben einer auf Geldwertstabilität festgesetzten Geldpolitik und einer auf marktgerechte Löhne verpflichteten Lohnpolitik erfüllen soll:

„– unnötige Hemmnisse wirtschaftlicher Aktivität wegräumen,
– durch mehr Konstanz der Wirtschaftspolitik und Zurückhaltung bei Eingriffen in den Markt Risiken senken,
– Reserven an privater Risikobereitschaft mobilisieren helfen, insbesondere die Neigung zur Eigenkapitalanlage sowie die Gewinnbeteiligung von Arbeitnehmern fördern,
– sich im Steuersystem verstärkt an Unternehmensrisiken beteiligen,
– seine eigenen Ausgaben in engeren Grenzen halten, die kreditfinanzierten Ausgaben senken, aber auch die Abgabequote nicht weiter erhöhen,
– die Mobilität der Arbeitskräfte und deren Bereitschaft, sich fortzubilden, unterstützen,
– Produkt- und Verfahrensinnovationen global fördern,
– die wirtschaftliche Dynamik von unten stärken, insbesondere die Chance der Gründung einer selbständigen Existenz sowie die Entwicklungsmöglichkeiten kleiner und mittelgroßer Unternehmen verbessern,
– den Wettbewerb, namentlich von Wettbewerb mit dem Ausland, scharf halten, Subventionen und Schutzmaßnahmen, die den Strukturwandel hemmen, abbauen“ (Sachverständigenrat 1981/82, 143).

Im Prinzip läuft diese angebotsorientierte Wirtschaftspolitik auf eine Umverteilung von unten nach oben hinaus, d. h. aufgrund von Steuerentlastungen und sonstigen Vergünstigungen soll die Bereitschaft der Spitzenverdiener gefördert werden, wieder zu investieren.

„Ziel der Angebotspolitik ist es, den Arbeitseinsatz zu erhöhen, die Sparneigungen zu steigern und die Investitionsbereitschaft zu mobilisieren. Hinter der Strategie der Überwindung der Blockierungen angebotsorientierter Aktivität steckt ein klares Konzept umfassender Umverteilung. Denn die Kurzform der Erklärung wirtschaftlicher Krisen lautet: Die Reichen verweigern Spar- und Investitionsangebote, weil sie zu wenig verdienen. Die Armen jedoch bieten keine Arbeit an, weil sie, durch das Sozialsystem abgesichert, zu viel verdienen. Daraus folgt für die Angebotslehre eine Politik der Umverteilung von arm nach reich, vor allem durch Steuerentlastungen bei den Spitzenverdienern und Abbau des Sozialsystems. Die somit behauptete falsche Verteilung blockiere, so die Angebotsfanatiker, das Angebot von Arbeit, Investition und Sparen“ (Arbeitsgruppe Alternative Wirtschaftspolitik 1982, 110).

Im Mittelpunkt dieser durch den Sachverständigenrat „wissenschaftlich“ formulierten Politik steht daher eine radikale Steuerentlastung und -senkung der mittleren und höheren Einkommen. Im Jahresgutachten 1984/85 wird diese steuerliche Entlastungspolitik für Investitionen noch einmal klar und eindeutig definiert:

„Eine Senkung der Sätze der Einkommenssteuer und Körperschaftssteuer verbessert das Investitionsklima. Eine Senkung der Grenzsteuersätze mildert für die Einkommenssteuerpflichtigen die Diskriminierung der Risikoübernahme durch eine Abflachung der Progression. Eine steuerliche Entlastung der Gewinne verbessert die Möglichkeit zur Selbstfinanzierung, erweitert über diese die Eigenkapitalbasis und damit auch die Spielräume für die Fremdkapitalbeschaffung, so daß die Investitionsfinanzierung erleichtert wird. Alle drei Impulse wären um so kräftiger, je stärker die Tarife der Einkommenssteuer und der Körperschaftssteuer gesenkt würden" (Sachverständigenrat 1984, 215).

Eindeutiger läßt sich diese angebotsorientierte Wirtschaftspolitik nicht formulieren: Je stärker die steuerlichen Entlastungen für Investitionen sind, desto größer die Hoffnung auf Abbau der Arbeitslosigkeit.

6.C.2 Politische Ökonomie

Im Gegensatz zu den Theoretikern der bürgerlichen Ökonomie gehen Karl Marx und seine Nachfolger von einer grundsätzlichen permanenten Krisenanfälligkeit kapitalistischer Produktionsverhältnisse aus. Aufgrund der Existenz des Privateigentums an Produktionsmitteln, d.h. aufgrund der kapitalistischen Produktionsweise mit ihrem Waren- und Geldcharakter zerfällt die Gesellschaft in die zwei Klassen: Kapitalisten und Lohnarbeiter. Die Waren- und Geldzirkulation besteht in der ständigen Verwandlung von Geld, Ware und dessen Rückwandlung in Geld (G-W-G'), also zu kaufen, um zu verkaufen. Diese höhere Geldsumme am Ende der Warenproduktion ist der von den Lohnarbeitern erarbeitete Mehrwert. In ihrem kapitalistischen Verwertungsprozeß bekommt der Lohnarbeiter also nur einen Teil der von ihm geschaffenen Ware als Lohn, den anderen Teil eignet sich der Kapitalist selbst an (Ausbeutung). Das führt zu einem ständigen Prozeß der Produktion und Reproduktion und Akkumulation des Kapitals. Die Konkurrenz unter den Kapitalisten führt nun zu einer ständigen Steigerung der Arbeitsproduktivität mittels neuer Maschinen. Die Folge ist eine Konzentration und Zentralisation des Kapitals in immer weniger Händen bis hin zur Monopolentwicklung. Der konstante Teil des Kapitals, d.h. die Maschinen, wächst schneller als der Teil des variablen Kapitals, d.h. der Lohnarbeit. Diese sogenannte organische Zusammensetzung des Kapitals setzt Arbeitskräfte frei, die entweder in anderen Produktionszweigen oder grundsätzlich der Arbeitslosigkeit anheimfallen. Die industrielle Reservearmee wächst und die Profitmaximierung führt zu Überproduktion, zu einer Wirtschaftskrise mit anschließender Vernichtung von Kapital. Der Grundwiderspruch des Kapitalismus besteht in dem Antagonismus zwischen dem gesellschaftlichen Charakter der Produktion durch die Arbeit der vielen Lohnarbeiter und der privaten Form der Aneignung des Mehrwertes durch die Kapitalistenklasse. Karl Marx hat das im „Kapital" (1867) klassisch formuliert:

„Worauf kommt die ursprüngliche Akkumulation des Kapitals, d.h. seine historische Genesis, hinaus? Soweit sie nicht unmittelbare Verwandlung von Sklaven und Leibeigenen in Lohnarbeit, also bloßer Formwechsel ist, bedeutet sie nur die Expropriation der unmittelbaren Produzenten, d.h. die Auflösung des auf eigner Arbeit beruhenden Privateigentums.

... Das selbsterarbeitete, sozusagen auf Verwachsung des einzelnen, unabhängigen Arbeitsindividuums mit seinen Arbeitsbedingungen beruhende Privateigentum wird verdrängt durch das kapitalistische Privateigentum, welches auf Expropriation fremder, aber formell freier Arbeit beruht...

Diese Expropriation vollzieht sich durch das Spiel der immanenten Gesetze der kapitalistischen Produktion selbst, durch die Zentralisation der Kapitale. Je ein Kapitalist schlägt viele tot. Hand in Hand mit dieser Zentralisation oder der Expropriation vieler Kapitalisten durch wenige entwickelt sich die kooperative Form des Arbeitsprozesses auf stets wachsender Stufenleiter, die bewußte technische Anwendung der Wissenschaft, die planmäßige Ausbeutung der Erde, die Verwandlung der Arbeitsmittel in nur gemeinsam verwendbare Arbeitsmittel, die Ökonomisierung aller Produktionsmittel durch ihren Gebrauch als Produktionsmittel kombinierter gesellschaftlicher Arbeit, die Verschlingung aller Völker in das Netz des Weltmarktes, und damit der internationale Charakter des kapitalistischen Regimes. Mit der beständig abnehmenden Zahl der Kapitalmagnaten, welche alle Vorteile dieses Umwandlungsprozesses usurpieren und monopolisieren, wächst die Masse des Elends, des Drucks, der Knechtschaft, der Entartung, der Ausbeutung, aber auch die Empörung der stets anschwellenden und durch den Mechanismus des kapitalistischen Produktionsprozesses selbst geschulten, vereinten und organisierten Arbeiterklasse. Das Kapitalmonopol wird zur Fessel der Produktionsweise, die mit und unter ihm aufgeblüht ist. Die Zentralisation der Produktionsmittel und die Vergesellschaftung der Arbeit erreichen einen Punkt, wo sie unverträglich werden mit ihrer kapitalistischen Hülle. Sie wird gesprengt. Die Stunde des kapitalistischen Privateigentums schlägt. Die Expropriateure werden expropriiert" (Marx, MEW 23, 789–791).

Entscheidend für die politökonomische Analyse des gesellschaftlichen Problemfeldes Arbeitslosigkeit ist der marxistische Ansatz der Existenz und der Notwendigkeit einer industriellen Reservearmee, die als notwendiges Produkt der kapitalistischen Akkumulation betrachtet wird.

„Wenn aber eine Surplusarbeiterpopulation notwendiges Produkt der Akkumulation oder der Entwicklung des Reichtums auf kapitalistischer Grundlage ist, wird diese Überbevölkerung umgekehrt zum Hebel der kapitalistischen Akkumulation, ja zu einer Existenzbedingung der kapitalistischern Produktionsweise. Sie bildet eine disponible industrielle Reservearmee, die dem Kapital ganz so absolut gehört, als ob es sie auf seine eigne Kosten großgezüchtet hätte. Sie schafft für seine wechselnden Verwertungsbedürfnisse das stets bereite exploitable Menschenmaterial, unabhängig von den Schranken der wirklichen Bevölkerungszunahme" (ebd., 661).

Je größer der gesellschaftliche Reichtum, das funktionierende Kapital, Umfang und Energie seines Wachstums, also auch die absolute Größe des Proletariats und Produktivkraft seiner Arbeit, desto größer die industrielle Reservearmee. Die disponible Arbeitskraft wird durch dieselben Ursachen entwickelt, wie die Expansivkraft des Kapitals. Die verhältnismäßige Größe der industriellen Reservearmee wächst also mit den Potenzen des Reichtums. Je größer aber diese Reservearmee im Verhältnis zur aktiven Arbeiterarmee, desto massenhafter die konsolidierte Überbevölkerung, deren Elend im umgekehrten Verhältnis zu ihrer Arbeitsqual steht" (ebd., 673).

Im marxistischen Sinne wird also Arbeitslosigkeit nicht als eine vorübergehende momentane Erscheinung, sondern im Sinne der industriellen Reservearmee als notwendige Existenz im kapitalistischen Akkumulations- und Verwertungsprozeß betrachtet.

Weiterführende Literatur

Abendroth, Wolfgang: Sozialgeschichte der europäischen Arbeiterbewegung. Frankfurt a. M. 1972[8]

Arbeitsgruppe Alternative Wirtschaftspolitik: Memorandum '86. Für eine beschäftigungspolitische Offensive/Sofortmaßnahmen für zwei Millionen Arbeitsplätze. Köln 1986

Grebing, Helga: Geschichte der deutschen Arbeiterbewegung – Ein Überblick. München 1966

Sachverständigenrat zur Begutachtung der gesamtwirtschaftlichen Entwicklung: Chancen für einen langen Aufschwung. Jahresgutachten 1984/85. Stuttgart/ Mainz 1984

Zinn, Karl Georg: Allgemeine Wirtschaftspolitik als Grundlegung einer kritischen Ökonomie. Stuttgart/Berlin/Köln/Mainz 1974[2]

7. Kapitel: Reiche versus Arme – soziale Ungleichheit

Das gesellschaftliche Problemfeld Armut, d. h. die soziale Ungleichheit zwischen Reichen und Armen, ist eng mit der ökonomischen Ungleichheit verbunden. Aufgrund des wirtschaftlichen Wachstums der 50er und 60er Jahre schien das Problem der Armut in der Bundesrepublik Deutschland verschwunden zu sein. Aber zur Überraschung vieler läßt sich seit Mitte der 70er Jahre feststellen, daß in unserer Gesellschaft eine Neue Armut entstanden ist. Dreh- und Angelpunkt jeder Argumentation ist jedoch die Definition dessen, was unter Armut und unter sozialen Randgruppen verstanden wird.

7.A Gesellschaftliches Problemfeld Armut

7.A.1 Neue Armut als soziale Problembewegung

Von großer aktueller gesellschaftspolitischer und wissenschaftlicher Bedeutung ist der seit Mitte der 80er Jahre auftauchende Begriff der Neuen Armut. Insbesondere in der parteipolitischen Auseinandersetzung geht es um die Frage, ob die Neue Armut eine soziale Realität ist oder ob sie nur ein parteipolitischer Kampfbegriff in der gesellschaftlichen Auseinandersetzung ist. In der parteipolitisch-parlamentarischen Auseinandersetzung ist es interessant, wie sich die Fronten von den 70er zu den 80er Jahren verschoben haben.

Vor zehn Jahren gab es ca. 1,1 Millionen Arbeitslose und in Rheinland-Pfalz einen Staatsminister für Gesundheit und Sport, der die Öffentlichkeit mit der Mitteilung schockierte, daß es in der Bundesrepublik fast 6 Millionen Arme gäbe, deren Einkommen unterhalb des Sozialhilfesatzes liege. Dieser Minister hieß Heiner Geißler und stützte seine Dokumentation auf Daten des Statistischen Bundesamtes und des Deutschen Instituts für Wirtschaftsforschung. So heißt es in der Dokumentation:

„In der Bundesrepublik gibt es wieder bittere private Armut. 5,6 Millionen Menschen in 2,2 Millionen Haushalten verfügen nur über ein Einkommen, das unter dem Sozialhilfeniveau liegt. Es handelt sich dabei nicht um ‚Gammler, Penner oder Tippelbrüder', sondern um

- 1,1 Millionen Rentnerhaushalte mit 2,3 Millionen Personen,
- 600000 Arbeiterfamilien mit 2,2 Millionen Personen und
- 300000 Angestelltenhaushalte mit 1,2 Millionen Personen" (Geißler 1976, 27)

Die damalige Bundesregierung unter dem Kanzler Helmut Schmidt ebenso wie Teile der Unionsparteien haben diese Dokumentation als Schwarzmalerei und Übertreibung bezeichnet.

Zehn Jahre später erklärte dann der zwischenzeitlich zum Bundesminister aufgerückte Heiner Geißler (Familie, Soziales, Gesundheit) die von seiten der Gewerkschaft und der SPD formulierte Neue Armut sei eine demagogische Parole.

Sicherlich ist Armut ein relativer Begriff, der in der Dritten Welt eine ganz andere Bedeutung hat. Relative Armut in einem reichen Land kann jedoch nicht weniger belastend als große Armut in einem Land der Dritten Welt sein. Vor zehn Jahren wollte Geißler die Bürger der Bundesrepublik Deutschland dafür sensibilisieren, daß es eine „Neue Soziale Frage" gebe: weder Gewerkschaften noch sonstige Interessengruppen setzen sich für ältere Frauen und Witwen, Rentner, kinderreiche Familien, Behinderte und allgemein für Arme ein.

Die Armen haben normalerweise keine eigene Interessenvertretung. Wer dazu verurteilt ist, tagtäglich zu überleben, hat keine „Planungskapazität", um sich zu artikulieren, zu organisieren und zu engagieren. Armut, Neue Armut, Arme oder soziale Randgruppen sind nur dann ein gesellschaftliches Problemfeld, wenn meistens stellvertretend für sie Andere eine soziale Problembewegung in Gang setzen.

Neue Armut ist also wahrscheinlich beides: sowohl ein Teil der sozialpolitischen Realität als auch ein politischer Kampfbegriff in der gesellschaftlichen Auseinandersetzung. Beides zusammen brachte Armut und soziale Randgrupppen in das Bewußtsein der Öffentlichkeit.

7.A.2 Indikatoren für Armut

(1) Sozialhilfe:

Die Sozialhilfe nach dem Bundessozialhilfegesetz wird als Hilfe zum Lebensunterhalt oder als Hilfe in besonderen Lebenslagen Personen gewährt, die sich in einer Notlage befinden. Sie greift immer dann, wenn andere Personen oder Sozialleistungssysteme Leistungen nicht vorsehen oder keine hinreichende Hilfe erbringen. Die Sozialhilfe läßt sich nach der Zahl der Hilfeempfänger und nach ihren Ausgaben gliedern (Statistische Jahrbücher 1986, 407; 1987, 416):

Die Zahl der Sozialhilfeempfänger stieg von 2083000 (1981) über 2320000 (1982), 2437000 (1983) und 2570000 (1984) auf 2808000 (1985). Mehr als die Hälfte der Empfänger erhalten laufende Hilfe zum Lebensunterhalt und die anderen Hilfe in besonderen Lebenslagen – insbesondere Krankenhilfe und Hilfe zur Pflege. Entsprechend der gestiegenen Zahl der Empfänger sind auch die Ausgaben in den letzten Jahren erheblich gestiegen: von 14783 Mrd. DM (1981) über 16329 Mrd. DM (1982), 17569 Mrd. DM (1983) und 18746 Mrd. DM (1984) auf 20824 Mrd. DM. Den größten Anteil in dieser Gesamtsumme nehmen die Hilfe zum Lebensunterhalt (8 Mrd. DM), Eingliederungshilfe für Behinderte (4,1 Mrd. DM) und Hilfe für Pflege (7,1 Mrd. DM) ein.

(2) Wohngeld:

Wohngeld auf Antrag von Mietern wird dann als Mietzuschuß gezahlt, wenn im Verhältnis zum Haushaltseinkommen unzumutbare Aufwendungen für eine angemessene Wohnung erbracht werden müssen. Die Höhe des Wohngeldes bestimmt sich nach Haushaltsgröße, Familieneinkommen und Wohnkosten.

Im Jahre 1985 gab es 1511900 Wohngeldempfänger.

Im Jahre 1986 wurden 3,6 Mrd. DM an Wohngeld ausgezahlt.

Die Mehrheit aller Wohngeldempfänger sind Rentner, mit weitem Abstand gefolgt von Arbeitern und Erwerbslosen. Die kleinsten Gruppen sind die Selbständigen, Studenten, Pensionäre, Beamte und Angestellte. Mehr als die Hälfte aller Wohngeldempfänger sind Ein-Personen-Haushalte (Statistisches Jahrbuch 1987, 423).

(3) Obdachlosigkeit:

Mangels statistischer Erfassung liegen uns keine gesicherten Zahlen über den Umfang der Obdachlosigkeit in der Bundesrepublik Deutschland vor. Schätzungen aus den vergangenen Jahren gehen von 0,5–2% der Gesamtbevölkerung aus. Eine Untersuchung Vaskovics' gelangt zu einer Zahl von 260000 Obdachlosen (vgl. Vaskovics 1978). Die gleiche Untersuchung geht auch von einem jährlichen Zuwachs von 26000 Obdachlosen in unserem Lande aus (vgl. Danckwerts 1983, 323).

(4) Wohlfahrtsindikatoren:

Ausgehend von dem erhobenen Wohlstandsservice 1978 und 1980 lassen sich anhand von fünf objektiven und fünf subjektiven Problemlagen, die mit solchen sozialen Merkmalen wie Geschlecht, Alter, Familienstand, Schulbildung und Erwerbs- und Berufsstatus der Betroffenen kombiniert werden, soziale Problemgruppen quanitativ herausarbeiten.

Eine Kombination der objektiven Problemlagen mit sozialen Merkmalen der Betroffenen zeigt auf Seite 95 ein breites Spektrum von betroffenen Bevölkerungsgruppen (Glatzer/Zapf 1984, 268).

In bezug auf Armut sind

„insbesondere vier besonders benachteiligte Gruppen identifiziert worden: kinderreiche Familien; unvollständige Familien; alleinlebende Frauen, die nicht erwerbstätig oder als Arbeiterin beschäftigt sind; daneben alle übrigen Haushalte, wenn ausschließlich nichterwerbstätige Personen im Haushalt leben und der Haushaltsvorstand arbeitslos oder in Ausbildung ist" (Glatzer/Zapf 1984, 296).

Bei allen diesen objektiven Problemlagen sind Frauen häufiger betroffen als Männer und Ältere häufiger als Jüngere.

Bei den subjektiven Problemlagen wie Einsamkeit, Niedergeschlagenheit, Ängste und Sorgen sind vorwiegend ältere alleinstehende Menschen betroffen, während sich bei der subjektiven Problemlage hohe Arbeitsbelastung in erster Linie Personen im mittleren Lebensalter betroffen fühlen, wie z. B. erwerbstätige Frauen durch die Belastung von Berufs- und Hausarbeit in der Familie. Die Tabelle auf Seite 96 zeigt die Überschneidungen zwischen objektiven Problemlagen, zwischen subjektiven Problemlagen und zwischen objektiven und subjektiven Problemlagen (Glatzer/Zapf 1984, 278).

Der Zusammenhang zwischen subjektiven Problemlagen und subjektiven Mangellagen läßt sich empirisch nachweisen.

„Soziale Isolation und dauerhafte Gesundheitsprobleme sind für alle subjektiven Befindlichkeiten von Bedeutung. Unglücklich oder niedergeschlagen zu sein, kann am besten durch die Betroffenheit von diesen beiden Problemlagen erklärt werden. Ängste und Sorgen können vor allem auf dauerhafte Beeinträchtigungen der Gesundheit zurückgeführt werden. Finanzielle Probleme spielen ebenso eine Rolle wie Defizite an engen Sozialbeziehungen, was bereits

Problemlage	Armut[b] %	Wohnung ohne Bad %	weniger als 1 Raum pro Person %	keine Berufsausbildung %	Alleinlebend ohne enge Freunde %	dauerh. krank, behindert oder pflegebedürftig %	N[c]
Frauen				44,3			1079
18–24 Jahre			25,4				245
25–39 Jahre			27,3				576
65 Jahre und älter		20,3		51,1	16,7	28,0	419
Hauptschulabschluß				36,3			1260
geschieden/getrennt lebend		23,0			19,7	31,6	89
verwitwet		20,7		61,9	29,4	27,4	246
Alleinlebende		22,6		44,9	36,4	27,5	272
unverheiratete Erwachsene		17,8		40,7			61
Ehepaare mit zwei Kindern			43,1				318
Ehepaare mit drei Kindern	15,2		49,2				116
Ehepaare mit vier und mehr Kindern	25,4		67,1				59
erweiterte Familien	18,2		26,1	53,8		20,6	108
unvollständige Familien	25,9			51,8			67
un-/angelernte Arbeiter			27,1	62,0			125
Facharbeiter/Meister			29,7				205
Arbeiter-Hausfrauen	24,1		36,8	49,2			124
Arbeiter-Rentner, verheiratet	20,5	18,5		51,8		38,3	113
Arbeiter-Rentner, nicht verheiratet		29,7		78,6	32,1	32,2	94
Nichtarbeiter-Rentner, verheiratet						24,0	141
Nichtarbeiter-Rentner, nicht verheiratet		16,7		46,7	29,7	24,8	128
Betroffene insgesamt	10,0	8,8	20,3	30,0	4,9	16,2	

a) In der Tabelle sind nur Gruppen aufgeführt, in denen der Anteil Betroffener mindestens 5% über dem Durchschnittswert liegt.
b) unterstes Dezil in der Verteilung des gewichteten Pro-Kopf-Einkommens der Haushalte.
c) Werte der Grundauszählung.
Datenbasis Wohlfahrtssurvey 1978 (N = 2012 Befragte)

	Objektive Problemlagen								Subjektive Problemlagen	
	Armut	Wohnung ohne Bad	weniger als 1 Raum/Person	ohne Berufsausbildung	alleinlebend ohne enge Freunde	dauerhaft krank, behindert oder pflegebedürftig	mit dem Leben unzufrieden	einsam	unglücklich oder niedergeschlagen	Ängste und Sorgen
	Anteilswerte[a]									
Objektive Problemlagen										
Armut[b]	–	19,3	37,2	55,6			10,9		22,6	33,8
Wohnung ohne Bad	22,7	–	31,3	47,0	17,3	24,9	10,5	13,0	22,3	
weniger als 1 Raum/Person	18,6	13,8	–							
ohne Berufsausbildung	17,9	14,8		–	9,8		6,7	11,8	23,7	27,7
alleinlebend ohne enge Freunde		32,2		54,3	–	35,2	13,4	39,1	45,7	39,1
dauerhaft krank, behindert oder pflegebedürftig		13,9			10,7	–	10,0	16,3	30,8	36,1
Subjektive Problemlagen										
mit dem Leben unzufrieden	23,7	23,0		45,4	16,0	37,8	–	32,4	64,0	69,1
einsam		16,0		46,0	25,9	34,9	17,5	–	46,2	45,0
unglücklich oder niedergeschlagen	14,7	13,7		47,3	15,5	34,2	18,5	23,8	–	62,4
Ängste und Sorgen	17,0			41,0	9,9	30,2	14,8	17,3	47,2	–
Betroffene insgesamt %	10,0	8,8	20,3	30,0	4,9	16,2	4,2	7,5	14,4	19,4

a) In der Tabelle sind nur Anteilswerte angegeben, die signifikant über dem Durchschnitt liegen.

b) Unterstes Dezil in der Verteilung des gewichteten Pro-Kopf-Einkommens der Haushalte.

Datenbasis Wohlfahrtssurvey 1978 (N = 2012 Befragte)

vermutet worden war. Und Gefühle von Einsamkeit werden angesichts mangelnder Kontakte zu vertrauten Personen verständlich. Unzufriedenheit mit dem Leben ist am wenigsten durch objektive Benachteiligung erklärbar. Armut, fehlende Sozialbeziehungen und gesundheitliche Schäden üben einen gleichermaßen geringen Einfluß darauf aus. Für die Äußerung von Unzufriedenheit ist die tatsächliche objektive Lebenssituation offensichtlich weniger ausschlaggebend als Ansprüche, Erwartungen und Vergleiche mit wichtigen Bezugspersonen" (ebd., 279f.).

Diese empirischen Untersuchungen mit ihren kumulativen objektiven und subjektiven Problemlagen bestätigen das große Ausmaß sozialer Ungleichheit in der Bundesrepublik Deutschland. Es gibt noch immer einen hohen Prozentsatz sozialer Gruppen, die arm, benachteiligt und unzufrieden leben.

7.A.3 Lebensqualität und gesellschaftliche Perspektive

Eine Analyse des Zusammenhanges des gesellschaftlichen Problemfeldes Armut (und soziale Randgruppen) und gesellschaftspolitischer Lebensqualität hängt von einer Definition der Begriffe Armut und Randständigkeit ab. Solche Definitionen lassen sich nicht naturwissenschaftlich-objektiv durch absolute Zahlen festsetzen, sondern sie sind abhängig von normativ-subjektiven Vorstellungen. Aus diesem Grunde gibt es nur einen relativen Armutsbegriff, der sich als Resultante aus dem jeweiligen Stand der entwickelten Produktivkräfte und den jeweils herrschenden Machtverhältnissen ergibt.

„Mit Armut werden Lebensbedingungen von Menschen bezeichnet, die deren physische Existenz gefährden. Der Begriff wird ungenau auf zufällig wie gesetzmäßig begründete Zusammenhänge angewendet, auf Situationen materieller wie physisch-seelischer Notlagen, auf offensichtliche wie unsichtbare (verschämte Armut) Erscheinungen. Sein undifferenzierter Gebrauch hat eine eindeutige Bestimmung und Einordnung in die Sozialwissenschaften bislang verhindert. ... Eine Begründung der Armut in der BRD wird also nur im Kontext der historischen Bedingungen zu finden sein, die durch kapitalistisches Unternehmertum, juristisch freie und produktionsmittellose auf Lohnarbeit angewiesene Arbeitskraft gekennzeichnet sind, die durch die wachsende Beherrschung der Naturgesetze, die technologische Entwicklung in der Produktion und die fast völlige Durchsetzung der Warenproduktion in allen gesellschaftlichen Bereichen bestimmt wird" (Danckwerts 1983, 44f.).

Ebenso wie Armut ist auch der Begriff Soziale Randgruppe relativ. Er hängt eng davon ab, wie gesellschaftspolitische Benachteiligung, Diskriminierung, soziale Minderheit, Stigmatisierung und Randständigkeit definiert werden. Der Begriff Soziale Randgruppe wird heute vielfältig gebraucht (vgl. Preußer 1983, 358). Zu den Sozialen Rand- und Problemgruppen werden Obdachlose, ausländische Arbeiter, Behinderte, Alkohol- und Drogenabhängige und Straffällige gezählt (vgl. Essinger 1977). Aber sind nicht auch Dauerarbeitslose, Prostituierte, Homosexuelle und Gammler/Tippelbrüder Soziale Randgruppen? Hier läßt sich keine abschließende Aufzählung vollziehen.

Gesellschaftliche Armut widerspricht anerkannten gesellschaftspolitischen Normen (vgl. auch Lauer 1982, 270–280).

1. Jeder Bürger der Bundesrepublik Deutschland hat das in der Verfassung verankterte Recht auf ein menschenwürdiges Leben. Was unter „Menschenwürde“ zu verstehen sei, bleibt interpretierbar.
2. Armut und soziale Randständigkeit erschweren Arbeitslosen und Stigmatisierten (z. B. Obdachlosen, Alkoholikern, Drogenabhängigen), berufliche Positionen zu erhalten und sozial aufzusteigen.
3. Zwischen Krankheit und Armut besteht ein circulus vitiosus. Wer ärmer ist und in schlechteren Wohn- und Lebensverhältnissen lebt, wird eher krank und ist in der gesundheitlichen Versorgung benachteiligt.

Der gesellschaftliche Definitionsprozeß der Stigmatisierung führt gesamtgesellschaftlich zur Reproduktion sozialer Problemlagen und zur fortgesetzten Existenz sozialer Randgruppen.

„Die Mechanismen, die im Stigmatisierungsprozeß wirksam werden, ermöglichen es zwar, die jeweilige Randgruppe als Abweichler zu diskriminieren und zu isolieren, aber sie reproduzieren das ursprüngliche Problem. Einerseits wird wohl dadurch die Gesellschaft in ihrer ‚Normalität‘ bestätigt, andererseits führt der Ausschluß von der Kommunikation innerhalb der Gesellschaft bei den Betroffenen zu einer psychischen und sozialen Verarmung. So bilden sich innerhalb der Gesellschaft Untergruppen, man könnte sie Inseln der Armut nennen, die im gesamtgesellschaftlichen Rahmen als diskriminierte Minderheiten existieren“ (Essinger 1977, 19).

Armut und soziale Randgruppen beruhen auf der in unserer Gesellschaft existierenden sozialen Ungleichheit, die wiederum weitgehend – aber nicht ausschließlich – auf ökonomische Ungleichheit in unserer Wirtschaftsordnung zurückzuführen ist.

Viele Ursachen und Einflußfaktoren sprechen für die Tendenz, daß Neue Armut in den nächsten Jahren auftreten wird:

1. Die ökonomische Krise wird durch marktwirtschaftliche Strategien nicht überwunden werden: Ein bestimmter Grad an Sockel- und Dauerarbeitslosigkeit wird anhalten.
2. Die neuen Technologien können zu Dequalifizierung und eventuell auch zu materieller und zu seelischer Armut führen.
3. Als neue soziale Randgruppen sind insbesondere dequalifizierte Arbeiter und zweisprachige Analphabeten der zweiten Generation ethnischer Minoritäten zu identifizieren.
4. Die Kostenexplosion im Bereich Gesundheit und Rentenversicherung wird zu Lasten der unteren Einkommensgruppen umverteilt.

7.B Soziale Bewegungen

Arme und Soziale Randgruppen haben aufgrund ihrer Lebensbedingungen kaum die Fähigkeit, sich als soziale Bewegung zu organisieren. Meistens versuchen andere gesellschaftliche Gruppen sie zu vertreten oder sie zu mobilisieren.

Als soziale Bewegungen gibt es in diesem Bereich erstens eine basisorientierte Selbsthilfebewegung und zweitens eine politikorientierte Subsidiaritätsbewegung. Beide sind eine Herausforderung an den Sozialstaat der Bundesrepublik Deutschland.

7.B.1 Selbsthilfebewegung

Sind wir auf dem Weg zur Selbsthilfegesellschaft, wenn die Zahl der Sozialen Selbsthilfegruppen in der Bundesrepublik zwischen 1980 und 1984 wahrscheinlich von ca. 30000 auf etwa 40000 gestiegen ist (Vilmar/Runge 1986, 27)? Eine Aufschlüsselung dieses Selbsthilfebereiches ergab quantiativ folgende Schätzungen (vgl. ebd., 31):

10–12000	Genossenschaftsbetriebe
6–10000	Kranken- u. Lebenshilfe-Selbsthilfegruppen
5000	Dritte-Welt-Gruppen
3000	Jugendzentren
1900	Arbeitsloseninitiativen
1000	Frauen-Projekte

1000	Friedens-Bildungs-Initiativen
700	Eltern-Selbsthilfegruppen
300–400	alternative Zeitungen und Zeitschriften
200–250	Bau-Selbsthilfegruppen in Berlin
200	freie Initiativen in der Straffälligenhilfe
200	Jugend-Wohngemeinschaften
180	Initiativen für Obdachlosensiedlungen
140	Alten-Initiativen
140	alternative Schulen inklusive Waldorfschulen
120	sozio-kulturelle Zentren
20–30	Gesundheitsläden
ca. 20	Wissenschaftsläden

In allen diesen ca. 40000 sozialen Selbsthilfegruppen sind wahrscheinlich 400–600000 Menschen tätig. Die volkswirtschaftliche Leistung der freiwilligen Helfer läßt sich auf ca. 1,9 Mrd. DM schätzen. Ihre jährliche Förderungssumme beträgt insgesamt ca. 1,5 Mrd. DM (vgl. ebd., 33).

Wenn auch die Mehrheit der hier aufgezählten Selbsthilfegruppen nicht unbedingt bei dem hier definierten gesellschaftlichen Problemfeld Armut und bei sozialen Randgruppen ansetzt, so sind doch alle sozialen Selbsthilfegruppen der Ausdruck von wahrgenommener Benachteiligung in unserer Gesellschaft und deren Nicht-Beseitigung durch den Sozialstaat.

„Hunderttausende von Menschen haben sich in den letzten Jahren zu neuen Formen der Eigeninitiative, des sozialen Engagements und der Selbstorganisation zusammengeschlossen: in ihrem Wohnbereich, in der Arbeitswelt, in autonomen Kulturinitiativen oder für Benachteiligte, Diskriminierte und Behinderte. Wir schlagen vor, diese neue soziale Aktivität – ein wichtiges Teilelement, vielleicht sogar der Kern der Neuen Sozialen Bewegungen! – Soziale Selbsthilfe zu nennen.

Aktive Minderheiten haben erkannt, was die meisten Politiker noch nicht wahrhaben wollen: Privatwirtschaft und Staat sind wegen ihrer profitorientierten bzw. bürokratischen Struktur oft nicht in der Lage und auch nicht geeignet, mit sozialen Notständen fertig zu werden, Arbeitswelt menschenwürdig zu gestalten und kulturelle Bedürfnisse der Menschen zu befriedigen“ (ebd., 1).

Die Selbsthilfebewegung ist ein Ansatz, soziale Ungleichheit in unserer Gesellschaft zwar nicht zu beseitigen, aber doch zu verringern.

7.B.2 Subsidiaritätsbewegung

Seit Mitte der 70er Jahre versuchen die Konservativen, ein neues sozialpolitisches Konzept als Alternative zum sozialdemokratischen Selbstverständnis vom Sozialstaat zu entwickeln. In dieser politikorientierten Bewegung geht es um die Formulierung einer Neuen Sozialen Frage, um die Wiederentdeckung und konsequente Anwendung des Subsidiaritätsprinzips und um die Propagierung eines Selbsthilfekonzepts als Strategie der Entstaatlichung und Privatisierung öffentlicher sozialer Dienstleistungen. In der sogenannten Mannheimer Erklärung der CDU/CSU von 1976 ist diese Linie offiziell formuliert und beschlossen worden.

Nach diesem gesellschaftspolitischen Ansatz ist die traditionelle Frage des 19. Jahrhunderts als Konflikt zwischen Kapital und Arbeit im Prinzip durch die Sozialpolitik der letzten Jahrzehnte gelöst worden. Nicht nur die Kapitalseite ist heute stark, auch die organisierten Arbeitnehmer und ihre Gewerkschaften sind es.

„Zu den Mächtigen in unserer Gesellschaft gehören nicht mehr allein die Kapitaleigner, sondern Kapitaleigner und Arbeitnehmer zusammen. Kapitaleigner und Arbeitnehmer sind heute in mächtigen Verbänden organisiert, die nicht nur die jeweiligen Sonderinteressen ihrer Mitglieder gegenüber der anderen Seite durchzusetzen versuchen, sondern die ebenso wirkungsvoll ihre Sonderinteressen gegenüber den nichtorganisierten Bevölkerungsgruppen behaupten. Die Nichtorganisierten, alte Menschen, Mütter mit Kindern oder die nicht mehr Arbeitsfähigen sind den organisierten Verbänden in aller Regel unterlegen, hier stellt sich die Neue Soziale Frage“ (Geißler 1976, 201f.).

Hausfrauen und Mütter, die berufstätigen Frauen, Rentner, ältere Arbeitnehmer, Angelernte und Ungelernte in der jungen Generation, Arbeitslose und andere Schwache sind – nach dem Verständnis der Konservativen – politisch benachteiligt.

„Der Staat kann die neuen sozialen Fragen nur lösen, wenn er bereit und in der Lage ist, sich der wirklichen sozialen Probleme in unserem Lande anzunehmen. Ein Sozialvertrag zwischen Staat, Wirtschaft und Gewerkschaften ist ungeeignet, dem berechtigten Anliegen der Schwachen in unserer Gesellschaft Rechnung zu tragen“ (ebd., 202f.).

Das Subsidiaritätsprinzip als gesellschaftlicher Regulierungsmechanismus bedeutet die Nachrangigkeit staatlicher Maßnahmen. Hierbei treffen sich zwei Denktraditionen: Liberalismus und katholische Soziallehre:

Liberalistische Interpretation von Subsidiarität beruht auf dem Verständnis des autonomen Individuums mit seinen Marktbeziehungen und des sich zurückhaltenden Nachtwächterstaats:

„Subsidiarität als Maxime gesellschaftlichen Handelns besagt zunächst, daß die Sicherung und Gestaltung der eigenen Existenz vornehmlich dem einzelnen Individuum selbst und seiner Initiative überlassen bleibt. Die Verantwortlichkeit der Gemeinschaft, des Staates, ist dagegen auf Ausnahmesituationen beschränkt und tritt nur ein, wenn und soweit die eigenen Mittel des Individuums und seiner Familie nicht hinreichen. In diesem Verständnis von Subsidiarität läßt sich unschwer das Gedankengut liberaler Staats- und Gesellschaftstheorien des 18. und 19. Jahrhunderts wiederfinden: einerseits die Vorstellung einer autonomen, sich nach Marktgesetzen selbst regelnden Tauschgesellschaft, andererseits einer davon abgehobenen Sphäre staatlicher Gewalt, die nur bei Störungen des Marktmechanismus ausnahmsweise eingreift" (Sachße 1983, 448).

Das Subsidiaritätsprinzip führt also zu einer Rangfolge sozialen Handelns: Individuum – Familie – Gemeinde – Staat. Das Subsidiaritätsprinzip im Sinne der katholischen Kirche ist erst in diesem Jahrhundert formuliert worden, um die Interessen der katholischen Kirche abzusichern.

„Als Prinzip der katholischen Soziallehre wurde das Subsidiaritätsprinzip in der Enzyklika ‚Quadrogesimo anno' von 1931 formuliert. Danach ‚verstößt es gegen die Gerechtigkeit, das, was die kleineren und untergeordneten Gemeinwesen leisten ... können, für die weitere und übergeordnete Gemeinschaft in Anspruch zu nehmen'. Auf der anderen Seite aber soll die ‚Gesellschaftstätigkeit' die ‚Glieder des sozialen Körpers' überall da unterstützen, wo deren eigene Möglichkeiten nicht hinreichen. Die Vorstellung von Subsidiarität nach ‚Quadrogesimo anno' knüpft also durchaus an die geschilderten liberalen Vorstellungen an. Sie hat eine negative und eine positive Komponente. Negativ dient sie der Abwehr übermäßiger Eingriffe der übergeordneten Gemeinschaft, positiv betont sie den Anspruch des einzelnen und der untergeordneten Gemeinwesen auf Förderung durch die übergeordnete Gemeinschaft" (ebd., 449).

Diese Subsidiaritätsbewegung führt zu einer Entstaatlichung im Sinne eines Abbaus des Sozialstaates und einer Hinwendung zu privaten Selbsthilfegruppen und marktwirtschaftlichen Regelungsmechanismen. So verkündete der Berliner Senator für Gesundheit und Soziales sein Modell der Subsidiaritätspolitik (Fink 1985, 452):

„Ein wichtiger Weg für eine neue Sozial- und Gesellschaftspolitik scheint mir in der Wiederentdeckung eines alten Grundsatzes zu liegen, nämlich des Subsidiaritätsprinzips, also dem Prinzip des Vorranges der kleinen vor der großen Einheit. Was der Einzelne, die Familie, die kleine Gruppe in eigener Verantwortung tun können, das soll ihnen der Staat nicht nehmen.

Der Staat muß mehr Raum lassen für das eigene Tun seiner Glieder, er muß Bedingungen schaffen, unter denen sich die Menschen selber helfen und unterstützen können. ... Vielmehr müssen die Voraussetzungen geschaffen werden, damit der einzelne Bürger wieder zum Regisseur des eigenen Lebens werden kann.

Aktive Subsidiaritätspolitik des Staates bedeutet, die Bürger zu motivieren und zu ermutigen, eigene Probleme und die ihrer nächsten tätig anzugehen und Lösungen zu suchen."

Theoretisch soll diese Subsidiaritätspolitik die bisherigen sozialstaatlichen Institutionen und Leistungen nicht ersetzen, aber in der Praxis führt es zu einer Privatisierung des staatlichen Sektors der Sozialpolitik, z. B. zu einem massiven Abbau von Krankenhausbetten in Berlin (West) in den letzten Jahren.

7.C Analytische Erklärungskonzepte

7.C.1 Diskurs über die Ungleichheit

Der französische Philosoph Jean Jaques Rousseau formulierte 1754 seinen „Diskurs über den Ursprung und die Grundlagen der Ungleichheit unter den Menschen" als gesellschaftliche Erscheinung. Heute erscheint es uns zwar selbstverständlich, soziale Ungleichheit als einen historisch-gesellschaftlichen Prozeß zu betrachten, aber vor der Entstehung kapitalistischer Produktionsverhältnisse wurde die soziale Ungleichheit als naturwüchsig biologisch oder gottgegeben gerechtfertigt. Das Leben in Kasten, Zünften und Feudalklassen war scharf voneinander getrennt. Jean Jaques Rousseau war es, der in seiner berühmten Streitschrift diese gesellschaftlichen Zusammenhänge nachwies.

„Ich unterscheide in der menschlichen Art zwei Arten von Ungleichheit: die eine, die ich natürlich oder physisch nenne, weil sie durch Natur begründet wird, und die im Unterschied der Lebensalter, der Gesundheit, der Kräfte des Körpers und der Eigenschaften des Geistes oder der Seele besteht; und die andere, die man moralische oder politische Ungleichheit nennen kann, weil sie von einer Art Konvention abhängt und durch die Zustimmung der Menschen begründet oder zumindest autorisiert wird. Die letztere besteht in den unterschiedlichen Privilegien, die einige zum Nachteil anderer genießen – wie reicher, geehrter, mächtiger als sie zu sein oder sich sogar Gehorsam bei ihnen zu verschaffen" (Rousseau 1984, 67).

In seinem Diskurs über die Ungleichheit geht Rousseau hypothetisch auf den Naturzustand der Menschen zurück. Es gab kein Eigentum, die Menschen waren um ihre Erhaltung besorgt, und ihre Bedürfnisbefriedigung war weitgehend animalisch. Entscheidend für ihn war auch hier wiederum die Frage des Eigentums.

„Der erste, der ein Stück Land eingezäunt hatte und es sich einfallen ließ zu sagen: dies *ist mein* und der Leute fand, die einfältig genug waren, ihm zu glauben, war der wahre Gründer der bürgerlichen Gesellschaft. Wie viele Verbrechen, Kriege, Morde, wie viel Not und Elend und wie viele Schrecken hätte derjenige dem Menschengeschlecht erspart, der die Pfähle herausgerissen oder den Graben zugeschüttet und seinen Mitmenschen zugerufen hätte: ‚Hütet euch, auf diesen Betrüger zu hören; ihr seid verloren, wenn ihr vergeßt, daß die Früchte allen gehören und die Erde niemandem.' Aber mit großer Wahrscheinlichkeit waren die Dinge damals bereits an dem Punkt angelangt, an dem sie nicht mehr bleiben konnten, wie sie waren; denn da diese Vorstellung des Eigentums von vielen vorausliegenden Vorstellungen abhängt, die nur nach und nach haben entstehen können, bildete sie sich nicht auf einmal im menschlichen Geist. Man mußte viele Fortschritte machen, viele Fertigkeiten und Einsichten erwerben und sie von Generation zu Generation weitergeben und vergrößern, ehe man bei diesem letzten Stadium des Naturzustandes angelangte" (ebd., 173).

Dieses Eigentum und diese Ungleichheit sind also in einem langen historischen Prozeß gewachsen. Aber gerade um diesen Beweis ging es dem Philosophen damals in der Feudalzeit.

„... Es genügt mir, bewiesen zu haben, daß dies nicht der ursprüngliche Zustand des Menschen ist und daß es allein der Geist der Gesellschaft ist und die Ungleichheit, welche sie gebiert, die alle unsere natürlichen Neigungen so verändern und entstellen.

Ich habe versucht, den Ursprung und den Fortschritt der Ungleichheit, die Errichtung und den Mißbrauch der politischen Gesellschaften darzustellen, soweit sich diese Dinge allein durch das Licht der Vernunft und unabhängig von den heiligen Dogmen, die der souveränen Autorität die Sanktion des göttlichen Rechts verleihen, aus der Natur des Menschen ableiten lassen. Aus dieser Darstellung folgt, daß die Ungleichheit, die im Naturzustand nahezu null ist, ihre Macht und ihr Wachstum aus der Entwicklung unserer Fähigkeiten und den Fortschritten des menschlichen Geistes bezieht und durch die Etablierung des

Eigentums und der Gesetze schließlich dauerhaft und legitim wird. Weiter folgt daraus, daß die moralische Ungleichheit, die allein durch das positive Recht autorisiert wird, dem Naturrecht zuwider ist, wann immer sie mit der physischen Ungleichheit nicht im gleichen Verhältnis einhergeht" (ebd., 271).

Wenn man von einem simplen genetisch-biologischen Ansatz der Ungleichheit absieht, sind alle späteren Theorien Abwandlungen des Themas von Jean Jaques Rousseau, daß soziale Ungleichheit eine gesellschaftliche Erscheinung sei.

7.C.2 Funktionalistische Schichtungstheorie

In der Tradition des amerikanischen Funktionalismus in der Soziologie ist eine Theorie zur funktionalen Notwendigkeit der Schichtung entwikkelt worden, um die Stabilität des Gesellschaftssystems zu erklären.

„Als funktionierender Mechanismus muß eine Gesellschaft ihre Mitglieder irgendwie auf soziale Positionen verteilen und sie veranlassen, die damit verbundenen Pflichten zu erfüllen. Sie muß sich also auf zwei verschiedenen Ebenen um Motivierung kümmern. Sie hat in den geeigneten Individuen zunächst einmal den Wunsch zu wecken, bestimmte Positionen einzunehmen; und dann muß sie diese Individuen dazu bringen, die mit den Positionen verbundenen Pflichten zu erfüllen" (Davis/Moore 1973, 397).

Ausgangspunkt ist hierbei die Prämisse, daß es in einer Gesellschaft verschiedene Positionen mit mehr oder weniger angenehmen Aufgaben zu erfüllen gilt. Weiterhin erfordern einige Positionen bestimmte Begabungen und Ausbildungsnotwendigkeiten: Das führt konsequent zu der Frage nach einem Belohnungssystem.

„Wären die mit verschiedenen Positionen verbundenen Pflichten gleichermaßen angenehm für den menschlichen Organismus, gleichermaßen wichtig für den Fortbestand der Gesellschaft und auf die gleichen Fähigkeiten oder Talente angewiesen, so wäre das gleichgültig, wer welche Position einnimmt. Das Problem der sozialen Einordnung wäre somit viel einfacher. In Wirklichkeit ist es natürlich nicht einerlei, wer welche Position erhält; nicht nur, weil manche Positionen an sich angenehmer sind als andere, sondern auch, weil einige spezielle Begabungen oder Ausbildungen erfordern und einige größere funktionale Bedeutung als andere haben. ... So erweist es sich als unumgänglich, daß eine Gesellschaft erstens eine Art von Belohnungen haben muß, die sie als Anreiz verwenden kann, zweitens einen Modus braucht, um die Belohnungen unterschiedlich nach Positionen zu verteilen. Belohnungen und ihre Verteilungen werden Bestandteil der sozialen Ordnung und verursachen so eine Schichtung“ (ebd.)

Diese Annahme unterschiedlicher Positionen und unterschiedlicher, notwendiger Ausbildungsgänge führt konsequenterweise zu einem funktionalistischen Schichtungsbild.

„Wenn Rechte und Vorrechte der verschiedenen Positionen in einer Gesellschaft ungleich sein müssen, muß die Gesellschaft geschichtet sein; Ungleichheit ist genau das, was mit dem Begriff Schichtung gemeint ist. Soziale Ungleichheit ist somit ein unbewußt entwickeltes Werkzeug, mit dessen Hilfe die Gesellschaft sicherstellt, daß die wichtigsten Positionen von den fähigsten Personen gewissenhaft ausgefüllt werden. Daher muß jede Gesellschaft, ob primitiv oder komplex, das Prestige und die Beurteilung verschiedener Personen unterschiedlich ausfallen lassen und somit ein gewisses Maß institutionalisierter Ungleichheit aufweisen“ (ebd., 368).

Bei dieser funktionalistischen Betrachtungsweise sozialer Ungleichheit bleibt natürlich noch das Ausmaß zwischen „denen da oben“ und „denen da unten“ offen, also der Unterschied zwischen arm und reich.

7.C.3 Klassentheorie

Diametral entgegengesetzt zur funktionalistischen Erklärungsweise ist die materialistische Geschichtsauffassung von sozialer Ungleichheit. Im „Manifest der kommunistischen Partei“ (1848) stellen Karl Marx und Friedrich Engels fest:

„Die Geschichte aller bisherigen Gesellschaften ist die Geschichte von Klassenkämpfen“ (Marx/Engels 1848, MEW 4, 464).

Arbeitsteilung, höhere Arbeitsproduktivität und der Kampf um die Verteilung des Überschusses führen zu sozialen Ungleichheiten durch Abspaltung in zwei Klassen.

„Die Steigerung der Produktion in allen Zweigen – Viehzucht, Ackerbau, häusliches Handwerk – gab der menschlichen Arbeit die Fähigkeit, ein größeres Produkt zu erzeugen, als zu ihrem Unterhalt notwendig war. Sie steigerte gleichzeitig die tägliche Arbeitsmenge, die jedem Mitglied der Gens, der Hausgemeinde oder der Einzelfamilie zufiel. Die Einschaltung neuer Arbeitskräfte wurde wünschenswert. Der Krieg lieferte sie: Die Kriegsgefangnen wurden in Sklaven verwandelt. Die erste große gesellschaftliche Teilung der

Arbeit zog mit ihrer Steigerung der Produktivität der Arbeit, also des Reichtums, und mit ihrer Erweiterung des Produktionsfeldes, unter den gegebnen geschichtlichen Gesamtbedingungen, die Sklaverei mit Notwendigkeit nach sich. Aus der ersten großen gesellschaftlichen Arbeitsteilung entsprang die erste große Spaltung der Gesellschaft in zwei Klassen: Herren und Sklaven und Ausbeuter und Ausgebeutete" (Engels 1884 in MEW 21, 157).

Nach diesen Marx'schen Gesetzmäßigkeiten führte diese Entwicklung über die Feudalgesellschaft und die bürgerlich-kapitalistische Gesellschaftsordnung zu einer klassenlosen Gesellschaft. Grundübel dieser Klassenteilung ist die Existenz des Privateigentums an Sklaven bzw. an Grund und Boden bzw. an Produktionsmitteln.

Zum Ursprung seiner Klassenkampftheorie schreibt Karl Marx:

„Was mich nun betrifft, so gebührt mir nicht das Verdienst, weder die Existenz der Klassen in der modernen Gesellschaft noch deren Kampf in der modernen Gesellschaft noch deren Kampf unter sich entdeckt zu haben. Bürgerliche Geschichtsschreiber hatten längst vor mir die historische Entwicklung dieses Kampfes der Klassen, und bürgerliche Ökonomen die ökonomische Anatomie derselben dargestellt. Was ich neu tat, war 1. nachzuweisen, daß die Existenz der Klassen bloß an *bestimmte historische Entwicklungsphasen der Produktion* gebunden ist; 2., daß der Klassenkampf notwendig zur *Diktatur des Proletariats* führt; 3., daß diese Diktatur selbst nur den Übergang zur Aufhebung *aller Klassen* zu einer *klassenlosen Gesellschaft* bildet" (Marx 1852, MEW 28, 507f.).

Diese Klasseneinteilung der Gesellschaft führt zu einer Ausbeutung der Mehrheit der produktionsmittellosen Arbeiter durch eine die Produktionsmittel besitzende Minderheit. Soziale Ungleichheit beruht also auf den Mechanismen einer Klassengesellschaft.

„Es ist also das Gesetz der Arbeitsteilung, das der Klassenteilung zugrunde liegt. Aber das hindert nicht, daß diese Einteilung der Klassen nicht durch Gewalt und Raub, List und Betrug durchgesetzt wurden und daß die herrschende Klasse, einmal im Sattel, nie verfehlt hat, ihre Herrschaft auf Kosten der arbeitenden Klasse zu befestigen und die gesellschaftliche Leitung umzuwandeln in gesteigerte Ausbeutung der Massen" (Engels 1888, MEW 19, 225).

Da die soziale Ungleichheit durch die Existenz einer Klassengesellschaft begründet wird, kann sie nur durch Klassenkampf beseitigt werden. Das Proletariat oder die Arbeiterklasse ist nach Marx und Engels die letzte Kämpferin zur Beseitigung der Klassengesellschaft. Alle aufgrund bestimmter ökonomischer Produktionsverhältnisse existierenden Klassengesellschaften führen eines Tages zu einer klassenlosen Gesellschaft.

7.C.4 Armutspolitik

Obgleich der Sozialstaat und die soziale Politik mit dem Anspruch auftritt, soziale Ungleichheit zu beseitigen oder zumindest abzubauen, gibt es auch den politisch-theoretischen Ansatz, daß die Sozialpolitik oder die Politik der Armut diese soziale Ungleichheit nicht beseitigt, vielmehr sie bewußt in Kauf nimmt. Gerade in den letzten Jahren sehen wir aufgrund der ökonomischen Krise eine zunehmende Polarisierung in zwei Gesellschaftsteile:

„Wir erleben zur Zeit den Prozeß einer *offenen* Spaltung des Sozialstaats und einer Spaltung der Gesellschaft. ... Die Gesellschaft wird durch wirtschaftlich-technische und sie verstärkende administrativ-politische Prozesse in einen ‚produktivistischen Kern' gespalten, der aus einer schrumpfenden und am Erhalt ihres Status orientierten Arbeiterbevölkerung besteht, und eine Bevölkerung, die nur von immer spärlicher fließenden Transfereinkommen bei enger werdender Bedürftigkeitsprüfung lebt, also von öffentlichen Mitteln oder von ‚informeller Aktion' (Schwarzarbeit, Betrug usw.)" (Leibfried/Tennstedt 1985, 13).

Diese Spaltung ist bereits seit über 100 Jahren im Konzept der Sozialpolitik und des Sozialstaats angelegt,

„nämlich seitdem die *Armutspolitik* durch zentralstaatliche Intervention in zwei Sektoren aufgeteilt wurde. Eine *Arbeiterpolitik,* beruhend auf einer kollektiven Zwangssicherung der Arbeiterbevölkerung ... wurde entwickelt, die über Sozialversicherung eine bessere, ‚ordentliche' und ordnungspolitische integrationswirksame Sicherung für Lohnabhänge zur Folge hatte. Zurück blieb, anfangs noch stark mit der Arbeiterpolitik verzahnt, als Gegenpol eine *Armenpolitik,* die primär nicht an Erwerbsarbeit, sondern an individuell gesehene, aber gesellschaftliche vorgeprägte Mangellagen anknüpft. Solange allerdings, wie vor allem seit Mitte der 50er Jahre in der Bundesrepublik, der Weg in die Erwerbsarbeit und damit in die Arbeiterpolitik grundsätzlich offenstand und Armenpolitik als absterbendes Randphänomen betrachtet wurde, das in der Übergangszeit so nahe wie möglich an Arbeiterpolitik anzulehnen war, solange war die gesellschaftliche Spaltung verdeckt, und es schien, als sei das Sozialversicherungsprinzip zugunsten der gesamten Staatsbevölkerung ohne grundsätzliche Abänderung grenzenlos und dauerhaft ausdehnbar. In dem Maße, wie nun seit bald zehn Jahren deutlich wird, daß diese Epoche von Wirtschaftswachstum und sozialpolitischer Integration zu Ende gegangen ist und Sozialpolitik neu gefordert wird, wird die eher latente Spaltung von Arbeiterpolitik und Armenpolitik in Sozialversicherung und Fürsorge offenbar und zu einer gesellschaftlichen Problemzone ersten Ranges, zumal wenn die Arbeiterpolitik selbst von innen her in die Krise gerät und ihre sozialen Träger zunächst vornehmlich auf die Stabilisierung der Arbeiterpolitik und damit der ‚Kernbelegschaft‘ drängen“ (ebd., 17).

Diese Armuts- und Armenpolitik führte in den letzten Jahren zu Einschränkungen sozialer Leistungen nach dem Bundessozialhilfegesetz (z. B. Senkung der Mehrbedarfszuschläge bei Alter, Erwerbsunfähigkeit und Schwangerschaft bei Hilfe zum Lebensunterhalt).

„Obwohl das BSHG die Sicherung eines ‚menschenwürdigen‘ Lebens zum überragenden Grundsatz erhebt, ist er bis heute nicht verwirklicht. Im Gegenteil: Dieses sozialstaatliche Prinzip scheint wenig geeignet zu sein, das soziale Sicherungssystem zu untermauern und stetig zu verbessern. In Prosperitätsphasen kann die Sozialhilfe von traditionellen Sicherungsaufgaben befreit und ihr ein Reformspielraum verschafft werden, während in Krisenzeiten die wirtschaftlichen Fehlentwicklungen und sozialpolitischen Defizite sich stärker auf die Sozialhilfe auswirken und scheinbare Sachzwänge den beabsichtigten Leistungsabbau begünstigen“ (Adamy/Nägele 1985, 110).

Die Analyse der Armutspolitik kommt zu dem Ergebnis, daß die bestehende soziale Ungleichheit aufgrund der Nachrangigkeit von Sozialpolitik und Sozialhilfe in bezug auf Wirtschaftspolitik stabilisiert wird.

Weiterführende Literatur:

Glatzer, Wolfgang/Zapf, Wolfgang (Hrsg.): Lebensqualität in der Bundesrepublik/Objektive Lebensbedingungen und subjektives Wohlbefinden. Frankfurt a. M./New York 1984

Leibfried, Stephan/Tennstedt, Florian: Politik der Armut und die Spaltung des Sozialstaates. Frankfurt a. M. 1985

Piven, Frances E./Cloward, Richard A.: Regulierung der Armut. Die Politik der öffentlichen Wohlfahrt. Aus dem Amerikanischen 1971. Frankfurt a. M. 1977

Preußer, Norbert: Armut und Sozialstaat Band I – Konzepte und Strukturen seit 1945. München 1981

Vilmar, Fritz/Runge, Brigitte: Auf dem Weg zur Selbsthilfegesellschaft? Essen 1986

8. Kapitel: Gewalt – angeboren versus sozial bedingt

Der Blick sowohl in die tägliche Zeitungslektüre als auch in die amtliche Kriminalstatistik zeigt, daß Gewalt ein häufig gebrauchtes Instrument in den persönlichen und sozialen Auseinandersetzungen zwischen Menschen und Gruppen ist. Gewalt findet nicht nur in dem stets mit tödlichem Ausgang verbundenen Konflikt des Krieges statt, sondern heute auch in alltäglichen Lebensbereichen wie der Familie, Schule, Politik und im nachbarschaftlichen Zusammenleben.

Gewalt bezieht sich nicht nur auf körperliche Auseinandersetzung, sondern sie schließt auch strukturelle Gewalt mit ein. Auch bestimmte gesellschaftliche Verhältnisse können die Lebensqualität eines Bürgers einschränken.

8.A Gesellschaftliches Problemfeld Gewalt

8.A.1 Gewaltlosigkeit als soziale Problembewegung

Gewalt ist anscheinend eine historisch alte Erscheinung: Kriege, Raubüberfälle, Morde, Schlägereien, Kindesmißhandlungen und Vergewaltigungen der Frauen. Nach Max Weber gehört zum sozialen Zusammenleben auch der Kampf als soziale Beziehung. Dabei kann es friedlich oder gewaltsam zugehen.

„Kampf soll eine soziale Beziehung insoweit heißen, als das Handeln an der Absicht der Durchsetzung des eignen Willens gegen Widerstand des oder der Partner orientiert ist. ‚Friedliche‘ Kampfmittel sollen solche heißen, welche nicht in aktueller physischer Gewaltsamkeit bestehen. Der ‚friedliche‘ Kampf soll ‚Konkurrenz‘ sein, ...

Vom blutigen, auf Vernichtung des Lebens des Gegners abzielenden, jede Bindung an Kampfregeln ablehnenden Kampf bis zum konventionell geregelten Ritterkampf und zum geregelten Kampfspiel (Sport), von der regellosen

‚Konkurrenz' etwa erotischer Bewerber um die Gunst einer Frau, dem an die Ordnung des Marktes gebundenen Konkurrenzkampf um Tauschchancen bis zu geregelten künstlerischen ‚Konkurrenten' oder zum ‚Wahlkampf' gibt es die allerverschiedensten lückenlosen Übergänge" (Weber 1972, 20).

Gewaltsamkeit oder Gewaltanwendung ist also grundsätzlich ein Mittel gesellschaftlicher Auseinandersetzung (ebd., 31f.). Historisch gesehen ist die Gewalt in der persönlichen oder Gruppenauseinandersetzung im Verlauf der Geschichte geächtet worden. Als einzige Instanz zur legitimen Gewaltanwendung ist der Staat übrig geblieben.

„Der Staat ist, ..., ein auf das Mittel der legitimen (das heißt: als legitim angesehen) Gewaltsamkeit gestütztes *Herrschafts*verhältnis von Menschen über Menschen. Damit er bestehe, müssen sich also die beherrschten Menschen der beanspruchten Autorität der jeweils herrschenden fügen. Wann und warum sie das tun, läßt sich nur verstehen, wenn man die inneren Rechtfertigungsgründe und die äußeren Mittel kennt, auf welche sich eine Herrschaft stützt" (Weber 1972, 822).

Dieses Gewaltmonopol des Staates bedeutet, daß Kinder in der Schule nicht mehr geschlagen werden dürfen, daß soziale Kontrahenten sich vor Gericht auseinandersetzen sollen und daß alle Bürger das Recht auf Wahrung folgender Verfassungsnormen unseres Grundgesetzes haben:

„Jeder hat das Recht auf Leben und körperliche Unversehrtheit. Die Freiheit der Person ist unverletzlich. In diese Rechte darf nur aufgrund eines Gesetzes eingegriffen werden" (Art. 2, Abs. 2GG).

Diese verfassungsrechtliche Norm enthält eine Wertentscheidung, die auch für alle anderen Bereiche des Rechts gilt. Allerdings steht dieser Verfassungsanspruch oft im Widerspruch zur Verfassungswirklichkeit. Die im nächsten Unterkapitel dargestellten sozialstatistischen Indikatoren beweisen die breite Akzeptanz von Gewalt in unserer Gesellschaft. Erst zwei Ereignisse der letzten Jahre haben den Bereich Gewalt als gesellschaftliches Problemfeld erkennbar gemacht:

1. Die teilweise gewaltsamen Auseinandersetzungen zwischen Demonstranten und Polizisten während der Studentenbewegung und außerparlamentarischen Opposition in den 70er Jahren und die Auseinandersetzungen um die Kernenergie in den 80er Jahren brachten die Diskussion über Formen der (strukturellen) Gewalt in das gesellschaftliche Blickfeld.

2. Das Engagement vieler Frauen und die Anklage gegen die Gewalttätigkeit ihrer Männer in der Ehe führte schließlich über das Vehikel Frauenbewegung zu den Frauenhäusern.

Erst durch diese von sozialen Bewegungen geschaffene Öffentlichkeit wandelte sich im Ansatz das Bewußtsein. Strukturell-personale Gewaltanwendung wurde durch eine soziale Problembewegung in das Bewußtsein der Öffentlichkeit gehoben. Gewalt ist zu einem anerkannten gesellschaftlichen Problemfeld geworden.

8.A.2 Indikatoren für Gewalt

Indikatoren zu physischer und struktureller Gewalt können ein weites Feld abdecken.

(1) Sexueller Mißbrauch:

Dieser Bereich umfaßt den sexuellen Mißbrauch von Kindern (§ 176 StGB), Vergewaltigung (§ 177 StGB) und sexuelle Nötigung (§ 178 StGB). Für das Jahr 1985 sind in der Bundesrepublik folgende Straftaten bekannt bzw. aufgeklärt worden (Statistisches Jahrbuch 1987, 343):

Sexueller Mißbrauch von Kindern:
10417 bekannt gewordene Straftaten, davon 63,1% aufgeklärt.

Vergewaltigung und sexuelle Nötigung:
9766 bekannt gewordene Straftaten, davon 67,5% aufgeklärt.

Relativ niedrig liegen die Zahlen für Verurteilte (ebd., 345):

Sexueller Mißbrauch von Kindern (1985): 1420 Verurteilte

Vergewaltigung (1985): 1180 Verurteilte

Die Dunkelziffer liegt wahrscheinlich weit höher.

(2) Kindesmißhandlungen:

Auf der 81. Tagung der Deutschen Gesellschaft für Kindesheilkunde 1985 wurde die Zahl der jährlich mißhandelten Kinder in der Bundesrepublik auf 400000 geschätzt (vgl. Süddeutsche Zeitung 31.8./1.9.1985, 1). Bei dieser Zahl ist noch nicht die große Dunkelziffer mit berücksichtigt.

(3) Indikatoren zu struktureller Gewalt:

Ohne die Theorie struktureller Gewalt von Johan Galtung vorweg zu nehmen, läßt sich strukturelle Gewalt als die Auswirkung ungleicher Macht- und Besitzverhältnisse auf die Lebenschancen der Bürger einer Gesellschaft definieren. Allerdings bleibt hier das Problem, inwieweit „objektiv" vorgegebene sozialökonomische Ungleichheiten „subjektiv" als solche empfunden werden. Aus diesem Grunde sei hier auf die sozialstatistischen Indikatoren in den jeweiligen Problemfeldern zur Darstellung gesellschaftlicher Ungleichheiten hingewiesen.

8.A.3 Lebensqualität und gesellschaftliche Perspektive

Ausgangspunkt jeder Diskussion über Gewalt in bezug auf Lebensqualität ist die im Grundgesetz verankerte Norm der körperlichen Unversehrtheit und Unverletzlichkeit. Die Anwendung von Gewalt widerspricht der allgemein anerkannten Wertvorstellung von körperlichem Wohlbefinden und Freiheit vor Furcht. Gewalttätige Auseinandersetzungen können zu folgenden negativen Formen von Lebensqualität führen:

1. Menschliche Verletzung bis hin zur physischen Zerstörung (Tod).
2. Persönlichkeitszerstörung und Entmenschlichung sozialer Beziehungen.
3. Zur Erhaltung des eigenen gesellschaftlichen Status quo werden soziale oder ethnische Minderheiten unterdrückt (z. B. Weiße gegen Schwarze).
4. Die ökonomischen Kosten der Gewaltanwendung sind hoch, denn die Folgen sind kontraproduktiv: Kosten für Strafjustiz, Polizei und soziale Dienste.

In folgenden gesellschaftlichen Lebensbereichen finden wir sehr häufig die Anwendung von Gewalt:

Jugendbereich: Gerade zwischen Jugendlichen ist die Anwendung von Gewalt ein häufig gebrauchtes Instrument sozialer Auseinandersetzungen.

Gewalt in den Medien: Eine kontroverse Debatte wird seit Jahren geführt. Viele amerikanische Filme sind voller Gewaltanwendung. Die Forschungsergebnisse neigen dazu, daß das Zeigen von Gewalt im Fernsehen und im Film längerfristig einen Einfluß auf das soziale Verhalten, insbesondere von Kindern und Jugendlichen, hat. Das führt zwar nicht zu direkter Anwendung von Gewalt, aber zu einer latenten Bereitschaft, diese Gewalt nachzuahmen (vgl. Hardert u. a. 1984, 25).

Gewalt in Schulen: Das bedeutet nicht nur Gewalt unter den Schülern selbst, sondern auch in bezug auf die Lehrer und umgekehrt.

Gewalt im Sport: Ein vielleicht eher amerikanisches als europäisches Phänomen ist die Anwendung von Gewalt im Sport, z. B. beim aggressiven Spiel im amerikanischen Fußball (Football), aber auch beim Profifußball in der Bundesliga.

Gewalt in Familien: In den USA gibt es Schätzungen, daß im Jahre 1975 ungefähr 8 Millionen Personen unter Familiengewalt gelitten haben (ebd., 28).

Jede Prognose ist problematisch. Ein Irrtum ist zu jeder Zeit möglich. Trotz dieser Bedenken sollen einige vorsichtige Aussagen gewagt werden, denn sie regen zu wissenschaftlichem Widerspruch und zu gesellschaftspolitischer Diskussion an.

These: Die Anwendung von Gewalt in den gesellschaftlichen Auseinandersetzungen wird in den nächsten Jahren – leider – aus folgenden Gründen zunehmen:

1. Der Nord-Süd-Konflikt wird sich verschärfen. Der Gegensatz zwischen den reichen Industrieländern und den armen Ländern der Dritten Welt wird zunehmen. Dieser außenpolitische Druck kann zu Kriegen führen.
2. Die Kluft zwischen den Reichen und Armen in den westlichen Ländern nimmt zu. Die anhaltende Arbeitslosigkeit läßt die Gesellschaft in zwei Teile zerfallen: eine Zwei-Drittel-Gesellschaft, der es relativ gut geht, und eine Ein-Drittel-Gesellschaft, die in relativer oder sogar absoluter Armut lebt (vgl. Kapitel 6 und 7). Der bisherige soziale Frieden in der Bundesrepublik Deutschland kann unter Umständen auch in gewaltsame Auseinandersetzungen umschlagen.
3. Die Auseinandersetzungen über den „richtigen“ Weg von Lebensqualität verschärfen sich: Industrielles Wachstum versus ökologische Erneuerung (vgl. Kapitel 12). Die gewaltsamen, fast bürgerkriegsähnlichen Auseinandersetzungen um Kernkraft- und Wiederaufbereitungsanlagen (vgl. Gorleben und Wackersdorf) geben einen Vorgeschmack auf eine mögliche Perspektive, wenn sich noch mehr Menschen durch die Kernenergie bedroht fühlen.
4. Der äußere (ökonomische und ökologische) Druck auf die Familien schlägt sich im Sinne der Frustrations-Aggressions-Hypothese in einer Zunahme familialer Gewalt nieder.

8.B Soziale Bewegungen

8.B.1 Neue Kinderschutzbewegung

Obgleich es den Kinderschutz seit dem 19. Jahrhundert gibt, war die sozialpädagogische Antwort auf die Ausübung von Gewalt gegen Kinder wiederum die Gewalt. Der traditionelle Kinderschutz war voller Widersprüche zwischen Sprache und Hilfe, Kontrolle und Verstehen und zwischen Zwang und Angebot. An diesen Widersprüchen öffentlicher Sozialarbeit setzt die neue Kinderschutzbewegung an. Sie kritisiert an der traditionellen Kinderschutzarbeit folgendes:

„– Das Wohl des Kindes mit Zwang sichern zu wollen.
- Das Recht des Kindes mit einer Entrechtung der Eltern zu erkaufen.
- Auf den Bruch in der Eltern-Kind-Beziehung mit einem Beziehungsbruch zu antworten.
- Auf familiäre Gewaltausübung, auf Ohnmacht und Verzweiflung mit öffentlichem Mißtrauen, Gegenaggression und Zynismus zu reagieren.

Eine solche Orientierung kann maßnahme-orientiert genannt werden. Das ist der gemeinsame Nenner auf Strafe abzielender Kinderschutz-Arbeit (Honig/Wolff 1983, 615f.).

In den 70er Jahren fanden sich dann Soziologen, Sozialarbeiter, Psychologen, Therapeuten und Ärzte zusammen, um – entstanden aus einem Projekt der Freien Universität Berlin – ein Kinderschutzzentrum aufzubauen. Dabei wird von folgenden Grundsätzen ausgegangen:

„1. Hilfe statt Strafe
2. Freiwiligkeit statt Kontrolle
3. Verstehen statt Manipulation
4. Aktivieren statt Passivieren
5. Verbund von Hilfen statt Zersplitterung
6. Teamarbeit statt Konkurrenz
7. Ermutigung gesellschaftlicher Selbsthilfe statt immer weitergehender Verstaatlichung und Anonymisierung von Lebenszusammenhängen.

Das heißt konkret:
- Der Schutz des Kindes wird in Zusammenarbeit mit den Eltern und der ganzen Familie gesichert; über ein Verstehen des Familienproblems wird versucht, verschüttete Kräfte freizusetzen und das Wohl des Kindes und der Familie zu sichern.
- Das Angebot der Kinderschutz-Zentren ist hilfeorientiert. Bestrafung der Familie (des Täters), in welcher Form auch immer, ist ausgeschlossen, auch wenn das Kind bereits mißhandelt wurde.

- Das Hilfsangebot ist ein Angebot, d.h. die Familie entscheidet, ob sie es annimmt oder nicht. Das schließt nicht aus, aktiv auf die Familien zuzugehen.
- Das Angebot richtet sich an die hilfsbedürftige Familie. Fremdmelder-Kampagnen gehören nicht zum Aufgabenbereich der Kinderschutz-Zentren.
- Die Hilfe ist breit gefächert und reicht von der Versorgung und Entlastung in Krisensituationen über die Unterstützung in materiellen Fragen bis hin zur Beratung und Therapie.
- Auch das Beratungsangebot ist vielfältig und professionell fundiert. Familientherapie ist das primäre beraterische Angebot, das im Einzelfall durch einzel-, paar-, gruppen- und kindertherapeutische Bemühungen ergänzt wird.
- Das Hilfsangebot des Kinderschutz-Zentrums bezieht sich auf die Gesamtheit problematischer Lebensumstände. Es ist in der Regel eine *Hilfe* im Verbund verschiedener Angebote (z.B. von Selbsthilfegruppen bis zu stationären Hilfen). Die Aufsplitterung der Hilfe wird vermieden, der fachliche Rat anderer wird gesucht.
- Kinderschutz-Zentren bieten notwendige Hilfen an, die die Familie braucht und die sie örtlich und zeitlich annehmen kann (auch außerhalb üblicher Dienstzeiten). Wartelisten gibt es nicht.
- Die Vertraulichkeit wird streng gewahrt. Kontakte zu Dritten finden nur mit dem Einverständnis und in der Regel mit der Familie statt. Die Vertraulichkeit umfaßt auch den Umgang mit Notizen und Unterlagen über die Familie.
- Die Kinderschutz-Zentren haben neben der Familienarbeit die Aufgabe, neue Kinderschutzarbeit in der Öffentlichkeit und gegenüber den politischen Entscheidungsgremien zu vertreten und Fortbildungen für Kollegen im psychosozialen Bereich anzubieten.
- Kinderschutz-Zentren sind fachlich und organisatorisch autonom. Ihre Mitarbeiter verfügen über eine gute fachliche Qualifikation. Dabei spielt eine besondere Rolle, die eigene Lebensgeschichte und die Arbeitsweise selbstkritisch reflektieren zu können. Das wird unterstützt durch Fall- und Teamsupervisionen.
- Für die Kinderschutz-Zentren gilt das Prinzip demokratischer Selbstverwaltung“ (ebd., 616f.).

Außer in Berlin gibt es inzwischen Kinderschutz-Zentren in Bremen, Gütersloh, Köln und München. Das Kinderschutz-Zentrum Berlin wurde unter anderem durch die Bundesregierung gefördert und übt heute einen anerkannten Einfluß auf die Sozialen Dienste aus. Nach und nach scheint sich eine neue psychologische Praxis gegenüber familiärer Gewalt einzubürgern.

8.B.2 Frauenhausbewegung

Das erste Frauenhaus entstand 1971 in einem Stadtviertel Londons (Watson 1976, 101), und das erste deutsche Frauenhaus wurde 1976 in Berlin eröffnet (Schenk 1980, 99). Auf die Frage „Gewalt in der Ehe und was Frauen dagegen tun können" (Haffner 1976) entwickelte sich im Rahmen der Frauenbewegung das besondere Engagement für Frauenhäuser. Die Frauenhausbewegung ist eine konkrete Antwort auf bisher unterlassene Hilfe für mißhandelte Frauen in unserer Gesellschaft.

„Frauenhäuser sind selbstverwaltete Wohngemeinschaften, in denen Frauen mit ihren Kindern so lange leben, bis sie sich wieder in der Lage fühlen, ein selbständiges Leben zu führen. Die Gruppe soll ihnen dabei das Gefühl von Geborgenheit vermitteln; in Gesprächen mit den anderen Frauen, die ähnliche Erfahrungen gemacht haben, können sie ihre Situation, die Ursachen ihres Ausgeliefertseins verstehen lernen" (Schenk 1980, 98).

Das Berliner Frauenhaus wurde zunächst als Modellprojekt zu 80% vom Bundesministerium für Jugend, Familie und Gesundheit und zu 20% vom Berliner Senat von Ende 1976 bis Ende 1979 gefördert. Seit Beginn des Jahres 1980 wurde das Frauenhaus in den Haushalt des Landes Berlin übernommen. Konzeptionell geht das Frauenhaus von folgenden Grundsätzen aus:

„– Aufnahme aller schutzsuchenden Frauen und ihrer Kinder tags und nachts, keine Voranmeldung oder Wartezeit.
- Angebot an den Bedürfnissen und Interessen der betroffenen Frau orientierter, parteilicher und qualifizierter Beratung und Hilfe durch fest angestellte Mitarbeiterinnen.
- Die Mißhandlungserfahrungen der hilfesuchenden Frauen werden als ihre Realität ernstgenommen. Sie wird nicht auf ihre Funktion als Ehefrau oder Mutter reduziert, sondern als eigenständige Person akzeptiert.
- Keine bürokratische und hierarchische Organisation des Frauenhauses. – ...
- Die Bewohnerinnen organisieren ihr Leben im Frauenhaus selbst, gegenseitige Beratung, Unterstützung und gemeinsame Gewährleistung der Sicherheit sind Voraussetzung des Zusammenlebens.
- Es gibt keine männlichen Mitarbeiter im Frauenhaus, ...
- Der Selbstverwaltung im Frauenhaus entspricht die Personalautonomie und konditionelle Selbstbestimmung gegenüber staatlichen Einrichtungen, Verbänden der Freien Wohlfahrtspflege und Behörden.
- Zu den Aufgaben des Frauenhauses gehört eine Öffentlichkeitsarbeit, die zur Enttabuisierung des Problems Frauenmißhandlung beiträgt, Diskriminierung von mißhandelten Frauen bekämpft, entsprechende politische Ein-

wirkungsmöglichkeiten vorbereitet und unterstützt, nationale und internationale Zusammenarbeit der Frauenhäuser vorantreibt.
- Eine gemeinsame wissenschaftliche Aufarbeitung der Erfahrungen der Praxis und der gesellschaftlichen Zusammenhänge, in denen Frauenmißhandlungen stehen, ist notwendiger Bestandteil der Arbeit im Frauenhaus" (Hagemann-White u. a. 1981, 13f.).

Die Zahl der autonomen Frauenhäuser in der Bundesrepublik ist inzwischen auf 83 im Jahre 1985 angestiegen (vgl. Vilmar/Runge 1986, 254). Allein diese Zahl und die zur Zeit noch bestehenden ca. 20 Initiativen für Frauenhäuser belegen den Charakter einer Bewegung für Frauenhäuser. Diese Frauenhausbewegung ist ein Beweis für die These, daß ein soziales Problem, hier das Problem mißhandelter Frauen, erst durch diese Frauenhausprojekte in das öffentliche Bewußtsein gerückt ist. Erst durch diese Bewegung ist auf die umfassende Unterdrückung der Frau in unserer Gesellschaft aufmerksam gemacht worden.

8.C Analytische Erklärungskonzepte

8.C.1 Strukturelle Gewalttheorie

Ausgangspunkt für die Theorie der strukturellen Gewalt von Johan Galtung ist seine Definition von Gewalt als dem Unterschied zwischen dem aktuell Vorhandenen und dem potentiell Möglichen.

„Gewalt liegt dann vor, wenn Menschen so beeinflußt werden, daß ihre aktuelle somatische und geistige Verwirklichung geringer ist als ihre potentielle Verwirklichung...

... Gewalt wird hier definiert als die Ursache für den Unterschied zwischen dem Potentiellen und dem Aktuellen, zwischen dem, was hätte sein können, und dem, was ist... Mit anderen Worten, wenn das Potentielle größer ist als das Aktuelle und das Aktuelle vermeidbar, dann liegt Gewalt vor" (Galtung 1975, 9).

In seiner Typologie der Gewalt unterscheidet Johan Galtung folgende dichotomischen Merkmalspaare (ebd., 10–17):

physisch versus psychisch, negative versus positive Einflußnahme, verletztes Objekt ja oder nein, handelndes Subjekt ja oder nein, intendiert oder nichtintendiert und manifest versus latent. Während die personale Gewalt eher objektbezogen ist, ist die strukturelle Gewalttheorie zunächst objektlos. Strukturelle Gewalt besitzt eine gewisse

Stabilität, während die personale Gewalt im Laufe der Zeit Schwankungen unterliegt (ebd., 16f). Strukturelle Gewalt ist die tagtägliche Auswirkung ungleicher Gesellschaftsbedingungen.

> „Personale Gewalt hat ihre Bedeutung als Drohung, als Demonstration, selbst wenn sie niemanden trifft, und strukturelle Gewalt hat ihren Sinn als Konzept, als eine gesellschaftliche Form ohne gesellschaftliches Leben, die dazu benutzt wird, Menschen so zu bedrohen, daß sie sich unterwerfen: Wenn Du nicht brav bist, werden wir all die häßlichen Strukturen, die wir früher hatten, wieder einführen müssen" (ebd., 13).

Strukturelle Gewalt oder soziale Ungerechtigkeit stehen in Beziehung zur Definition von Frieden, definiert als „Abwesenheit von personaler Gewalt und Abwesenheit von struktureller Gewalt" (ebd., 32).

Galtung sieht das Verhältnis zwischen personaler und struktureller Gewalt wie folgt (vgl. ebd., 28ff.):

1. Kurzfristig kann strukturelle Gewalt im Sinne einer streng hierarchischen Ordnung personale Gewalt beseitigen. Die „underdogs" werden von den „topdogs" eingeschüchtert und isoliert.
2. Die These, daß strukturelle Gewalt notwendig ist, um personale Gewalt zu beseitigen, ist offensichtlich falsch, denn in dem Augenblick, wo man sich entscheidet, keine personale Gewalt mehr auszuüben, braucht man auch keine strukturelle Gewalt mehr.
3. Ob personale Gewalt genügt, um strukturelle zu beseitigen, ist nur kurzfristig begrenzt richtig. Denn wenn die ehemaligen „underdogs", die die „topdogs" beseitigt haben, die alten hierarchischen Posten übernehmen, kann strukturelle Gewalt sehr schnell wiederkehren.
4. Die revolutionäre These, daß Gewalt notwendig ist, um strukturelle Gewalt zu beseitigen, ist sehr beliebt. Auf drei Ebenen argumentiert Galtung dagegen:
   Empirisch: es gibt historische Gegenbeispiele, strukturelle Gewalt, ohne personale Gewalt zu verändern.
   Theoretisch: muß nicht grundsätzlich strukturelle Gewalt durch systematische Änderungen von Interaktionen und Rangordnungen beseitigt werden?
   Axiologisch (grundsätzlich): Selbst wenn personale Gewalt unabdingbar wäre, sollte man nicht auf jeden Fall nach anderen Wegen zur Beseitigung struktureller Gewalt suchen?

Die strukturelle Gewalttheorie von Johan Galtung ist eine soziologische Analyse ungerechter gesellschaftlicher Lebens- und Machtverhältnisse.

8.C.2 Frustrations-Aggressionstheorie

Die Frustrations-Aggressionstheorie geht von folgenden Mechanismen menschlichen Verhaltens aus: Der Mensch will ein bestimmtes Ziel erreichen bzw. sich einen bestimmten Wunsch erfüllen; die Nicht-Erfüllung dieses Wunsches bzw. die Nicht-Erreichung dieses Zieles führt zu einer Frustration; diese schlägt dann in aggressives Verhalten um; das ist dann die Kettenursache für die Anwendung von Gewalt. Arno Plack hat diese Aggressionstheorie wie folgt konflikttheoretisch formuliert:

„Aufgrund von Ergebnissen der sozialpsychologischen, erziehungs-psychologischen und psychoanalytischen Erforschung der menschlichen Beziehungen in Erziehungs- und Sozialisationsgruppen drängt sich m. E. die folgende konfliktologische Hypothese auf: Destruktiv-aggressive Verhaltensweisen und Tendenzen zeigen sich hauptsächlich bei Individuen, denen die leiblich-seelische Liebeszuwendung verweigert wird und die unfähig sind, Konflikte am Ort ihrer Entstehung auszutragen. Sehr wahrscheinlich besteht zwischen der Unfähigkeit, Konflikte zu tolerieren und gleich am Entstehungsort fruchtbar auszutragen und dem Mangel an Liebeszuwendung ein enger Zusammenhang (Wintsch 1973, 309).

Die Frustrations-Aggressionstheorie führt also die mögliche Entstehung aggressiven oder gewalttätigen Handelns auf Frustrationen zurück, aber nicht automatisch muß jede erlittene Frustration zu einem aggressiven Handeln führen.

Der amerikanische Psychoanalytiker Friedrich Hacker hat es in einem fiktiven Gespräch mit einem Dialogpartner wie folgt relativiert:

„Dialogpartner: Nach dem Prinzip wissenschaftlicher Sparsamkeit genügt eine einigermaßen erweiterte Frustrations-Aggressionstheorie völlig zur Erklärung der bekannten Phänome. Alles aggressive Verhalten, das bekanntlich immer erlernt ist, läßt sich aus Frustration, aus Behinderung oder Verhinderung vielgerichteter Aktivität ableiten, wobei gerne zugegeben sein soll, daß nicht jede Frustration zu Aggression führen muß, sondern etwa auch zu Flucht oder Verdrängung, und daß außer Frustration noch andere Aggressionsquellen in Betracht kommen. Neben der reaktiven Aggression gibt es auch eine instrumentale, zweckgerichtete. Diese Ansicht erlaubt einen, wenn auch gedämpften, Optimismus, da sich Lösungsmöglichkeiten anbieten, nämlich tätiges Eingreifen in soziale Prozesse, besonders in soziale Lernprozesse.

Hacker: Die strategische Konzentration auf diese Art von Eingreifen ist sicher sehr wichtig, vielleicht sogar entscheidend. Dennoch erklärt die Frustrations-Aggressionstheorie weder die Universalität und Allgegenwart der Aggressionsäußerungen noch die offensichtliche Bereitwilligkeit des menschlichen Organismus, auf Frustration, aber auch auf viele andere Umweltreize, mit den verschiedenen Formen der Aggression zu reagieren. Die Frustrationshypothese legt den irrigen Schluß nahe, daß man durch Abschaffung von Frustrationen Aggressionen überhaupt zum Verschwinden bringen und damit das Paradies auf Erden schaffen könne. Weniger Frustration bedeutet nicht automatisch mehr Freiheit. Frustrationsvermeidung schlechthin ist kein Gewinn, weder in bezug auf Erkenntnis noch in bezug auf Optimismus, Frustrationsausschaltung heißt weder automatische Emanzipierung noch Erlösung von neurotischen Zwängen und schon gar nicht Verschwinden von Aggressionen“ (Hacker 1973, 372f.).

Die Frustrations-Aggressionstheorie ist sicherlich nicht geeignet, alle Erscheinungen von Gewalt in dieser Gesellschaft zu erklären, aber sie gibt den strategischen Hinweis, daß Aggressionen und Gewalt nicht ein Naturphänomen und den Menschen vererbbar angeboren sind, sondern daß nach gesellschaftlichen Ursachen für aggressives Verhalten und Gewaltanwendung zu suchen ist.

8.C.3 Aggressionstriebtheorie

Eine große Verbreitung, insbesondere im deutschsprachigen Raum, hat der Ansatz von dem Verhaltensforscher Konrad Lorenz mit dessen Ansatz vom Aggressionstrieb. In Anlehnung und Analogie zu Beobachtungen in der Tierwelt geht er davon aus, daß Tier und Mensch einen Aggressionstrieb besitzen.

„Das Buch handelt von der *Aggression,* das heißt, von dem *auf den Artgenossen* gerichteten Kampftrieb von Tier und Mensch“ (Lorenz 1973, IX).

Dieser Aggressionstrieb wird axiomatisch als Vererbungsmasse angenommen. Es wird kein Beweis für diese erhebliche Annahme der Existenz des Aggressionstriebes gegeben, sondern er wird als gegeben und verderblich, als „das sogenannte Böse“ hingestellt.

„Die Aggression, deren Auswirkungen häufig denen des Todestriebes gleichgesetzt werden, ist ein Instinkt wie jeder andere und unter natürlichen Bedingungen auch ebenso lebens- und arterhaltend. Beim Menschen, der durch eigenes Schaffen seine Lebensbedingungen allzu schnell verändert hat, zeigt der Aggressionstrieb oft verderbliche Wirkungen, aber das tun in analoger, wenn auch weniger dramatischer Weise andere Instinkte ebenso“ (ebd., X).

An anderer Stelle wird ausdrücklich diese Vererbung in der Menschheitsgeschichte formuliert:

„..., im Herzen den von Anthropoiden-Ahnen ererbten Aggressionstrieb, ..." (ebd., 69).

Von der arterhaltenden Weise vieler Kämpfe im Tierreich schließt Lorenz auf die Eigenständigkeit eines Aggressionstriebes. Die Höherentwicklung der Zivilisation bedeutet in der Menschheitsgeschichte die Lösung der moralischen Aufgabe, die Instinkte und Triebe für ein friedfertiges Zusammenleben zu steuern.

„Alle Predigten der Askese, die davor warnen, dem instinktmäßigen Antrieb die Zügel schießen zu lassen, die Lehre von der Erbsünde, die besagt, daß der Mensch böse von Jugend auf sei, sie alle haben den gleichen Wahrheitsgehalt: die Einsicht, daß der Mensch seinen ererbten Neigungen nicht blindlings folgen darf, sondern lernen muß, sie zu beherrschen und ihre Auswirkungen vorausschauend in verantwortlicher Selbstfragung zu überprüfen" (ebd., 335)

„Wir alle leiden unter der Notwendigkeit, unsere Triebe beherrschen zu müssen, der eine mehr, der andere weniger, je nach unserer sehr verschiedenen Ausstattung mit sozialen Instinkten oder Neigungen" (ebd., 336).

„Das ist der Januskopf des Menschen: Das Wesen, das allein imstande ist, sich begeisternd dem Dienst des Höchsten zu weihen, bedarf dazu einer verhaltensphysiologischen Organisation, deren tierische Eigenschaften die Gefahr mit sich bringen, daß es seine Brüder totschlägt, und zwar in der Überzeugung, dies im Dienste eben dieses Höchsten tun zu müssen. Ecce homo!" (ebd., 347f.).

Dieser naturwissenschaftliche Ansatz einer axiomatischen Existenz eines Aggressionstriebes führt letztlich zu einer Gewalttheorie, die nicht gesellschaftstheoretisch, d. h. in sozialen gesellschaftlichen Ursachenzusammenhängen zu erklären ist. Gewalt ist nicht „erlernbar", sondern naturgegeben a priori vorauszusetzen. Das kann ohne weiteres zu „natürlichen" Rechtfertigungen für die Anwendung von Gewalt in der Gesellschaft führen.

8.C.4 Theorie familialer Gewalt

Ausgangspunkt dieses theoretischen Ansatzes ist ein Verständnis von Gewalt, das über den individualistischen Gewaltbegriff hinausgeht, strukturelle Merkmale mit einbezieht, um sich schließlich zu einem dialektischen Begriff familialer Gewalt zu enwickeln. Hierbei wird von folgendem interpretativen Verständnis von Gewalt ausgegangen:

„Gewalt ist offenbar eine Eigenschaft, ein Mittel, eine Handlung, aber auch ein Verhältnis, wodurch Zwang ausgeübt wird, der den Menschen verletzt und schädigt und ihn in seiner Freiheit einschränkt. Es würde eine Verkürzung bedeuten (individualistischer Gewaltbegriff), würde man Gewalt nur auf Verhalten und Handeln des Einzelnen beziehen und vernachlässigen, daß auch Gruppen, Klassen, ja ganze Gesellschaften Zwang ausüben, der Verletzungen, Zurichtungen, Zerstörung bewirkt (struktureller Gewaltbegriff). Allein die Wortgeschichte kann zeigen, daß Gewalt auch in der Sphäre des Öffentlichen, des Rechtlichen und Staatlichen herrscht...

Recht und Gewalt sind aufs innigste miteinander verzahnt, ebenso Gewalt als gesellschaftliches Verhältnis und die Gewalt des Einzelnen; sie ist historisch-kritisch nur zu erörtern in bezug auf den Begriff der Freiheit; in einer Gesellschaft mit unterschiedlichen Freiheiten in materieller, körperlicher, seelischer, intellektueller, politischer und sozialer Hinsicht führt das notwendigerweise zu Kontroversen..." (Wolff 1981, 353).

Die Dialektik familialer Gewalt wird auf mehrere miteinander zusammenhängende Ursachen zurückgeführt. Dazu gehören im einzelnen:

1. Moderne Familie hat mit der Entwicklung der industriellen Produktionsweise und der bürgerlichen Gesellschaft zahlreiche Abgrenzungen nach außen gegenüber den Herkunftsfamilien der Eltern aber auch gegenüber der Nachbarschaft erfahren. Die moderne Framilie steht weitgehend allein, d. h. sie ist meist kontaktarm, teilweise sogar isoliert.
2. Aufgrund der zunehmenden Berufstätigkeit beider Eltern erlebt die Familie einen erheblichen Funktionsverlust. Die Basis des Reproduktionsprozesses der Familie wird entwertet.

   „Wenn beide Elternteile außerhalb des Hauses arbeiten, um das, was zum Leben nötig ist, zu verdienen, wird Familie zur Feierabendgemeinschaft mit häufig mäßigem Programm, zumal auch bei der mit diesem Prozeß einhergehenden Ausweitung gesellschaftlicher Erziehungseinrichtungen, der Familie wesentliche Funktionen verlustig gegangen sind" (ebd., 355f.).

3. Die Notwendigkeit des Einsatzes der Ware Arbeitskraft in der Produktion führt zu einer Krise des Patriarchats. Im Emanzipationskampf versuchen die Frauen ihre Gleichberechtigung auf allen Ebenen durchzusetzen.

   „Daß der Geschlechtskampf Gewalt freisetzt, dürfte eigentlich nicht verwundern: es geht um handfeste Interessen und Vorrechte, die die Männer offensichtlich in ihrer Mehrheit nicht freiwillig abzugeben bereit sind.... Die Zuspitzung dieses Geschlechterkampfes bewirkt freilich eine zunehmende Destabilisierung der Ehe- und Familienbeziehungen; häufig bleiben dabei die Kinder auf der Strecke bzw. werden sie in quälende Trennungskriege und schwierige familiale Neuanfänge (denn nur wenige werden aus Schaden klug) hineingezogen" (ebd., 356f.).

4. Es gibt ein hierarchisches Eltern-Kind-Verhältnis, das durch die Begriffe elterliche Gewalt und Kinderfeindlichkeit charakterisiert werden kann.

„Erziehung (und Familienerziehungen) als Veranstaltung, Unternehmen, Diskurs in Bezug auf die Macht der Erwachsenengeneration über den Nachwuchs wird zum *Prozeß der Zivilisation,* der ja einen bestimmten psychischen und intellektuellen Erwachsenenhabitus meint: den trieb- und affektkontrollierten, zweckgerichteten männlichen Charakter, das durch Arbeit und Gehorsam zusammengehaltene Ich" (ebd., 357).

Das Korrelat zum staatlichen Gewaltmonopol im politischen Raum ist die elterliche Gewalt im Erziehungsprozeß.

Diese vier genannten gesellschaftlichen Umstände, Faktoren und Entwicklungen sind der Hintergrund und die mögliche Basis für die Entstehung familialer Gewalt.

„Gewaltsamer Umgang in der Familie resultiert im Kern aus Verohnmächtigung, nicht aus Machtvollkommenheit. Wer über andere Mittel der Bestätigung und Befriedigung nicht verfügt, greift zur gewaltsamen Auseinandersetzung als ultima Ratio. Bei der bestehenden problematischen Ausgangslage der Familie (Isolation, Funktionsverlust, Geschlechterkampf und Generationshierarchie) verlieren dergestalt immer mehr Menschen den Verstand und enden in der Gewalt.

Kindesmißhandlungen in der Familie sind nur ein Moment solcher Gewalt. Sie sind an der Tagesordnung. Sie sind nur zu bekämpfen mit Blick auf das gesellschaftliche Ganze, das selbst von Gewalt durchdrungen ist" (ebd., 359).

Diese dialektische Theorie familialer Gewalt von Reinhart Wolff ist ein geeigneter kritischer gesamtgesellschaftlicher Ansatz zur Erklärung des sozialen Problems Gewalt in unserer Gesellschaftsordnung.

Weiterführende Literatur

Beiderweiden, Jens/Windaus, Eberhard/Wolff, Reinhard: Jenseits der Gewalt – Hilfen für mißhandelte Kinder. Basel/Frankfurt a. M. 1986

Hacker, Friedrich: Aggression. Die Brutalisierung der modernen Welt. Reinbek bei Hamburg 1973[2]

Hagemann-White, Carol u. a.: Hilfen für mißhandelte Frauen. Abschlußbericht der wissenschaftlichen Begleitung des Modellprojekts Frauenhaus Berlin. Stuttgart 1981

Plack, Arno: Der Mythos vom Aggressionstrieb. München 1973

9. Kapitel: Verbrechen – selbstverschuldet versus gesellschaftsbedingt

Der Bereich Kriminalität und Verbrechen ist zwar eng mit der Thematik Gewalt verbunden, aber nicht mit ihr identisch. Die Ausübung eines Verbrechens schließt zwar manchmal Gewalt ein, aber es gibt zahlreiche gewaltlose Verbrechensarten, z. B. die Weiße-Kragen-Kriminalität (white-collar-crime). Die Frage, was in einer Gesellschaft als kriminell angesehen wird, hängt von der Geltung gesellschaftlicher Normen ab. Deren Wandel führt auch zu einer Veränderung der Verbrechensverfolgung. Beispiele sind die Normen des Sexualstrafrechts, wie die Strafbarkeit von Homosexualität oder die Erlaubnis zur legalen Schwangerschaftsunterbrechung.

9.A Gesellschaftliches Problemfeld Verbrechen

9.A.1 Verbrechensbekämpfung als soziale Problembewegung

Verbrechen scheint es schon immer in der Gesellschaft gegeben zu haben, wenn auch das Ausmaß und die Art der Verbrechen einem historischen Wandel unterlegen sind. Die Frage, ob es in einer hypothetisch angenommenen klassenlosen Urgesellschaft (Engels) keine Kriminalität gegeben habe, läßt sich nachträglich nicht beantworten. In unserer Gesellschaftsordnung haben wir mit der Kriminalität als soziologischem Tatbestand zu leben. Die Geister scheiden sich stets bei der Frage, wer an Verbrechen schuld ist und wie die Gesellschaft auf dieses Phänomen reagieren soll. Dabei ergeben sich folgende Polarisierungsmuster:

Schuldfrage: Das Individuum ist selbst an dem von ihm begangenen Verbrechen schuldig, d. .h. verantwortlich zu machen, *versus* die Gesellschaft bzw. die gesellschaftlichen Ursachen sind verantwortlich zu machen.

Antwort der Gesellschaft: Harte persönliche Strafverfolgungsmaßnahmen für die Täter *versus* Resozialisierungsmaßnahmen für die Täter und Veränderung der Lebensverhältnisse (Prävention).

Rechtspolitik, Verbrechensbekämpfung, Polizeieinsatz, Strafgesetzgebung, Justizirrtum und das Für und Wider um die Todesstrafe sind immer wieder die Stichworte für kontroverse gesellschaftspolitische Diskussionen. Anhand von konkreten Ereignissen, wie z.B. einem bekannt gewordenen Justizirrtum oder von Massenmorden (vgl. u.a. die Konzentrationslager im Dritten Reich) gelingt es, das gesellschaftliche Bewußtsein zu wecken, in der Öffentlichkeit die Kriminalität als ein gesellschaftspolitisches Problemfeld zu definieren und eventuell eine soziale Problembewegung auszulösen.

9.A.2 Indikatoren zur Kriminalität

Das Ausmaß der Kriminalität läßt sich nicht exakt feststellen, denn nur die polizeilich ermittelten Tatverdächtigen werden in der „Polizeilichen Kriminalstatistik" des Bundeskriminalamtes erfaßt und gehen in die amtliche Statistik ein.

(1) Straftaten allgemein:

	Bekanntgewordene	Aufgeklärte	% der Bekanntgewordenen
1980	3815784	1714713	44,9
1982	4291975	1956332	45,6
1984	4132783	1931022	46,7
1985	4215451	1988478	47,2

(Statistisches Jahrbuch 1986, 335 und 1987, 343)

(2) Straftaten gegen die Person:

Für den Zeitraum vor 1980 bis 1985 lassen sich in bezug auf Mord, Totschlag und Körperverletzung folgende Zahlen an Verurteilten nennen (vgl. Statistisches Jahrbuch 1985, 342; 1986, 337 und 1987, 345).
Mord: 1981: 243; 1982: 264; 1983: 272; 1984: 300 und 1985: 279.
Totschlag: 1981: 441; 1982: 497; 1983: 589; 1984: 540 und 1985: 534.
Körperverletzung: 1981: 16076; 1982: 16163; 1983: 16859; 1984: 16326 und 1985: 16012.
gefährliche Körperverletzung: 1981: 15186; 1982: 16313; 1983: 15547; 1984: 15021 und 1985: 14147.

(3) Straftaten gegen Eigentum:

Diebstahl: 1983: 143696; 1984: 136983 und 1985: 132084.
schwerer Diebstahl: 1983: 47310; 1984: 42066 und 1985: 40156.
Unterschlagungen: 1983: 7170; 1984: 7170 und 1985: 7133.
(Statistisches Jahrbuch 1987, 345).

Auch gibt es eine große Dunkelziffer.

(4) Ökonomische Kosten:

Die Ausgaben der öffentlichen Haushalte im Bereich „Öffentliche Sicherheit und Ordnung, Rechtsschutz" hat sich in den letzten Jahrzehnten wie folgt entwickelt (in Mill. DM): von 1602 Mill. 1951 über 3707 Mill. 1961, 9285 Mill. 1971 und 23526 Mill. 1981 auf 26393 Mill. 1985. Das sind 433 DM je Einwohner 1985 (vgl. Statistisches Jahrbuch 1987, 428).

9.A.3 Lebensqualität und gesellschaftliche Perspektive

Die Definition von Verbrechen hängt von den geltenden gesellschaftlichen Normen und deren Festschreibung in der Gesetzgebung ab. Dominierende Wertvorstellungen und vorherrschende Machtverhältnisse bestimmen die Lebensqualität in einer Gesellschaft. Sie kann von Verbrechen bedroht werden.

Gesundheit

Während die Zerstörung phsysischer Gesundheit bei Mord, Totschlag und anderen körperlichen Verletzungen klar auf der Hand liegt, sind die psychischen Folgen für die Betroffenen nicht immer sofort erkennbar. Jedoch Raub, Angriffe, Vergewaltigungen und andere Verbrechen können niemals allein in finanziellen und physischen Kategorien erfaßt werden, sondern der psychologische Schaden ist ebenfalls gravierend. Insbesondere bei Vergewaltigungen gehen die Opfer eine lange emotionale Krise durch.

Angst und Anomie

Die Verbreitung von Verbrechen und ihre mangelhafte Bekämpfung können zu einer anhaltenden Furcht und Angst in der Gesellschaft führen, z.B. trauen sich Leute aus Ängstlichkeit nicht mehr auf die Straße. Gegenseitiges Mißtrauen kann letzten Endes zu Anomie im

Sinne von sozialer Desorganisation und gesellschaftlicher Apathie führen.

Ökonomische Kosten

Das Verbrechen und seine Bekämpfung verursachen der Gesellschaft hohe ökonomische Kosten: materielle Schäden, Reparaturen und Aufrechterhaltung eines Polizei- und Justizapparates.

Zwischen der Kriminalität und der gesellschaftlichen Entwicklung besteht ein enges Wechselverhältnis. Soziale Ursachenkomplexe können – aber müssen nicht – die Zahl der Verbrechen erhöhen:

1. Die anhaltende Arbeitslosigkeit führt zu größerer Armut eines Teiles der Bevölkerung. Das ist ein möglicher Nährboden für Verbrechen.
2. Aufgrund der veränderten sozialökonomischen Bedingungen findet ein Wandel des gesellschaftlichen Zusammenlebens statt: Die Familie befindet sich in einer Krise, und neue Formen des sozialen Zusammenlebens werden noch gesucht (vgl. Kapitel 2). Die Folgen sind hohe Scheidungsraten, getrennt lebende Paare und viele isoliert lebende Menschen. Das ist wiederum eine mögliche Quelle von abweichendem Verhalten von derzeit noch geltenden gesellschaftlichen Normen und damit die Voraussetzung von höherer Kriminalitätsrate.
3. In den letzten Jahren ist das Vertrauen in den politischen Gleichheitsgrundsatz im Recht geschwunden, da die politische Kultur im Sinne einer Vorbildfunktion der Politiker abnimmt. Beispiele sind die laufenden Diäterhöhungen der Abgeordneten, die Parteifinanzierung durch die „Geldwaschanlagen“ und zweifelhafte Wahlkampfmethoden (vgl. Schleswig-Holstein 1987). Es besteht eine moralische Diskrepanz zwischen denen, die die Gesetze formulieren und verabschieden, und denen, die sich an diese Gesetze halten sollen. Die politische Moral ist gesunken.

Fazit: Sozio-ökonomische Verelendung, Krise der Familie und sinkende politische Moral lassen eher den Schluß zu, daß die Kriminalitätsrate zunehmen wird.

9.B Soziale Bewegungen

9.B.1 Gefangenenbewegung

In Skandinavien gibt es seit Ende der 60er Jahre Interessenorganisationen zur Verbesserung der Lebenslage der Gefangenen. Es fing zuerst in Schweden an und breitete sich dann auch in anderen skandinavischen Ländern aus (vgl. Mathiesen 1979, 31ff):

Schweden: im Herbst 1966 Gründung der „Nationalen Schwedischen Vereinigung für Strafvollzugsreform" (Riksförbundet För Kriminalvaardens Humanisering) – kurz KRUM genannt. Sie hat ca. 1500 Mitglieder.

Dänemark: Im Frühjahr 1967 wurde die „Vereinigung für humane Kriminalpolitik" (Foreningen for Human Kriminalpolitik) gegründet – kurz KRIM genannt.

Finnland: 1968 wurde der „Reichsverband für Gefangene" (Riksförbundet för faangar) gegründet – kurz KRIM genannt.

Norwegen: Im Mai 1968 wurde der „Norwegische Verein für Kriminalreform" (Norsk forening for kriminalreform) gegründet – kurz KROM genannt.

In der Satzung des Norwegischen Vereins heißt es in bezug auf die politische Zielsetzung (ebd., 58):

„KROM – ... – ist ein parteipolitisch und religiös neutraler Verein. Der Verein will für eine menschenwürdige und zweckmäßige Kriminalpolitik arbeiten. KROM will:

a) für die Abschaffung des heutigen Reaktionssystems arbeiten und die Enstehung von neuen gefängnisähnlichen Systemen oder auf Zwang beruhende Ordnung verhindern,
b) auf kürzere Sicht für Reformen im Strafrechtswesen und im Strafvollzug arbeiten, die die schädlichen Wirkungen der Freiheitsstrafe reduzieren können,
c) als Sprachrohr für Gefangene und ehemalige Gefangene dienen mit der Absicht, ihre generellen Rechte und Forderungen zu fördern."

Grundidee dieser Vereinigung ist die gleichberechtigte Zusammenarbeit von Gefangenen, ehemaligen Gefangenen und von Nicht-Gefangenen. Sie alle sind im Vorstand vertreten, um die Perspektive einer Strafe abschaffenden Kriminalpolitik zu entwickeln, die den traditionellen Funktionen der Gefängnisstrafe: Säuberungs-, widerstandslähmende, Ablenkungs- und Symbolfunktion widerspricht.

„Horizontaler Kontakt zwischen Gefangenen und einer Organisation wie KROM – die kriminalpolitisch aufhebend, defensiv und entschleiernd arbeitet und davon ausgeht, daß Gefangenen nur auf freiwilliger Grundlage geholfen werden kann – ein solcher Kontakt beeinträchtigt vermutlich wesentliche Funktionen der Gefängnisstrafe in unserer Gesellschaft. Dem wird mit bedeutendem Widerstand begegnet, weil indirekt an Grundpfeilern der Gesellschaftsstruktur gerüttelt wird“ (ebd., 157).

Vier Jahre nach KROM wurde nach schwedischem Vorbild in Norwegen die Gewerkschaft der Gefangenen (Fangenes Faglige Forbund) (FFF) gegründet. Die FFF formuliert in ihrem Arbeitsprogramm folgende Ansprüche:

„1. Die Organisation hat zum Ziel, die Interessen der Mitglieder in fachlichen Fragen, Lohnfragen und Fragen des allgemeinen Wohlbefindens und des Arbeitsverhältnisses wahrzunehmen und ferner als Verhandlungspartner und Ratgeber zu fungieren. Die Organisation soll Forderungen gegenüber der Gefängnisbürokratie auf Reformen in der Gefangenenbehandlung im Namen der Mitglieder vorbringen.
2. Sie fordert:
a) Abschaffung des jetzigen Arbeitssystems; statt dessen ist ein Lohnsystem für die Arbeit der Gefangenen einzuführen.
b) Recht auf volle Verfügung über die Löhne.
c) Gleichstellung mit den übrigen Arbeitsorganisationen und Garantie gleicher Rechte und Pflichten.
3. Sie beansprucht die Sprecherrolle für alle in den norwegischen Gefängnissen einsitzenden Personen“ (ebd., 135).

KROM und FFF bestritten jahrelang einen mühsamen Kampf mit der Gefängnisbürokratie und anderen Anhängern einer repressiven Kriminalpolitik. In diesem Kampf hat KROM Erfolge zu verzeichnen (ebd., 195f.): Abschaffung des Zwangsarbeitshauses 1970, Verhinderung der Einführung einer eigenständigen Jugendarrestanstalt (1971) und teilweise Akzeptanz als Gesprächspartner.

9.B.2 Amnesty International

Amnesty International wurde 1961 auf Initiative des britischen Rechtsanwalts Peter Benenson gegründet. Am 28. Mai 1961 erschien in der Zeitung „The Observer“ sein Artikel „Die vergessenen Gefangenen“. Dieser Aufruf oder Appell löste ein großes Echo zunächst in Großbritannien und später auch in anderen westeuropäischen Ländern aus.

Neben den vielen nationalen Sektionen gibt es auch ein internationales Sekretariat. Inzwischen hat Amnesty International über 500000 aktive Mitglieder und Förderer in mehr als 160 Ländern. Basierend auf den Grundsätzen Neutralität, Ausgewogenheit und Unabhängigkeit ist die Zielsetzung von Amnesty International im internationalen Statut wie folgt beschrieben:

„Eingedenk des Rechts eines jeden Menschen, seine Überzeugungen frei zu äußern und an ihnen festzuhalten, sowie eingedenk der Verpflichtung, die gleiche Freiheit auch für andere zu gewährleisten, ist es die Aufgabe von Amnesty International, in der ganzen Welt die Einhaltung der Allgemeinen Erklärung der Menschenrechte auf folgende Weise zu erreichen:

a) durch Arbeit ohne Rücksicht auf politische Erwägungen für die Freilassung und für die Unterstützung von Menschen, die unter Mißachtung der vorgenannten Schutzbestimmungen verhaftet, gefangen, auf andere Weise physischem Zwang ausgesetzt oder Freiheitsbeschränkungen unterworfen sind und zwar aufgrund ihrer politischen, religiösen oder anderen geistigen Überzeugung, aufgrund ihrer ethnischen Abstammung, ihrer Hautfarbe oder ihrer Sprache – vorausgesetzt, daß sie Gewalt nicht angewendet und sich für die Anwendung von Gewalt auch nicht eingesetzt haben (im weiteren Gewissensgefangene genannt);
b) durch das Eintreten mit allen geeigneten Mitteln gegen die Inhaftierung von Gewissensgefangenen oder politischen Gefangenen ohne Prozeß innerhalb angemessener Zeit, sowie bei solchen Gefangenen gegen alle Prozeßverfahren, die den anerkannten Regeln eines fairen Prozesses nicht entsprechen;
c) durch das Eintreten mit allen geeigneten Mitteln gegen die Verhängung und Vollstreckung von Todesurteilen, sowie gegen die Folterung und andere grausame, unmenschliche oder erniedrigende Strafen oder Behandlungen von Gefangenen und anderen Menschen, die in Haft gehalten oder verfolgt werden, unabhängig davon, ob sie Gewalt angewendet haben oder sich für die Anwendung von Gewalt eingesetzt haben“ (Claudius/Stephan 1978, 75).

Inzwischen ist Amnesty International eine weltweite Bewegung in der Gefangenenarbeit zur Bekämpfung der Folter und der Todesstrafe. Nach Darstellung der Sektion der Bundesrepublik Deutschland e. V. von Amnesty International hat sie 1985 Sektionen in 45 Ländern, mehr als 3400 Adoptionsgruppen in 55 Ländern und über 500000 Mitglieder, Förderer und Abonnenten in mehr als 160 Ländern und Territorien. Es wurden bisher 4668 Gefangene als gewaltlose politische Gefangene adoptiert; zuvor wurde untersucht, ob es sich um gewaltlose politische Gefangene handelt. 1984 wurden 1655 neue Fälle aufgenommen und 1516 Gefangene freigelassen. Es wurden 319 Eilaktionen durchgeführt, davon 104 Berichte über Folterungen, 58 galten Gefangenen, die zum

Tode verurteilt waren, 22 lagen medizinische Anliegen und 67 rechtliche Bedenken zugrunde (vgl. Amnesty International 1985, 470).

Das Prinzip der Ausgewogenheit bedeutet, daß eine Gruppe jeweils einen Gewissensgefangenen aus dem Osten, dem Westen und der Dritten Welt adoptieren soll. Allerdings wird dieses Konzept der Ausgewogenheit nicht immer durchgehalten (ebd., 1978, 86f.). Aufgrund ihres weltweiten Bekanntheitsgrades und des großen Engagements vieler Menschen ist Amnesty International als eine – teilweise recht erfolgreiche – soziale Bewegung im gesellschaftlichen Problemfeld Verbrechen einzuschätzen.

9.B.3 Verpolizeilichungsbewegung

Die Notstandsgesetze der 60er Jahre, die Anti-Terror-Gesetze der 70er Jahre und die geplanten und teilweise schon beschlossenen Sicherheitsgesetze der 80er Jahre kennzeichnen eine Entwicklung, die sich als Verpolizeilichungsbewegung charakterisieren läßt: Lösung politischer Probleme durch polizeiliche Maßnahmen und Aktionen. Das Problem der Hausbesetzungen, die Widerstände gegen Kernkraftwerke, gegen den Schnellen Brüter von Kalkar und die Wiederaufbereitungsanlagen in Gorleben bzw. jetzt in Wackersdorf werden politisch durch einen flexiblen Polizeieinsatz gelöst. Verpolizeilichung des Problems bedeutet eine polizeiliche Lösung von Konflikten als Politikersatz.

„Die Hinnahme der Projekte durch die Bevölkerung in der Regierung bzw. in der Bundesrepublik insgesamt würde fraglich werden, wenn diese mit harter polizeilicher Gewalt erzwungen würde. Ein flexibler Polizeieinsatz wird zur Vorbedingung der Hinnahme. Der Einsatz wird zum Politikersatz. Ein moderates Vorgehen der Polizei verleiht der Politik einen zusätzlichen Schein der Legitimität. Die Polizei wird so zu einem Instrument der Politik zur Durchsetzung (primärer) politischer Entscheidungen. Hierin dürfte die Erklärung für das in den siebziger Jahren gestiegene Interesse der Politiker an den polizeilichen Einsätzen liegen. ... In der Vorphase einer Demonstration ... tauchen kontinuierlich, gestützt auf ‚Erkenntnisse' der Sicherheitsbehörden, Befürchtungen überkommender Gewalttätigkeiten auf. Das politische Ziel des Protestes wird schon vor dessen Zustandekommen negiert und die Legitimität des Protestes mit Hinweis auf drohende Gewalttätigkeiten in Zweifel gezogen ... Schließlich wird nach der Demonstration oder Aktion die Zurückhaltung der Polizei gegenüber Medien, Parlament etc. betont, vor allem dann, wenn es zu Gewalttätigkeiten kam. Diese Gewaltakte dienen wiederum dazu, Verbotsforderungen zu stellen (... für die K-Gruppen), zu verlangen, das Demonstrationsrecht zu ändern

(Landfriedensbruchparagraph, Vermummungsverbot oder neue polizeiliche Hilfsmittel (CS-Gas) oder Waffen (Gummigeschosse) zu fordern. Der Polizeieinsatz und die begleitenden politischen Maßnahmen werden auf diese Weise zum Ersatz politischen Handelns" (Busch u. a. 1985, 357).

Diese Verpolizeilichung wurde durch eine Polizeireform ermöglicht: Erhöhte Abstraktheit durch zentralistische Strukturen, größere Flexibilität durch Spezialeinrichtungnen und -einheiten und neue Technologien und Prävention als Organisationsmittel. Das ganze wurde von einem geänderten Polizei- und Strafprozeßrecht und einer militarisierten Bewaffnung begleitet (ebd., 180, 197f. u. 246ff.). Diese Verpolizeilichung wird durch eine breite Bewegung konservativer Bürger, insbesondere der konservativen Politiker getragen.

9.C Analytische Erklärungskonzepte

9.C.1 Notwendigkeit von Verbrechen

Die These von der Normalität und Notwendigkeit von Verbrechen in einer Gesellschaft stammt von einem der Väter der Soziologie, dem Franzosen Emile Durkheim. Verbrechen wird für ihn zu einer Erscheinung der Gesellschaft und damit auch der Soziologie. Er erklärt diese scheinbar recht paradoxe Folgerung wie folgt:

„Zunächst ist das Verbrechen deshalb normal, weil eine Gesellschaft, die frei davon wäre, ganz und gar unmöglich ist.

Das Verbrechen besteht ... in einer Handlung, die gewisse Kollektivgefühle verletzt, die durch eine besondere Energie und Eindeutigkeit ausgezeichnet sind. Damit in einer gegebenen Gesellschaft die als verbrecherisch erachteten Handlungen nicht mehr begangen werden, müßten sich demnach die durch sie verletzten Gefühle ausnahmelos in allen individuellen Bewußtseinen vorfinden, und zwar in einer hinreichenden Stärke, um widerstrebende Gefühle zu unterdrücken" (Durkheim 1984, 157).

Durkheim geht davon aus, daß selbst in einer Gesellschaft von Heiligen, z. B. in einem vollkommenen und musterhaften Kloster, abweichendes Verhalten und Verbrechen vorkommen werden. Weiterhin nimmt er an, daß nicht alle Individuen in der Lage sein werden, dieses kollektive Bewußtsein moralisch zu verinnerlichen. Sie werden davon abweichen, da jedes Individuum in einem anderen sozialen Umfeld steht.

„Das moralische Bewußtsein der Gesellschaft könnte sich allen Individuen vollständig und mit einer Lebhaftigkeit mitteilen, die ausreichend wäre, um jede Überschreitung zu verhindern, die rein moralischen Vergehungen ebenso wie die Verbrechen. Eine so allumfassende und so absolute Uniformität ist jedoch schlechtweg unmöglich; denn die unmittelbare physische Umgebung, in die jeder von uns hineingestellt ist, die erheblichen Vorbedingungen, die sozialen Einflüsse, von denen wir abhängen, schwanken von Individuum zu Individuum und gestalten dadurch jedes Bewußtsein anders ... Da es also keine Gesellschaft geben kann, in der die Individuen nicht mehr oder weniger vom kollektiven Typus abweichen, ist es unvermeidlich, daß sich unter diesen Abweichungen auch solche befinden, die einen verbrecherischen Charakter tragen" (ebd., 159).

Aus diesem Grunde erscheint Durkheim das Verbrechen nicht nur normal, sondern auch notwendig, ja sogar nützlich, weil das Verbrechen oft neue erwartbare gesellschaftliche Wertvorstellungen vorwegnimmt. Das führt bei ihm zu folgender Schlußfolgerung:

„Das Verbrechen ist also eine notwendige Erscheinung; es ist mit den Grundbedingungen eines jeden sozialen Lebens verbunden und damit zugleich nützlich. Denn die Bedingungen, an die es geknüpft ist, sind ihrerseits für eine normale Entwicklung des Rechtes und der Moral unentbehrlich.

...

Außer dieser indirekten Zweckmäßigkeit geschieht es, daß das Verbrechen in der sittlichen Entwicklung sogar eine nützliche Rolle spielt. Es hält nicht bloß den notwendigen Änderungen den Weg offen, in manchen Fällen bereitet es auch diese Änderungen direkt vor. Nicht bloß befinden sich da, wo es existiert, die Kollektivgefühle in einem wandlungsfähigen Zustand, um neue Formen anzunehmen, sondern es trägt auch zuweilen dazu bei, um ihre zukünftige Form voraus zu bestimmen. Wie oft ist das Verbrechen wirklich bloß eine Antizipation der zukünftigen Moral, der erste Schritt zu dem, was sein wird" (ebd., 159f.).

Dieses analytische Erklärungskonzept von der Notwendigkeit des Verbrechens in der Gesellschaft durch den Klassiker Emile Durkheim ist faszinierend.

9.C.2 Theorie des Labeling Approach

Obgleich der erste Ansatz des Labeling Approach schon 1938 in den USA formuliert wurde, gewann er erst Ende der 60er Jahre in der Bundesrepublik Deutschland an Bedeutung. Die Theorien des Labeling Approach

„... suchen nicht nach Ursachen, die vor dem Auftreten des abweichenden Verhaltens liegen, sondern die *Abweichung wird als Zuschreibungsprozeß des Attributes der Devianz zu bestimmten Verhaltensweisen im Rahmen von Interaktionen verstanden*“ (Lamnek 1979, 217).

Der Labeling Approach setzt sich also mit den Normen, ihren Setzungen und Zuschreibungen und damit der Geltung und Anwendung von Normen auseinander. Dieser Etikettierungs- oder Reaktionsansatz ist vom „Urvater“ Tannenbaum 1938 wie folgt definiert worden:

„Der Prozeß der Entwicklung des Kriminellen ist daher ein Prozeß des Markierens, des Definierens, Identifizierens, Absonderns, Beschreibens, Hervorhebens und des Wachrufens einer entsprechenden Bewußtseins in ihm und in der Gesellschaft; er wird zu einer Art des Stimulierens, Suggerierens, des Hervorhebens und des Hervorrufens gerade der Charakterzüge, deren man den Kriminellen beschuldigt. Das Individuum übernimmt die ihm zugeschriebene Rolle. Dabei scheint es unwichtig zu sein, ob die Bewertung von Interaktionspartnern vorgenommen wird, die ihn bestrafen oder solchen, die ihn resozialisieren möchten“ (Tannenbaum 1938, zit. nach Ahrens 1975, 9).

Dieser erste Ansatz ist durch andere Autoren weiter entwickelt worden (vgl. Lamnek 1979, 220ff.). Insbesondere Becker weist in seiner Grundlegung des Labeling Approach (1963) auf den Machtaspekt, die soziale Ungleichheit, die Selektivität, den Prozeßcharakter von Abweichung und auf den Mechanismus der sich selbst erfüllenden Prophezeiung hin. Er charakterisiert seine Position wie folgt:

„Abweichendes Verhalten ... ist stes das Ergebnis einer Unternehmung. Bevor irgendeine Handlung als abweichend angesehen werden und bevor eine Klasse von Menschen für das Begehen einer Handlung als Außenseiter abgestempelt und behandelt werden kann, muß jemand die entsprechende Regel aufgestellt haben, welche die Handlung als abweichend definiert. Regeln werden nicht automatisch aufgestellt ... Wir müssen abweichendes Verhalten und Außenseiter, welche die abstrakte Konzeption verkörpern, als Konsequenz eines Interaktionsprozesses zwischen Menschen ansehen, von denen einige im Dienste eigener Interessen Regeln aufstellen und durchsetzen. Regeln, welche andere erfassen, die ihrerseits im Dienste eigener Interessen Handlungen begehen, die als abweichend abgestempelt werden“ (Becker 1981, 147f.).

Entscheidend hierbei ist nicht nur die Normsetzung aufgrund politischer und soziologischer Macht, sondern auch die Normanwendung, damit aus bloßen Normverletzungen auch Abweichler werden. Die Dimensionen der Normsetzung und der Normanwendung führen zu folgenden vier Möglichkeiten der Etikettierung (vgl. Lamnek 1979, 225):

1. Ein Verhalten verstößt nicht gegen die Regel und ist daher auch nicht als Abweichung zu sehen.
2. Ein Verhalten verstößt gegen die Regel und wird als abweichend verfolgt (Beispiel Diebstahl).
3. Ein Verhalten verstößt zwar gegen die Regel, aber es wird nicht als abweichend etikettiert (Beispiel voreheliche Sexualität).
4. Ein Verhalten verstößt nicht gegen die Regel, aber es wird als abweichend empfunden (Beispiel fälschliche Beschuldigung).

Dieser Labeling Approach ist von Sack zu einem „radikalen“ Ansatz weiterentwickelt worden, indem er ihn in eine gesamtgesellschaftliche Theorie mit historisch-materialistischem Inhalt eingebettet hat. Durch die bewußte Einbeziehung der Klassenstruktur bei der Verteilung der Kriminalitätszuweisung werden die sozialen Ungleichheiten in kapitalistischen Gesellschaften in bezug auf den Macht- und Herrschaftsaspekt ins Blickfeld gerückt (ebd., 232).

9.C.3 Theorie des differentiellen Lernens

Theorien des differentiellen Lernens sind sozialpsychologische Ansätze im Bereich des Sozialisationsprozesses.

> „Die Theorien des differentiellen Lernens bauen auf allgemeinen Lerntheorien auf und wenden diese in der Angabe spezifischer Bedingungen auf abweichendes Verhalten an. Ausgangspunkt der Überlegungen ist, daß abweichende wie konforme Verhaltensweisen erlernt werden. Das ‚differentielle‘ bedeutet dabei die Unterscheidung zwischen als konform und abweichend definierten Verhaltensweisen, Normen, Werten etc. ‚Lernen‘ meint in diesen Theorien die Prozesse, die als Interaktionen mit anderen Gesellschaftsmitgliedern (oder spezifischen Gruppen in einer Gesellschaft) in Kommunikationsbeziehungen ablaufen und die individuelle Folgen in Form der Übernahme oder Ablehnung der in diesen Interaktionen gezeigten Verhaltensweisen haben“ (Lamnek 1979, 186).

Die älteste dieser Theorien ist die der differentiellen Assoziation von Sutherland aus dem Jahre 1939. Seine zentrale These ist,

> „daß eine Person dann Delinquent wird, wenn Gesetzesverletzungen begünstigende Einstellungen gegenüber den Einstellungen, die Gesetzesverletzungen negativ bewerten, überwiegen“ (ebd., 188).

Voraussetzung für abweichendes Verhalten und damit auch für kriminelles Verhalten ist eine differentielle Organisation der Gesellschaft, um konkurrierende Situationen kennenzulernen. Sutherland (1968, 394ff.) hat dazu neun Thesen formuliert:

1. „Kriminelles Verhalten ist erlerntes Verhalten."
2. „Kriminelles Verhalten wird in Interaktionen mit anderen Personen in einem Kommunikationsprozeß gelernt."
3. „Kriminelles Verhalten wird hauptsächlich in intimen persönlichen Gruppen gelernt."
4. „Das Erlernen krimineller Verhaltensweisen schließt das Lernen
   a) der Techniken zur Ausführung des Verbrechens, die manchmal sehr kompliziert, manchmal sehr einfach sind,
   b) der spezifischen Richtung von Motiven, Trieben, Rationalisierungen und Attitüden ein."
5. „Die spezifische Richtung von Motiven und Trieben wird gelernt, indem Gesetze positiv oder negativ definiert werden."
6. „Eine Person wird Delinquent infolge des Überwiegens der die Verletzung begünstigenden Einstellungen über jene, die Gesetzesverletzungen negativ beurteilen."
7. „Differentielle Kontakte variieren nach Häufigkeit, Dauer, Priorität und Intensität."
8. „Der Prozeß, in dem kriminelles Verhalten durch Kontakte mit kriminellen und antikriminellen Verhaltensmustern gelernt wird, umfaßt alle Mechanismen, die bei jedem anderen Lernprozeß auch beteiligt sind."
9. „Obwohl kriminelles Verhalten ein Ausdruck genereller Bedürfnisse und Werte ist, wird es nicht durch die generellen Bedürfnisse und Werte erklärt, da nichtkriminelles Verhalten Ausdruck eben derselben Bedürfnisse und Werte ist."

Diese Theorie der differentiellen Assoziation von Sutherland ist von anderen weiterentwickelt worden, z. B. von Burges und Akers, zu einer Theorie der differentiellen Verstärkung (vgl. Lamnek 1979, 195ff.). Hier geht es um die Frage der Verstärkungsqualität in einem Prozeß der Konditionierung, indem ein beliebiger Stimulus sich sekundär verstärkend auswirkt. Durch eine differentielle Verstärkung wird entweder eine Response-Differenzierung oder eine Stimulus-Diskriminierung erreicht. Bestimmtes Verhalten wird belohnt und anderes nicht belohnt bzw. bestraft. Dieses differentielle Lernen führt dann zu bestimmten latenten Verhaltensdispositionen, die sich dann in abweichendem Verhalten und Verbrechen manifestieren können.

9.C.4 Anomie-Theorie

Aufbauend auf dem von Emile Durkheim definierten Begriff der Anomie (Regel- oder Normlosigkeit) wurden Anomietheorien entwikkelt. Das eher individualistische Konzept der Anomie bei Durkheim ist von Robert Merton explizit um sozialstrukturelle Elemente der Gesellschaft erweitert worden. Er unterscheidet zwischen Anomie, die sich auf Individuen bezieht (Anomia) und der, die gesellschaftlich zu sehen ist (Anomie).

„Gesellschaftliche Anomie ist dabei das Ergebnis des Auseinanderklaffens von allgemein verbindlichen, kulturellen Zielen und der sozialstrukturell determinierten Verteilung der legitimen Mittel, die der Zielerreichung dienen sollen. Eine geringe Integration von Zielen und Mitteln, d.h. deren unzureichende Kongruenz mündet in Desorientierung für das einzelne Gesellschaftsmitglied. Diese erfordert eine irgendwie geartete Lösung, weil das Individuum nicht permanent mit den durch die Desorientierung verursachten Konflikten leben kann. Je nach individueller Einstellung gegenüber den kulturellen Zielen und Werten (dichotomisiert in Zustimmung oder Ablehnung) ergeben sich Typen der Anpassung als Lösungsformen der Desorientierung: *Innovation, Rebellion, Ritualismus* und *Rückzug*" (Lamnek 1979, 114).

Anomie liegt also nicht in der Eigenschaft einer Person, sondern ist eine Bedingung des sozialen Umfeldes. Abweichendes Verhalten und damit die Möglichkeit zum Verbrechen liegt also in der Sozialstruktur einer Gesellschaft in bezug auf die Differenz zwischen gesellschaftlichen Normen und realen Möglichkeiten zu ihrer Verwirklichung.

9.C.5 Soziale Klassenlage und Subkultur-Theorie

Die Erklärung des abweichenden Verhaltens durch die Subkulturtheorie geht davon aus, daß eine Gesellschaft in Klassen geteilt ist. Eine Subkultur entsteht aufgrund von Anpassungsproblemen einer bestimmten Schicht, die sich gesellschaftlich in sozialer Ungleichheit befindet. So läßt sich die Subkulturtheorie von Cohen (vgl. Cohen 1955/1961 und 1966/1968) in folgende Hypothesenkette bringen:

„(1) Wenn eine Gesellschaft in soziale Klassen unterteilt ist,
(2) wenn in ihr allgemein sozialer Status nach Kriterien zugeteilt wird, die klassengebundene Fähigkeiten voraussetzen,

(3) wenn andererseits die Angehörigen der benachteiligten Klasse(n) neben ihren klassenspezifischen Werten und Normen die sozial durchgesetzten Werte und Normen akzeptieren und sich ihres niedrigen sozialen Status bewußt sind,
(4) wenn das (im Sozialisationsprozeß internalisierte) Statusstreben der Angehörigen der benachteiligten Klasse(n) einerseits und ihr niedriger Status andererseits spezifische männliche Anpassungsprobleme für sie aufwirft,
(5) wenn Jungen der benachteiligten Klasse(n) diese Anpassungsprobleme gemeinsam sind und sie sich wechselseitig wirksam beeinflussen,
(6) wenn sie Ablehnung und Feindschaft gegenüber den Werten und Normen teilen, die ihnen einen niedrigen Status erweisen,
(7) dann entwickeln sie interaktiv in Gruppen Normen und Werte bzw. Statuskriterien, die ihnen bessere, von ihnen akzeptierte soziale Ränge einräumen, d.h. sie konstruieren ein Werte- und Normensystem, das negativistisch zu dem gesellschaftlich gültigen ist und richten daran ihr Handeln aus“ (Springer 1973, 18f.).

Diese Subkultur kann sich nach Yinger auch zu einer Gegenkultur (Counterculture) entwickeln (vgl. Yinger 1982).

Subkulturelle oder gegenkulturelle Vorstellungen beruhen auf klassenspezifischen Benachteiligungen bestimmter Bevölkerungskreise. Das führt dann bei Miller zu der These von der Unterschichtkultur (vgl. Miller 1968). Abweichendes Verhalten wird nach Miller nicht definiert als Verletzung von Mittelschichtnormen, sondern es entsteht bei der Realisierung eigenständiger subkultureller Normen der Unterschicht. Er kommt zu der Konsequenz,

„daß es nicht primäre Intention ist, die Mittelschichtnormen zu verletzen, sondern sich den Unterschichtsnormen konform zu verhalten. Das Abweichen von den Mittelschichterwartungen ist eher ein zwangsläufiges Nebenprodukt in der Realisierung der subkulturellen Unterschichtsnormen, deren Befolgung ebenso wie in der Mittelschicht durch Anpassungs- und Konformitätsdruck durchgesetzt wird“ (Lamnek 1979, 168).

Bestimmte subkulturelle Normen sind also für die jeweilige Schicht konform, aber gesamtgesellschaftlich werden sie als abweichend definiert. Aus diesem Konflikt heraus entsteht zwischen der Unterschicht und ihrer Subkultur und der Mehrheit der Bevölkerung, die mittelschichtorientiert ist, ein permanenter Konflikt, der in einer Klassengesellschaft nicht zu beseitigen ist. Die soziale Klassenlage eines Gesellschaftsmitglieds bestimmt auch dessen Bereitschaft, abweichendes Verhalten auszuüben.

Weiterführende Literatur

Balluseck, Hilde von: Abweichendes Verhalten und abweichendes Handeln. Frankfurt a. M./New York 1978

Becker, H. S.: Außenseiter. Zur Soziologie abweichenden Verhaltens. Aus dem Amerikanischen 1963. Frankfurt a. M. 1981

Busch, Heiner/Funk, Albrecht/Krauß, Udo/Narr, Wolf-Dieter/Werkentin, Falco: Die Polizei in der Bundesrepublik. Frankfurt a. M./New York 1985

Claudius, Tohmas/Stephan, Franz: Amnesty International. Portrait einer Organisation. München/Wien 1978[3]

Lamnek, Siegfried: Theorien abweichenden Verhaltens. München 1979

Mathiesen, Thomas: Überwindet die Mauern! Die skandinavische Gefangenenbewegung als Modell politischer Randgruppenarbeit. Neuwied/Darmstadt 1979

Springer, Werner: Kriminalitätstheorie und ihr Realitätsgehalt. Stuttgart 1973

Yinger, J. Milton: Countercultures. The Promise and the Devil of a World Turned Upside Down. New York/London 1982.

10. Kapitel: Drogen – Flucht versus Selbstkontrolle

Obgleich Alkohol und Zigaretten seit Jahrhunderten in der westlichen Welt legalisierte Drogen sind, ist das eigentliche Problembewußtsein in bezug auf Drogen bzw. Drogenmißbrauch erst in den letzten 20 Jahren gestiegen. Der Zusammenhang zwischen Drogengebrauch bzw. -mißbrauch ist allerdings erst in Verbindung zu anderen Drogen entstanden. Die Frage, ob eine Droge legal oder illegal ist, hängt von der jeweiligen Definition, d.h. von den gesellschaftlichen Machtverhältnissen ab.

10.A Gesellschaftliches Problemfeld Drogen

10.A.1 Drogenhilfe als soziale Problembewegung

In den vergangenen 60er Jahren und heute in den 80er Jahren wird das Drogenproblem weitgehend in der Öffentlichkeit, insbesondere in den Medien, verschwiegen oder als soziale Randgruppe weniger Drogenabhängiger behandelt. Nur in den 70er Jahren gab es eine Zeitlang ein gewisses Maß an Aufmerksamkeit und öffentlichem Interesse, als durch zwei Faktoren eine soziale Problembewegung initiiert wurde, um im größeren Umfange Drogenhilfe zu leisten. Zu diesen beiden Faktoren zählen die „objektiv" vorgefundene Zahl der Drogentoten, die über die Medien im Bewußtsein der Öffentlichkeit dramatisiert worden sind, und das Engagement von Psychologen, Soziologen, Sozialarbeitern, Lehrern und ehemaligen Drogenabhängigen selbst.

Erst als z.B. in Berlin (West) in den 70er Jahren pro Jahr über 100 weitgehend junge Menschen an Drogen starben, war es auch der Boulevard-Presse aus Sensationsgründen einige Schlagzeilen wert. Dieses über eine Sensationsnachricht geschaffene Bewußtsein unterstützte das Engagement der in sozialen Berufen Tätigen, um bei den Politikern eine Bereitschaft zur Drogenhilfe auszulösen. Es wurden Drogenberatungsstellen eingerichtet, finanzielle Mittel für therapeutische Maßnahmen bereitgestellt und z.B. für Berlin ein Drogenbeauftragter eingesetzt.

Seit Januar 1978 hat dieser Beauftragte seine Arbeit aufgenommen. Der Senat von Berlin sieht fünf praktische Ebenen zur Koordination der Maßnahmen zur Bekämpfung des Drogenmißbrauchs:

„1. Es muß versucht werden, soviele Menschen wie möglich vor den Gefahren des Drogenmißbrauchs zu schützen. Umfangreiche Aufklärungsmaßnahmen, Fortbildung von Eltern und Mulitplikatoren, besondere Angebote für gefährdete Jugendliche sollen den Zulauf zur Drogenszene bremsen.
2. Jeder, der sich heute von der Drogenabhängigkeit befreien will, muß sofort Hilfe erhalten. Beratungsdienste, ärztliche Versorgung und Langzeittherapieeinrichtungen werden entsprechend ausgebaut.
3. Mehr Abhängige als bisher sollen durch geeignete Maßnahmen motiviert werden, die Drogenszene zu verlassen und Hilfsangebote anzunehmen. Dazu sind besondere Maßnahmen wie z.B. ‚street-work' (Straßenarbeit) unmittelbar auf der Drogenszene sowie die Einbindung zahlreicher Berufsgruppen, die Kontakt zu Drogenabhängigen haben, notwendig.
4. Bei der polizeilichen Verfolgung und Ermittlung innerhalb der Drogenszene gilt das hauptsächliche Interesse dem Drogenhandel, weniger dem (ebenfalls strafbaren) Drogenkonsum. Polizeiliche Aktivitäten dienen gleichzeitig der Eindämmung des Handels und (im prophylaktischen Sinne) der Verunsicherung des Marktes.
5. Polizei- und Zollfahndung sind eingeordnet in die internationale Rauschgiftbekämpfung. Die Maßnahmen gegen Händlerorganisationen lassen sich nicht regional organisieren, sondern müssen die internationale Verflechtung des Drogenmarktes berücksichtigen" (Senator für Schulwesen, Jugend und Sport 1984, 1).

Da die Zahl der Drogentoten in Berlin pro Jahr unter Hundert gesunken ist, hat der Druck für eine verstärkte Drogenhilfe nachgelassen. Es fehlt zur Zeit der soziale Problemstau, um über eine verstärkte Drogenhilfe die anstehenden Probleme in den Griff zu bekommen. Das Thema Drogen ist eng mit anderen gesellschaftlichen Strukturproblemen wie Arbeitslosigkeit, Mangel an Ausbildungsplätzen, schlechte Wohn- und Lebensverhältnisse und Zusammenbruch sozialer Netze verbunden.

10.A.2 Indikatoren des Drogengebrauchs

Während die Droge Alkohol bei uns legal ist, sind solche Drogen wie Marihuana und Heroin illegal. Wegen der mangelhaften Erfaßbarkeit und der hohen Dunkelziffer bewegen wir uns im Bereich der Drogen in einer großen Unsicherheitszone über genaue statistische Angaben.

(1) Heroinabhängige:

Die Zahl der Opiatkonsumenten wird in der BRD auf 46000 Personen geschätzt (vgl. Bericht der Bundesregierung 1986, 5). Haupttypus des Opiatkonsumenten ist seit Mitte der 70er Jahre der Heroinist.

(2) Todesfälle durch Drogeneinwirkung:

In der Bundesrepublik gab es 1986 330 Drogentote im Vergleich zu 315 im Jahre 1985 und 472 im Jahre 1983 als Höchststand der letzten Jahre (vgl. ebd. und Bundesminister, nach Der Tagesspiegel vom 14.1.1987, 22).

(3) Polizeiliche Erfolge:

Im Jahre 1986 hat die Polizei folgende Mengen an Rauschgiftmitteln beschlagnahmt:
2,3 Tonnen Canabis-Harz (Haschisch),
316,6 Kilogramm Marihuana,
3,1 Kilogramm Canabis-Konzentrat,
9,1 Kilogramm Rohopium,
154,6 Kilogramm Heroin,
180 Kilogramm Kokain sowie
21767 LSD-Trips (vgl. ebd., 22).

(4) Suchtabhängige:

In bezug auf Alkoholiker, Medikamentenabhängige und Opiatabhängige faßt der Berliner Drogenbeauftragte die Schätzungen wie folgt zusammen:

„Nach ernstzunehmendem Expertenurteil ist heute davon auszugehen, daß es in der Bundesrepublik Deutschland einschließlich West-Berlin
- etwa 2 Millionen Süchtige gibt; davon sind
- etwa 1,2 bis 1,6 Millionen Alkoholiker,
- etwa 500000 Medikamentenabhängige,
- etwa 80000–100000 Opiatabhängige.

Die Zahl der Cannabis-Abhängigen wagt niemand genau zu schätzen, da bei diesem Drogentyp noch schwerer als bei anderen zwischen Konsum, Mißbrauch und Abhängigkeit zu unterscheiden ist.

Der Anteil der Jugendlichen wird
- beim Alkoholismus auf etwa 150000
- bei der Opiatabhängigkeit auf etwa 60000

geschätzt. Die Schätzungen zum Medikamentenmißbrauch Jugendlicher gehen weit auseinander, es scheint, als sei der Griff in die elterlichen ‚Pillenschränke' geradezu ein Alltagsverhalten, jedoch wird Medikamentenabhängigkeit von Kindern und Jugendlichen nur selten bekannt. ... Zweifellos geht die Zahl der regelmäßigen Konsumenten von Haschisch und Marihuana in die Hunderttausende" (Heckmann 1982, 188).

(5) Alkoholismus junger Menschen:

Eine vom Bundesministerium für Jugend, Familie und Gesundheit in Auftrag gegebene empirische Untersuchung „Konsum und Mißbrauch von Alkohol, illegalen Drogen, Medikamenten und Tabakwaren durch junge Menschen" kommt zu folgenden statistischen Angaben und sozialstrukturellen Gegebenheiten (Bundesminister für Jugend, Familie und Gesundheit 1983, 18f.):

„25% aller jungen Menschen in der Bundesrepublik Deutschland nehmen regelmäßig alkoholische Getränke zu sich. 45% aller jungen Menschen trinken nie oder fast nie. Von den weiblichen Befragten ist die Hälfte abstinent, von den männlichen nur ein gutes Drittel. Umgekehrt konsumieren mehr als doppelt so viele männliche wie weibliche Befragte regelmäßig Alkohol.

Mit steigendem Alter nimmt auch der regelmäßige Alkoholkonsum zu; dies gilt für alle alkoholischen Getränke.

Schichtspezifische Trinkmuster ... sind ... nicht zu beobachten.

Die Annahme, Arbeitslosigkeit fördere Alkoholmißbrauch, wird nicht bestätigt.

39% aller Bundesdeutschen zwischen 12 und 24 Jahren rauchen, andererseits hat jeder zweite niemals geraucht.

41% der männlichen Befragten und 36% der weiblichen sind häufige Raucher.

In der Unterschicht wird signifikant häufiger geraucht als in der Oberschicht.

Durchschnittlich werden von den häufigen Rauchern 15 Zigaretten pro Tag geraucht."

(6) Verbrauch von Genußmitteln:

Zum Verbrauch bestimmter Genußmittel in der Bundesrepublik Deutschland lassen sich für 1986 folgende Angaben machen (Statistisches Jahrbuch 1987, 478):

- 117503 Mill. Zigaretten (1985: 120409 Mill.)
- 654 Mill. Zigarren (1985: 709 Mill.)

- 15765 Tonnen Feinschnitt (1985: 15308 Tonnen)
- 89411000 Hektoliter Bier (1985: 88757000 Hektoliter)
- 14229000 Hektoliter Trinkwein einschließlich Schaumwein (1985: 15608000 Hektoliter).

Umgerechnet auf potentielle Verbraucher (Personen von 15 Jahren und mehr) bedeutet das für 1984 folgendes:

- 2325 Zigaretten
- 171 Liter Bier und
- 2,79 Liter Branntwein je Verbraucher.

10.A.3 Lebensqualität und gesellschaftliche Perspektive

Ein Mißbrauch einer Droge liegt dann vor, wenn der Gebrauch dieser Droge zu Folgen führt, die andere Mitglieder der Gesellschaft mitzutragen haben, z. B. durch Pflege, Rehabilitation und Kostenübernahme. Ein Mißbrauch liegt auch dann vor, wenn die Droge zu einer Sucht wird, d. h. wenn sie ein Umweg ist, um ein anderes, normalerweise nicht erreichbares Ziel scheinbar zu ermöglichen bzw. von dessen Nicht-Erfüllung abzulenken. Die folgende Definition des Suchtbegriffes aus dem Berliner Drogenbericht ist gut geeignet:

„Sucht ist ein zwanghafter Drang, durch bestimmte Reize oder Reaktionen Lustgefühle oder -zustände herbeizuführen. Sucht stellt einen Versuch dar, Bedürfnisse unmittelbar und unter Umgehung der Verhaltensweisen zu befriedigen, die natürlicherweise zu ihrer Befriedigung führen. Der Zwang, unter dem der Süchtige steht, ist mit einem Mangel an Selbstkontrolle gleichzusetzen. Ziel des Suchtverhaltens und des Lustzustandes ist der Aufbau einer Scheinwelt im Sinne einer Realitätsflucht. Die Wege, die der Süchtige dabei geht, sind unterschiedlich" (Senator für Schulwesen, Jugend und Sport 1983, 6).

Auf Anregung der Kommission der Weltgesundheitsorganisation (WHO) 1964 zur Vereinheitlichung des Sprachgebrauchs auf dem Suchtgebiet wird bei der Drogenabhängigkeit zwischen physischer und psychischer Abhängigkeit unterschieden.

„Eine psychische Abhängigkeit liegt dann vor, wenn durch die Einnahme der Drogen Zufriedenheit und ein stärkeres psychisches Bedürfnis nach weiterem oder dauerndem Genuß der Drogen entsteht, d. h. wenn eine Art psychischer Zwang zur Wiederholung feststellbar ist. Von physischer Abhängigkeit wird nach dieser Definition dann gesprochen, wenn nach mehrfachem Konsum einer

Droge eine körperliche Toleranz gegenüber ihrer Wirkung besteht, die zu einer Dosissteigerung führt und beim Absetzen Entzugssymptome hervorruft" (ebd.)

Der Mißbrauch von Drogen berührt drei Elemente der Lebensqualität und den Punkt der gesellschaftlichen Kosten.

1. *Physische Gesundheit:* Ein übermäßiger regelmäßiger Gebrauch von Drogen führt in den meisten Fällen zu einer Beeinträchtigung der physischen Gesundheit bis hin zur physischen Zerstörung.
2. *Psychische Gesundheit:* Der Mißbrauch von Drogen führt zu einer Beeinträchtigung der psychischen Gesundheit. Das widerspricht dem Prinzip der Menschenwürde und dem seelischen und geistigen Wohlbefinden.
3. *Interpersonelle Schwierigkeiten:* Die allmähliche Zerstörung der Gesundheit eines Drogenabhängigen führt zu interpersonellen Schwierigkeiten mit Familienmitgliedern, Freunden, Nachbarn und Arbeitskollegen, denn diese vermeiden allmählich den Umgang mit ihm/ihr und vergrößern daher oft noch die möglichen seelischen Ursachen, die zur Drogenabhängigkeit geführt haben.
4. Die gesellschaftlichen Maßnahmen zur Eindämmung des Drogenmißbrauchs (Polizei, Justiz) und zur Therapie und Rehabilitation der Drogenabhängigen führen zu erheblichen *gesellschaftlichen Kosten.*

Einige Einflußfaktoren legen es nahe, daß sich der Drogengebrauch eher verstärken wird.

1. Die internationale Integration von Handel, Tourismus und schnellen Verkehrsverbindungen wird es noch mehr erleichtern, Drogen illegal zu exportieren. Solange man nicht in der Lage ist, die Anbaugebiete bestimmter Drogen zu zerstören, wird der Drogenhandel weiterhin als lukratives Geschäft blühen.
2. Die sozialen und persönlichen Probleme vieler Bürger werden zunehmen: Arbeitslosigkeit, soziale Isolation, gesellschaftliche Ungleichheiten und globale Probleme des Überlebens (vgl. 8. Kapitel).
3. Aufgrund der Wahlmechanismen in der parlamentarischen Demokratie neigen die Politiker zu kurzfristigem Handeln: Es wird lieber eine (nachträglich teure) Nachsorge (Therapie, Rehabilitation, Justiz, Polizei) bewilligt, als eine kurzfristige Vorsorgestrategie als Zukunftsinvestitionsprogramm eingeleitet.
4. Aufgrund jahrhundertelanger Tradition werden einige Drogen weiterhin als gesellschaftlich legal sanktioniert. Dazu gehört insbesondere der Alkohol.

Fazit: Alle diese vier Einflußfaktoren wie Drogenhandel, soziale Probleme, politisches Entscheidungshandeln und Traditionsverhalten werden weiterhin für Schlagzeilen sorgen: Drogenabhängigkeit wird ein gesellschaftliches Problemfeld bleiben.

10.B Soziale Bewegungen

10.B.1 Drogen-Selbsthilfe-Bewegung

In der Bundesrepublik Deutschland einschließlich Berlin (West) gibt es im gesellschaftlichen Problemfeld Drogen eine Vielzahl unterschiedlicher Therapieeinrichtungen. Die Spannbreite dieser Drogenselbsthilfebewegung reicht von professionellen Therapieeinrichtungen über therapeutische Selbsthilfegruppen und Drogenberatungsstellen bis hin zu Elternselbsthilfegruppen (vgl. Stattbuch 3 1984, 154–166). Bekannte Namen solcher Therapieeinrichtungen und Selbsthilfegruppen sind u. a. Daytop, Tannenhof, Drogen-Info, Release e. V., Synanon-International e. V., Wrieze-Haus, Elternkreise drogenabhängiger Jugendlicher (eKB) e. V. usw. Am Beispiel der Selbstdarstellungen von drei Drogenselbsthilfegruppen werden die Spielregeln für die Aufnahme und das Wohnen in deutschen Einrichtungen charakterisiert.

Im Drogen-Info, der Zeitschrift einer Selbsthilfegruppe ehemaliger Junkies, gibt es Grundregeln für alle Hausbewohner und eine 8-Wochen-Regel:

„Grundregel für alle Hausbewohner

1. KEINE DROGEN

Darunter fällt alles, was in irgendeiner Weise anturnt, Alkohol genauso wie Tabletten, harte Drogen, Haschisch, Trips; Aromastoff und Alkohol in Speisen sind auch out.

2. KEINE GEWALT

auch nicht die Androhung davon.

3. OFFENHEIT UND EHRLICHKEIT

ist der wichtigste Grundsatz bei uns, der die Basis eines Zusammenlebens nur ermöglicht, wenn sich jeder daran hält.

Wer gegen eine dieser Regeln verstößt, kann sofort packen.

Die 8-Wochen-Regel

1. Nicht alleine raus (auch nicht zum Müllkasten).
2. Den Telefonhörer nicht abnehmen, keine Telefonate annehmen oder ausführen.

3. Die Haustür nicht alleine öffnen (nur wenn Leute, die länger da sind, mit raus gehen).
4. Keine persönlichen Briefe schreiben, Fremdpost nicht entgegennehmen oder öffnen.
5. Keinerlei Kontakte zu Eltern, Freunden von früher, alten Beziehungen (absolute Kontaktsperre) – außer zu Leuten, die hier im Haus verkehren.
6. Kein Geld anfassen (damit ist jeder Pfennig, auch ausländisches Geld gemeint).
7. Keine Diskothekenbesuche, Konzertbesuche oder Teilnahme an öffentlichen Veranstaltungen.
8. Du mußt jeden Abend Tagebuch schreiben.
9. Du kannst erst nach 4 Wochen Anträge stellen.
10. Du mußt Küchendienst übernehmen.
11. Keine Musik im Zimmer.
12. Innerhalb der festgelegten Zeit sollst Du Dein Zimmer einrichten.
13. Keine sexuellen Beziehungen innerhalb oder außerhalb der Gruppe.

Aus den ‚8-Wochen' kommst Du nur nach einem gut begründeten Antrag vor der Gruppe raus, nie automatisch; aber den Antrag kannst Du erst stellen, wenn die ersten acht Wochen vergangen sind.

In der darauffolgenden Zeit werden einige Regeln gelockert, je länger man hier ist, um so mehr Freiräume kommen in Frage. Man soll langsam lernen, selbst zu entscheiden, was man sich zutraut oder nicht" (Drogen-Info, 7f.).

Ähnlich lauten die Kardinalregeln für den Aufenthalt in einem Daytop-Haus: Verbot der Suchtmittel, Verbot jeder körperlichen Gewalt und Verbot jeglicher sexueller Beziehungen innerhalb der Gemeinschaft. Das Ziel dieser therapeutischen Gemeinschaft ist:

„Die Abgeschlossenheit der ersten drei Monate, in denen nur Brief- und später Telefonkontakt möglich ist, soll die Patienten dazu bringen, sich einmal nur mit sich, der Sucht und den Mitgliedern der Gruppe auseinanderzusetzen. Für viele bedeutet ein solcher Verlust ‚relativer Freiheit' einen schweren Einschnitt in ihr bisheriges Leben. Es wird ihnen hier erstmals bewußt, wie unfrei, nämlich Suchtmittel-abhängig sie bisher waren und daß sie nun die Möglichkeit erhalten, *innere Freiheit* zu entwickeln" (Daytop Magazin, 15).

Bei Daytop arbeiten Therapeuten mit Ex-Usern zusammen, die als positive Orientierungspersonen wirken, denn sie haben es geschafft. Ebenso wie Daytop (Abkürzung für drug addicted youth treated on probation) hat auch Synanon sein Vorbild in den USA.

Synanon gibt es seit 1971 in Berlin-West. Auch hier gelten zwei Regeln: 1. Keine Drogen und 2. keine Gewalt. Die Synanon-Philosophie beruht auf der Erkenntnis, daß jemand nur lernt, wenn er es wirklich will und wenn er durch Arbeit sich selbst verwirklicht.

„Ein Mensch ist entspannt und zufrieden, wenn er mit ganzem Herzen bei der Arbeit war und sein bestes gegeben hat; was er anderes gesagt und getan hat, wird ihm keinen Frieden lassen. Solange er sich bewußt akzeptiert, wird er weiter wachsen und seine Möglichkeiten entwickeln. Solange er sich nicht selbst akzeptiert, wird ein Großteil seiner Kraft eher dazu gebraucht werden, sich zu verteidigen anstatt sich zu erforschen und sich selbst zu verwirklichen" (Synanon 1981, 59).

Bei Synanon leben und arbeiten zwischen 65 und 70 Menschen zusammen. Synanon hat

„zwei Häuser, viele Tiere, eine Druckerei, mehrere LKW's, um Transporte zu machen, eine Tischlerei, einen Garten, Paare und einzelne Leute, Familien, Grupenschlafräume, Einzelschlafräume und Schlafräume für Paare. Gemeinsames Essen, eine Backstube, Taschengeld, eine Töpferei, ein Büro, eine gemeinsame Kasse, gemeinsame Kindererziehung, selbstgebackenes Brot, das Synanon-Spiel, Bewegungstraining, viele Möglichkeiten zu künstlerischer und handwerklicher Arbeit, Regeln, die eingehalten werden, und Gästezimmer."

Bei Synanon gibt es nicht

„Fernsehen, Zucker und weißes Mehl, Drogen, Alkohol, Tabletten, Autofahrer, die über 100 km/h fahren, Privateigentum, Patienten, Therapeuten, Prügel, Spraydosen, Insektizide, chemischen Dünger, Gehälter, Tabak."

Synanon

„ist kein Therapieschuppen, keine Sekte, sondern:
eine Lebensgemeinschaft, eine Alternative zur Kleinfamilie, ein Platz, um dem Knast zu entgehen, eine Möglichkeit, bewußter zu leben, ein Unterschlupf, wenn man nicht mehr weiter weiß, ein Haufen Leute, die sich bemühen, nett miteinander zu sein und sich im Synanon-Spiel anschreien – und alles andere, was Synanon für jeden einzelnen bedeutet" (ebd., 98).

Es ist schwer, ein- und abzuschätzen, inwieweit alle diese Gruppen der Drogenselbsthilfebewegung erfolgreich sind. Es gibt keine gesicherten Zahlen über Erfolge und Rückfälle. Experten schätzen die Erfolgsquote auf 35%.

10.B.2 Anti-Alkoholiker-Bewegung

Auf einer ähnlichen Ebene wie die Drogen-Selbsthilfe-Gruppen, aber mit einer längeren Tradition, befindet sich die Anti-Alkoholiker-Bewegung. Bereits im vorigen Jahrhundert sind in den Vereinigten Staaten verschiedene Gruppen entstanden, z.B. 1851 die Guttempler (vgl. Grohall 1982, 54). Neben den Vereinen „Blaues Kreuz in Deutschland e. V.“, „Blaues Kreuz in der evangelischen Kirche e. V.“ , „Kreuzbund“ und den anderen kleineren Vereinen (vgl. ebd., 56–61) sind insbesondere die „Anonymen Alkoholiker“ (AA) bekannt geworden, die 1935 in den USA von zwei ehemaligen Alkoholikern gegründet wurden. Der eine war ein New Yorker Börsenmakler, der andere ein Chirurg aus Ohio. In einer Selbstdarstellung der „Anonymen Alkoholiker“ (1983) heißt es:

„Anonyme Alkoholiker sind eine Gemeinschaft von Männern und Frauen, die miteinander Erfahrung, Kraft und Hoffnung teilen, um ihr gemeinsames Problem zu lösen und anderen zur Genesung von Alkoholismus zu verhelfen.

Die einzige Voraussetzung für die Zugehörigkeit ist der Wunsch, mit dem Trinken aufzuhören.

Die Gemeinschaft kennt keine Mitgliedsbeiträge oder Gebühren; sie erhält sich durch eigene Spenden.

Die Gemeinschaft AA ist mit keiner Sekte, Konfession, Partei, Organisation oder Institution verbunden; sie will sich weder an öffentlichen Debatten beteiligen, noch zu irgendwelchen Streitfragen Stellung nehmen.

Unser Hauptzweck ist, nüchtern zu bleiben und anderen Alkoholikern zur Nüchternheit zu verhelfen.

Der Definition nach sind die AA eine Gemeinschaft, die nur Alkoholikern offensteht. Wir bestimmen nicht, ob jemand Alkoholiker ist. Wenn jemand ein Trinkproblem hat, kann er jederzeit zu uns kommen, um sich darüber auszusprechen. Er selbst mag dann bestimmen, ob auch er ein Alkoholiker ist (beachte: das hängt nicht von der Menge Alkohol ab, die jemand zuweilen oder oft zu sich nimmt!). Aus eigener Erfahrung wissen wir, wie schwer es ist, zur Erkenntnis zu gelangen, Alkoholiker zu sein. Wenn Sie zweifeln und sich Sorgen über Ihr Trinken machen, wenn Sie jemals auch nur in Gedanken den Wunsch gehegt haben, Ihnen möge in dieser Hinsicht geholfen werden, dann kommen Sie auf alle Fälle doch einmal zu uns zum Gespräch.“

Ihre Unabhängigkeit bewahren sich die Anonymen Alkoholiker, indem sie von niemandem außerhalb der AA Geld annehmen. Die AA-Tätigkeit sollte immer ehrenamtlich bleiben. Gegenseitiges Vertrauen und Hilfe untereinander sind die Grundprinzipien der Anonymen Alkoholiker.

10.C Analytische Erklärungskonzepte

Es gibt noch keinen Konsens über Ursachen und Verlauf von Drogenabhängigkeit. Trotz des Theoriedefizits in diesem gesellschaftlichen Problemfeld lassen sich jedoch einige gesellschaftliche Zusammenhänge und Voraussetzungen für den Drogenkonsum skizzieren.

10.C.1 Lern-Umwelt-Modell

Außer den allgemeinen gesellschaftlichen Ursachen von sich verschlechternden Lebensbedingungen infolge ökonomischer Krisen, der Doppelmoral von Produktion, Vertrieb und Konsum legaler und illegaler Drogen und neben dem allgemeinen Prozeß von Ausgrenzung und Stigmatisierung abweichenden Verhaltens lassen sich für den Drogenkonsum spezifische Voraussetzungen nennen:

„– wichtigste Voraussetzung ist Angebot an Drogen, d. h. es muß ein subjektives oder objektives Interesse dafür vorliegen, daß Drogen konsumiert werden und ein Markt entsteht;
- dadurch ist für den potentiellen Konsumenten die Möglichkeit zu Konsum gegeben, der Stoff ist erreichbar; niemand entschließt sich selbständig, Drogen zu erwerben, sondern reagiert auf ein Angebot;
- für den Erstkonsum muß ein Vorbild zur Verfügung stehen, das den Konsum anregen kann und als Mittel für die Vermittlung von Kenntnissen und Fertigkeiten, die für den Drogengebrauch notwendig sind, dient;
- das Lernmodell muß dem Drogenkonsum eine positive Perspektive bieten – entweder dadurch, daß der Erstkonsument durch seinen Konsum dem Modell ähnlich wird, oder dadurch, daß das Modell glaubwürdig ist, wenn es positive Wirkungen des Konsums verspricht;
- der Konsum selbst muß leisten, daß eine positive Gefühlslage erzeugt wird oder daß negative Emotionen zumindest für den Zeitraum des Konsums an Bedeutung verlieren; tritt dies ein, so wird jede Situation, in der positive Emotionen gewünscht oder negativen Emotionen entgangen werden soll, zu erneutem Konsum anregen. Diese Voraussetzungen müssen vollständig erfüllt sein, um einem gefährdeten Jugendlichen Drogenkonsum als Verhaltensmöglichkeit erscheinen zu lassen. Ohne Verfügbarkeit von Drogen, ohne Lernmodell (sei es in der Realität, sei es in der Scheinwelt der Popidole), ohne erwünschte Wirkung einer Droge gibt es keinen Drogenkonsum“ (Heckmann 1983, 106).

Zu den spezifischen Voraussetzungen kommen noch die Zusammenhänge des Lebensalters einer bestimmten sozialen Gruppe. Das Haupteinstiegsalter für den Konsum illegaler Drogen liegt etwa beim 16. Lebensjahr, also der Zeit der allmählichen Ablösung von zwei relativ sicheren sozialen Zusammenhängen, der Familie und der Schule. Das führt allmählich zu dem Übergang in die peer group, also dem Austausch von Erfahrungen und Meinungen mit Gleichaltrigen oder wenig Älteren. Sie werden als Orientierung wichtiger als die Eltern und Lehrer.

10.C.2 Sozialstruktureller Faktorenansatz

Während das Lern-Umwelt-Modell eher von sozialpsychologischen Einflußfaktoren ausgeht, betont der sozialstrukturelle Faktorenansatz das Zusammenspiel eher sozialökonomischer Faktoren. Nach Lauer sind insbesondere vier Einflußfaktoren für den Drogenkonsum wichtig (vgl. Lauer 1982, 123–127):

1. Im Sinne der Theorie der differentiellen Assoziation nach Sutherland können diejenigen Gruppennormen für die eigene Sozialisation wichtig sein, in die man hinein- und in denen man aufwächst. Wenn also jemand in eine Gruppe integriert wird, in der der Gebrauch von Drogen bejaht wird, dann ist das ein starker Einflußfaktor für den möglichen Gebrauch illegaler Drogen.
2. Rollenübernahme, Rollenprobleme und Rollenkonflikte können zu einem Ausweichen auf Drogen führen, um die mit der Ausübung der Rolle auf einen zukommende Belastung (Stress) zu ertragen. Auch ein unerwünschter Rollenwechsel kann zu diesem Verhalten führen, z. B. der plötzliche Tod eines Ehepartners oder der Arbeitsplatzverlust. Der auf einen solchen Verlust folgende Schmerzprozeß kann durch den Zugriff auf Drogen ertragen werden.
3. Ein dritter sozialstruktureller Faktor besteht in eigenen familiären Erfahrungen. Der Drogenmißbrauch in der eigenen Familie, ein negatives Vorbild, und zerrüttete bis hin zu zerstörten Familienverhältnissen sind ein wichtiger Einflußfaktor. Eine Entfremdung zwischen den Kindern/Jugendlichen und ihren Eltern ist ein möglicher Nährboden für den Drogenmißbrauch. Es fehlt die bekannte Nestwärme.
4. Als vierter und letzter sozialstruktureller Einflußfaktor in diesem Ansatz spielt die Drogenpolitik der Regierung eine Rolle. Es ist nämlich die Frage, welche Droge machtpolitisch als illegal definiert wird oder nicht. So sind Zigaretten und Alkohol in der Bundesrepu-

blik Deutschland zugelassene legale Drogen, dagegen sind andere Drogen wie Heroin, Marihuana, Kokain usw. verboten.

Fazit: Ähnlich wie beim Lern-Umwelt-Modell gibt es beim sozialstrukturellen Erklärungsansatz stets mehrere Einflußfaktoren, um den Drogenkonsum zu erklären. Nur ein komplexer Theorieansatz im Sinne des Zusammenspiels mehrerer Ursachen führt zu Einsichten, um daraus gesellschaftspolitische Alternativen für ein konkretes sozialpädagogisches Handeln abzuleiten.

Weiterführende Literatur

Behr, Hans-Georg: Weltmacht Droge. Das Geschäft mit der Sucht. Düsseldorf 1984.

Behr, Hans-Georg u. a.: Drogenpolitik in der Bundesrepublik. Reinbek bei Hamburg 1985

Lettieri, Dan J./Welz, Rainer (Hrsg.): Drogenabhängigkeit – Ursachen und Verlaufsformen. Ein Handbuch. Weinheim/Basel 1983

Schmerl, Christiane: Drogenabhängigkeit. Kritische Analyse psychologischer und soziologischer Erklärungsansätze. Opladen/Wiesbaden 1984

11. Kapitel: Mehrheit versus Minderheit – ethnische Ungleichheit

Das Thema Ethnizität, d.h. das Bewußtsein eigener soziokultureller Werte von (einer) Minderheit(en) im Vergleich zur Mehrheit der Bevölkerung, ist in den letzten zwei Jahrzehnten zu einem neuen gesellschaftlichen Problem geworden. Dabei wird leicht vergessen, daß es bereits früher im deutschen Sprachraum zahlreiche Wanderungen und damit ethnische Minoritäten gab. So hat die Ost-West-Wanderung im Deutschen Reich vor dem 1. Weltkrieg Zehntausende polnisch sprechende Bürger aus den Ostprovinzen in Richtung Berlin und ins Ruhrgebiet gebracht. Die schwer auszusprechenden Namen auf -insky, -ovski, -ak usw. deuten auf einen hohen Anteil polnischer Einwanderer in den aufstrebenden Industriestädten. Noch heute gibt es polnische Kulturvereine im Ruhrgebiet (vgl. Kleßmann 1978).

Ein noch weitergehender historischer Rückblick zeigt, daß z.B. während des 17. und 18. Jahrhunderts zahlreiche Flüchtlinge aus Frankreich (Hugenotten), aus Wien (Juden) und aus Italien (Protestanten aus Piemont) nach Preußen gekommen sind und als Flüchtlinge tatkräftig den Aufbau und die wirtschaftliche Entwicklung dieses Staates beschleunigt haben (vgl. Engelmann 1984).

11.A Gesellschaftliches Problemfeld Ethnizität

11.A.1 Ethnizität als soziale Problembewegung

In der Wiederaufbauphase nach 1945 erreichte die Bundesrepublik Ende der 50er Jahre den Stand der Vollbeschäftigung. Die Gründung der europäischen Wirtschaftsgemeinschaft (EWG) 1957 (Römische Verträge) führte zu erweiterten Märkten für die bundesdeutsche Wirtschaft und – verbunden mit den sonstigen Exporten in andere Länder der Welt – zu einem zusätzlichen Bedarf an Arbeitskräften. Bis zum Bau der Berliner Mauer 1961 konnte dieser Bedarf durch die Flüchtlinge aus der DDR gedeckt werden. Danach stiegen die Zahlen der angeworbenen „Gastarbeiter" aus den europäischen Mittelmeerländern rapide: Italiener, Spanier, Jugoslawen, Griechen und Türken. Der millionste „Gastarbeiter" – ein Portugiese – wurde freudig mit einem Motorrad als Geschenk begrüßt.

Um den von den Nationalsozialisten durch die Versklavung von Hunderttausenden von europäischen Arbeitern in Mißkredit gebrachten Begriff „Fremdarbeiter" zu vermeiden, wurde der fatale Terminus „Gastarbeiter" geprägt – normalerweise arbeiten Gäste nicht. In den 60er Jahren waren die „Gastarbeiter" oder besser die ausländischen Arbeitnehmer kein soziales Problem in der Bundesrepublik Deutschland.

Erst als die Gastarbeiter – in gutem christlichen Sinne – ihre Familien nachkommen ließen, entstand eine zunehmende Nachfrage im Infrastruktursektor: Ausländische Kinder gingen in die Kindergärten, in die Schulen, auf die Spielplätze, Gastarbeiterfamilien brauchten größeren Wohnraum und nahmen auch die sozialen Dienste in Anspruch. Diese Nachfrage wurde im Rahmen der Konkurrenz mit den Deutschen, insbesondere mit den um die gleichen Plätze und Wohnungen konkurrierenden deutschen Arbeitern, allmählich als eine Belastung empfunden. Aufgrund des Ausweichverhaltens vor allem der deutschen Mittelschicht, die in andere, „bessere" Stadtviertel zog, entstanden nach und nach die ethnischen Ghettos, besonders von türkischen Bürgern. Diese Ghetto-Bildung wird soziologisch als soziale Segregation bezeichnet, d. h. als die sozialräumliche Absonderung einer bestimmten Minderheit der Gesellschaft.

Dieser in den 70er Jahren stattfindende Prozeß der Ghettobildung führte zu Beginn der 80er Jahre zu den „besorgten" Fragen eines Teiles der Politiker und eines Teiles der Massenmedien, ob nicht in der Bundesrepublik Deutschland eine Ausländerfeindlichkeit existiere. Plötzlich wurde Ethnizität zu einem gesellschaftlichen Problemfeld. Ausgelöst wurde dieser Prozeß einerseits durch die Kampagne „Ausländer raus" von Rechtsradikalen und andererseits durch die Forderung nach Gleichbehandlung der Ausländer in der Bundesrepublik von seiten der Interessengruppen dieser ethnischen Minderheiten. Das Bewußtsein, eine eigene Ethnizität zu haben oder Ausländer zu sein, wurde durch Interessengruppen als soziale Problembewegung initiiert (vgl. auch Spaich 1981, 209ff.).

Während in den 60er Jahren die Italiener durch die Mehrheit der Bevölkerung stigmatisiert worden sind, waren es in den 70er Jahren die Türken, die auf der untersten sozialen Stufenleiter standen, und sind es in den 80er Jahren die Asylanten aus der Dritten Welt, z.B. Pakistanis und Tamilen. Diese soziale Problembewegung der Stigmatisierung der Ausländer mündet heute in solche politischen Kampagnen wie „Verhinderung der Ausländerfeindlichkeit“, „Rückkehrbereitschaft der Ausländer fordern“, „Integration der Ausländer in unsere Gesellschaft“ und „Soziale Mischung der Stadtviertel“.

A priori gibt es in einer Gesellschaft kein Minderheitenproblem. Es gibt nur ein Problem der Mehrheit in bezug auf die Minderheit, denn die Mehrheit hat die gesellschaftspolitische Macht, aufgrund bestimmter Zuschreibung (labeling approach) eine bestimmte Bevölkerungsgruppe als Ausländer zu stigmatisieren. Warum sind nicht die Katholiken oder die Protestanten eine soziale Minderheit in der Bundesrepublik Deutschland?

Um die eigenen sozialökonomischen Vorteile vieler Deutscher zu bewahren, ist es leichter, die Ausländer als Buhmänner zu etikettieren. Solch eine Diskriminierung lenkt von eigenen wirtschaftlichen und sozialen Problemen innerhalb der deutschen Bevölkerung ab.

Schon einmal wurde durch solch einen Stigmatisierungsprozeß eine Minderheit, nämlich die deutschen Juden, von den Nationalsozialisten ausgerottet (Genozid).

Fazit: Anstelle der Befürwortung der soziokulturellen Vorteile einer polyethnischen Gesellschaft in einem multinationalen Europa wird von konservativen Bevölkerungskreisen eine soziale Problembewegung gefördert, Ethnizität als etwas Negatives ins Abseits zu drängen.

11.A.2 Indikatoren ethnischer Ungleichheit

Bei dem Versuch, ethnische Ungleichheit als Verhältnis von Mehrheit versus Minderheit zu quantifizieren, geht es darum, den ethnischen oder Ausländeranteil an der bundesdeutschen Gesamtbevölkerung unter verschiedenen Gesichtspunkten zu untersuchen.

(1) Ausländeranteil und Modellrechnung bis zum Jahre 2000:

Zunächst geht es um eine Übersicht der Ausländer nach den Herkunftsländern (Statistische Jahrbücher 1985, 69 und 1987, 68):

Ausländer	1982	1986
aus der Türkei	1580700	1434300
aus Jugoslawien	631700	591200
aus Italien	606600	537100

Ausländer	1982	1986
aus Griechenland	300800	278500
aus Österreich	175000	174600
aus Spanien	173500	150500
aus den Niederlanden	109000	109000
aus Portugal	106000	78200

In bezug auf die Entwicklung der Ausländerzahl bis zum Jahre 2000 sind drei verschiedene Modellrechnungen vorgenommen worden. Ihre verschiedenen Ergebnisse hängen jeweils von der Höhe des Wanderungssaldos (Zuzug bzw. Fortzug von Ausländern) und von einer in den nächsten Jahren noch höheren Geburtenrate bzw. Nettoreproduktionsrate unter den Ausländern als unter den Deutschen ab. Ausgangspunkt ist eine ausländische Bevölkerung von 4721000 am 1. Januar 1982. Diese Modellrechnungen ergeben folgendes Bild (Schwarz/Höhn 1985, 97):

Modell	Wanderungszunahme pro Jahr	Zahl der Ausländer im Jahre 2000
A	keine Wanderung	5601000
B	Zuwanderungsüberschuß 20000	6027000
C	Zuwanderungsüberschuß 50000	7003000

(2) Aufenthaltsdauer der Ausländer:

Eine Aufschlüsselung der Ausländer nach ihrer Aufenthaltsdauer ergibt 1984 folgendes statistisches Bild (Statistische Jahrbücher 1986, 68 und 1987, 68):

	1985	1986
Aufenthalt von unter einem Jahr:	4,8%	5,6%
Aufenthalt von ein- bis unter 4 Jahren:	9,9%	10,5%
Aufenthalt von 4 bis unter 6 Jahren:	10,3%	7,4%
Aufenthalt von 6 bis unter 8 Jahren:	9,1%	10,0%
Aufenthalt von 8 bis unter 10 Jahren:	7,1%	7,3%
Aufenthalt von 10 bis unter 15 Jahren:	26,1%	22,4%
Aufenthalt von 15 bis unter 20 Jahren:	20,8%	23,6%
Aufenthalt von 20 und mehr Jahren:	12,0%	13,2%

Die Aufenthalsdauer nimmt zu: 58,9% aller Ausländer halten sich bereits mindestens 10 Jahre in der Bundesrepublik auf.

(3) Asylbewerber:

Ein kontroverser Diskussionspunkt ist in der bundesrepublikanischen Gesellschaft die Zahl und die Herkunft der Asylanten. Die Entwicklung der Zahl der Asylbewerber insgesamt und nach Herkunftsregionen nach der Statistik (Statistisches Jahrbuch 1987, 69):

Entwicklung insgesamt:

1980:	107881
1981:	49391
1982:	37432
1983:	19737
1984:	35278
1985:	73832
1986:	99650

Herkunftsregionen:

	1984	1985
Westeuropa und Türkei	4193	7530
Osteuropa einschl. Albanien und Jugoslawien	7360	10644
Amerika und Australien	86	97
Asien	16849	44298
Afrika	5868	8093
Staatenlose u. a.	922	3170

Asylanten aus der Dritten Welt stellen knapp 70,95% aller Asylbewerber.

(4) Beschäftigte ausländische Arbeitnehmer:

In der Bundesrepublik Deutschland waren am 30.6.1986 1591547 ausländische Arbeitnehmer, davon 487960 weibliche, beschäftigt.

Eine Aufschlüsselung nach Herkunftsländern ergibt folgendes Bild (Statistisches Jahrbuch 1987, 110):

aus Ländern der Europäischen Gemeinschaft:	508680
davon aus Griechenland:	101592
davon aus Großbritannien und Nordirland:	31401
davon aus Italien:	193390
davon aus den Niederlanden:	28578
davon aus Portugal:	35124
davon aus Spanien:	65936

übrige europäische Länder:	943 206
davon aus Jugoslawien:	294 807
davon aus Österreich:	81 478
davon aus der Türkei:	513 077
Afrika:	33 693
davon aus Marokko:	14 780
Amerika:	27 727
davon aus den Vereinigten Staaten:	19 367
Asien:	54 694
Australien und Ozeanien:	1 891
Staatenlos/ungeklärte Staatsangehörigkeit:	21 656

Die Herkunftsländer mit dem größten Anteil sind in der Reihenfolge: Türkei, Jugoslawien, Italien, Griechenland, Österreich und Spanien.

(5) Arbeitslosigkeit:

Im Vergleich zur Arbeitslosenquote der Deutschen von 7,7% lag sie bei den Ausländern 1986 bei 14,4% (Statistisches Jahrbuch 1987, 99). Der Ausländeranteil an allen Erwerbspersonen beträgt 8,4%.

(6) Ausländerdichte in bundesdeutschen Großstädten:

Von den ca. 4,4 Millionen Ausländern, die sich 1984 in der Bundesrepublik aufhielten, lebte jeder zweite in einer Großstadt mit mehr als 100 000 Einwohnern. In absoluten Zahlen ausgedrückt ergibt sich folgende Reihenfolge der Großstädte mit den meisten Ausländern:

Berlin (West):	240 300
München:	209 500
Hamburg:	168 600
Frankfurt:	145 000
Köln:	139 200

Wenn diese absoluten Zahlen jedoch auf die Gesamteinwohnerzahl einer Stadt umgerechnet werden, so ergibt sich eine andere Reihenfolge. Bezogen auf 1000 Einwohner sind die zehn Städte mit der größten Ausländerdichte:

Frankfurt:	240
Offenbach:	205
Stuttgart:	175
München:	164

Mannheim:	151
Düsseldorf:	150
Köln:	149
Ludwigshafen:	137
Remscheid:	132
Berlin (West):	130

(Wirtschaft und Statistik 3/1985)

11.A.3 Lebensqualität und gesellschaftliche Perspektive

Ethnische Ungleichheit verstößt gegen den verfassungsrechtlichen Grundsatz der Gleichbehandlung *aller* Bürger in der BRD, gegen die Menschenwürde als freie Entfaltung der Persönlichkeit und gegen den Anspruch auf eine Integration der europäischen Länder, die nur als multi-ethnisches Europa vorstellbar ist. Multiethnizität endet aber anscheinend an den euro-regionalen Ländergrenzen.

Für zukünftige Wanderungsprozesse in Europa ist folgendes festzuhalten:

1. Das Nord-Süd-Gefälle wird fortdauern. Der EG-Beitritt Spaniens und Portugals 1986 und das Drängen der Türkei auf den freien Zugang türkischer Arbeitskräfte in die Europäische Gemeinschaft wird den Zustrom aus den armen Regionen der Mittelmeerländer (Algarve, Andalusien, Anatolien usw.) in die Industriezonen der EG verstärken.

2. Das Europa der Zwölf (EG) ist heute bereits ein multinationales und polyethnisches Gebilde. Zunehmende Vergesellschaftung aller Lebensbereiche erhöht die Mobilität: Bürger einer europäischen Region/eines Landes arbeiten in einer anderen Region/Land oder verbringen dort ihren Urlaub und ihre Freizeit (Zweiter Wohnsitz).

3. Der Druck aus der Dritten Welt wächst. Das Asylantenproblem ist im Prinzip ein Problem der Ersten und Zweiten Welt (westliche und östliche Industrieländer) in bezug auf die Ausbeutung der Dritten Welt. Die Flüchtlinge sind die Kehrseite der Medaille des Wohlstandsgefälles und der Ausbeutung auf unserer Erde.

Trotz aller gegenteiligen Erwartungen wird aus folgenden sozialökonomischen Gründen die Zahl der Gastarbeiter kaum geringer werden:

1. Die zweite Generation, teilweise Wanderer zwischen zwei Kulturen, weigert sich, in die Heimat zurückzukehren. Diese Jugendlichen sind lieber schlecht in die deutsche Gesellschaft integriert, als daß sie eine Randgruppe in ihrer Heimatgesellschaft werden möchten. Vor allem

bei der zweiten Generation der Türken zeigt sich dieser ständige persönlich-familiäre Konflikt.

2. Aufgrund des Geburtenrückgangs wird es spätestens in den 90er Jahren zu einem Arbeitskräftemangel in bestimmten industriellen und einfachen Dienstleistungssektoren kommen. Die Nachfrage nach den zur Zeit wenig erwünschten „Gastarbeitern" wird wieder steigen. Schmutzige und schlecht bezahlte Arbeit überläßt man gern den „Gästen".
3. Aufgrund der sozioökonomischen Integrationsprozesse in der europäischen Gemeinschaft wird es rechtlich und politisch schwieriger, diese Arbeitsmigranten auszuweisen.

Fazit: Die ethnische Perspektive in der multinationalen europäischen Gemeinschaft führt zu einer polyethnischen Gesellschaft. An die Stelle der eintönigen und oft langweiligen nationalen Kultur tritt die Vielfalt soziokultureller Mischung, z. B. das heutige Angebot in der Essenskultur im Vergleich zu der Zeit vor 20 Jahren.

11.B Soziale Bewegungen

11.B.1 Bürgerrechtsbewegung

Seit der Entdeckung Amerikas ist das heutige Gebiet der Vereinigten Staaten durch Menschen aus allen europäischen Ländern besiedelt worden. Zur Zeit der Gründung der USA (1776) überwogen zwar die Einwanderer aus England, Schottland, den Niederlanden und den skandinavischen Ländern, aber um 1900 strömten auch viele Einwohner aus den südosteuropäischen Ländern in das Land. Dazu kamen noch die durch den Sklavenhandel aus Afrika herbeigeholten Schwarzen. Historisch gesehen sind die Vereinigten Staaten seit über 300 Jahren eine multiethnische Gesellschaft, aber seit der Gründungszeit dominiert die eine Gruppe, genannt WASP, White Anglo Saxon Protestants. Alle ethnisch-sozialen Bewegungen in den Vereinigten Staaten kämpfen um die Gleichberechtigung bisher benachteiligter ethnischer Gruppen im Vergleich zu dem dominierenden angelsächsischen Einfluß. Am bekanntesten ist die Bürgerrechtsbewegung (Civil Rights Movement) geworden. Ihr ging es um die ethnische Gleichheit der Schwarzen und um eine Pluralisierung oder Öffnung der multiethnischen amerikanischen Gesellschaft. Die Bewegung begann in den 50er Jahren, um die soziale, ökonomische und politische Diskriminierung aufzuheben.

Trotz der Sklavenbefreiung nach dem amerikanischen Bürgerkrieg (1865) blieben die Schwarzen auf der untersten sozialen Stufe.

Die Bürgerrechtsbewegung hatte ihre Geburt am 1. Dezember 1955, als die Schwarze Rosa Park sich weigerte, einen von ihr eingenommenen, aber nur für Weiße reservierten Sitz in einem Bus des öffentlichen Transportsystems der Stadt Montgomery in Alabama zu räumen. Sie wurde verhaftet. Ein junger schwarzer Baptistenpfarrer, Martin Luther King jr., organisierte die Schwarzen der Stadt, um die Busse zu boykottieren. Sie hielten ein Jahr durch, bis, durch eine Entscheidung des obersten Gerichtshofes unterstützt, die Stadt Montgomery das öffentliche Transportsystem integrierte, also die Segregation von Schwarzen aufhob. Dieser Erfolg ermutigte andere Schwarze, in den folgenden Jahren im Süden gegen dieses Kastensystem zu rebellieren. Es wurden Sit-ins in Restaurants, Busfahrten zwischen den verschiedenen Staaten und Märsche in vielen Städten des Südens organisiert. Berühmt wurde insbesondere die Demonstration von über 200000 Menschen in der Hauptstadt Washington mit der berühmten Rede von Martin Luther King jr. „I have a dream“ (Ich habe einen Traum).

Der Erfolg der Bürgerrechtsbewegung ist zwiespältig: einerseits Fortschritte im Bildungs- und politischen Sektor, d.h. viele junge Schwarze haben eine bessere Ausbildung bekommen, und eine Minderheit hat auch den sozialen Aufstieg in die Mittelklasse geschafft, aber die Mehrheit der Schwarzen blieb ökonomisch in der Unterschicht eingeschlossen. Die ökonomische Ungleichheit zwischen der Mehrheit der Schwarzen und der Mehrheit der Weißen hat sich nicht verringert (vgl. Parrillo 1985, 342f.).

Trotz der Teilerfolge der Bürgerrechtsbewegung hat sich der gesamte amerikanische Traum einer multiethnischen Gesellschaft (noch?) nicht erfüllt. Die amerikanische Machtelite – repräsentiert durch die WASPs – ist nicht bereit, freiwillig ihre Macht und ihren Wohlstand mit anderen Minderheiten wie den Schwarzen, den Chicanos, den Indianern und auch vielen anderen zum Beispiel katholischen europäischen Minderheiten zu teilen. Allerdings können bei guter Organisation auch Minderheiten Einfluß erlangen. Inzwischen gibt es Schwarze als gewählte Bürgermeister in Washington D.C., Cleveland, Atlanta, Philadelphia, Chicago und Los Angeles. Es ist heute leichter geworden, die tendenziell gebildeter gewordenen schwarzen Wähler in politischen Kampagnen zu mobilisieren.

11.B.2 Germanisierungsbewegung

Die Germanisierungsbewegung wird von konservativen Politikern und einem Teil der öffentlichen Meinung getragen. Durch ständige Wiederholung ihrer Argumentation und unterstützt durch finanzielle Anreize versucht sie, auf die ausländischen Mitbürger Druck auszuüben. Diese Entweder-Oder-Politik hat am klarsten bereits 1981 der damalige Regierende Bürgermeister Richard von Weizsäcker in seiner Regierungserklärung am 2. Juli 1981 vor dem Abgeordnetenhaus von Berlin formuliert:

> „Nach Auffassung des Senats müssen unsere ausländischen Mitbürger auf die Dauer zwischen zwei Möglichkeiten wählen:
> – Entweder Rückkehr in die alte Heimat; hierzu wird der Senat materielle Anreize und Hilfestellungen geben.
> – Oder Verbleib in Berlin; dies schließt die Entscheidung ein, auf die Dauer Deutscher zu werden.
> Keine Dauerlösung ist dagegen ein dritter Weg, nämlich hierzubleiben, aber nicht und nie Berliner werden zu wollen. Dies würde zu einer ständigen und wechselseitigen Isolierung der Bevölkerungsteile führen. Mehrere Städte würden in einer Stadt wachsen, und das muß fehlschlagen" (Weizsäcker 1981, 25).

Für die Eingliederung wird der schillernde Ausdruck „Integration" benutzt. In einer vom Senat finanzierten und veröffentlichten Broschüre zu „Türken in Berlin" heißt es dazu:

> „Die Integration hängt ab
> von der aufenthaltsrechtlichen Sicherheit,
> von der Chancengleichheit in Bildung und Ausbildung,
> von der Chancengleichheit in Wirtschaft und Gesellschaft,
> von der Bereitschaft, sich in die deutschen Lebensverhältnisse einzufügen,
> von der Bereitschaft, deutsch zu lernen und einen qualifizierten Beruf zu erlernen,
> von der Bereitschaft bei Türken und Deutschen, Trennendes abzubauen und sich gegenseitig zu akzeptieren" (Lundt 1985, 16).

Die Frage ist hier nach dem „sich einfügen". Im Prinzip wird hier von einer Anpassung oder Assimilation an das Deutschtum gesprochen. In der Praxis bedeutet dies für die Ausländer eine Art Zwangs-Germanisierung, d.h. die völlige Akzeptanz deutscher Normen, Sitten und Moralvorstellungen. Ein bekanntes Beispiel ist die heftige Diskussion über das Kopftuchtragen türkischer Mädchen in der Schule und türkischer Frauen allgemein in der Öffentlichkeit.

Ein weiterer Streitpunkt war jahrelang die Frage des Familiennachzuges. Einige sehr konservative Kreise wollten ihn auf das Alter bis zu sechs Jahren für Kinder beschränken. Als Kompromiß – teilweise wegen des Widerstandes der katholischen und protestantischen Kirche – kam z. B. in Berlin ein Alter von 16 Jahren heraus.

Fazit: Die Germanisierungsbewegung ist eine Entweder-Oder-Politik. Sie zwingt die Ausländer zu Alternativen, die nur aufgrund der jeweiligen Verhältnisse im Heimatland entscheidbar sind und auch von der wechselnden sozioökonomischen Situation im Gastgeberland abhängen.

11.B.3 Anti-Pogrom-Bewegung

In Anlehnung an ihre Zeitschrift „Pogrom" (russisches Wort = Hetze) soll hier die Arbeit der Gesellschaft für bedrohte Völker gewürdigt werden. Sie hat über 2500 Mitglieder, die sich aktiv oder durch passive Unterstützung für die Probleme bedrohter Minderheiten und Stammesvölker in der gesamten Welt einsetzen. In ihrem Arbeitsbericht 1984/85 wird von der Menschenrechtsorganisation für verfolgte ethnische, rassische und religiöse Minderheiten folgende Hauptaufgabe formuliert:

„Zu den Hauptaufgaben der Gesellschaft für bedrohte Völker gehört die Bekämpfung des kulturellen (Ethnozid) und physischen Völkermords (Genozid). Ein weiterer Schwerpunkt ihrer Tätigkeit, besonders der Regionalgruppen, ist der Einsatz für jene, ‚von denen keiner spricht'" (Gesellschaft für bedrohte Völker 1985, 3).

In § 2 heißt es über die Ziele des Vereins:

„Die Gesellschaft für bedrohte Völker wendet sich gegen jeden Versuch, ein Volk, seine Sicherheit, sein Leben, sein Recht auf Eigentum und Fortschritt sowie seine Identität zu zerstören. Die Gesellschaft wird Völkern, die in dieser Art bedroht sind, durch Beschaffung zuverlässiger Informationen und deren Verbreitung im deutschen Sprachgebiet, durch Initiierung und Unterstützung von humanitärer und Entwicklungshilfe sowie durch die Unterstützung bedürftiger Angehöriger im Ausland helfen. Die Gesellschaft koordiniert diese Arbeit mit den entsprechend wirkenden Organisationen im In- und Ausland" (ebd., 4).

11.C Analytische Erklärungskonzepte

11.C.1 Push-and-pull-Konzept

Das Push-and-pull-Konzept ist ein politökonomischer Ansatz zur Erklärung von Wanderungen auf der makroanalytischen Ebene. Sogenannte sich teilweise bedingende Push-and-pull-Faktoren erklären die Gründe für Wanderungen. Zu den Push-Faktoren können gehören (vgl. Bogue 1969, 753f.):

- Arbeitslosigkeit und Armut,
- politische Diskriminierung und Unterdrückung,
- Entfremdung von der eigenen Gemeinde in bezug auf Glauben, Wertvorstellungen und Normen,
- Rückzug aus der Gemeinschaft aufgrund eines Mangels an persönlichen Entwicklungsmöglichkeiten,
- Rückzug wegen Katastrophen (Flut, Feuer, Trockenheit, Erdbeben, Epidemien).

Zu den Pull-Faktoren gehören:

- bessere Arbeitsplätze,
- höhere Einkommensmöglichkeiten,
- Ausbildungsmöglichkeiten,
- bessere Umwelt- und Lebensbedingungen, z.B. Klima, Wohnen, Schulen und andere Infrastrukturmaßnahmen,
- Abhängigkeit zu anderen Verwandten und Freunden,
- kulturelle und intellektuelle Anreize.

Die Push-and-pull-Theorie erklärt das Zusammenspiel ökonomischer und politischer Gründe für Wanderungen: Der Migrant kann aus seinem Heimatland „gestoßen“ und in das Einwanderungsland „gezogen“ werden.

Das Push-and-pull-Konzept ist in der jeweiligen konkreten Wanderungssituation durch empirisch nachweisbare Gründe zu konkretisieren.

11.C.2 Split-Labor-Market-Theorie

Die von Edna Bonacich formulierte Split-Labor-Market-Theorie geht von folgenden Annahmen aus (vgl. Bonacich 1972):

- Die Einwanderer kommen aus ärmeren Ländern und sind bereit, ihre Arbeitskraft relativ billig zu verkaufen.
- Die Migranten haben aus Unkenntnis schlechtere Arbeitsverträge.
- Die Wanderer und Immigranten sind schlecht oder gar nicht organisiert.
- Die „Gastarbeiter" akzeptieren auch unerwünschte Arbeit und vermeiden Arbeitskämpfe.

In der Split-Labor-Market-Theorie gibt es drei Gruppen: die Unternehmer, die billige Arbeitskräfte durch Wettbewerb fördern, die besser bezahlten Arbeiter, die sich durch die „Einfuhr" billiger Arbeitskräfte bedroht fühlen, und die billiger bezahlten Arbeitskräfte, die von den Unternehmern als Streikbrecher und Lohndrücker benutzt werden.

Nach Bonacich haben die besser bezahlten Arbeiter zwei Strategien, die Schlacht zu gewinnen: entweder das Eindringen billiger Arbeitskräfte aus den Einwanderungsländern zu verhindern (vgl. das Beispiel Australien) oder eine eigene gewisse ethnische Kaste zu bilden, die das Eindringen billiger Arbeitskräfte in bestimmte Arbeitsplatzbereiche verhindert. Es gibt eine Arbeiteraristokratiekaste.

Unter Umständen kommt es sogar zur Zusammenarbeit zwischen Unternehmern und der privilegierten Arbeiterschaft auf Kosten der unterprivilegierten billigen Arbeitskräfte.

11.C.3 Assimilationskonzept

Auf dem Hintergrund der amerikanischen Diskussion über Schmelztigel (melting pot) und kulturellen Pluralismus der ethnischen Gruppen werden verschiedene Assimilationsprozesse untersucht. Nach Gordon (1964, 71) lassen sich verschiedene Assimiliationsvariablen unterscheiden:

- Akkulturation oder kulturelle oder Verhaltensassimilation: Änderung und Anpassung der kulturellen Verhaltensweisen an die der Gastgesellschaft.
- Strukturelle Assimilation: Eintritt und Eindringen in die Cliquen, Clubs und Institutionen der Gastgesellschaft auf der persönlichen Ebene.
- Amalgamation oder Heiratsassimilation: Heiraten zwischen den Gruppen in größerer Anzahl.

– Identifikationsassimiliation: Entwicklung einer Übereinstimmung, die allein auf den Überzeugungen des Gastlandes beruht.
– Empfangsassimilation: Abwesenheit von Wert- und Machtkonflikt.

Die kulturelle oder Verhaltens-, die strukturelle und die Heiratsassimilation sind die wichtigsten Variablen zur Charakterisierung des Verhältnisses von Mehrheit zur Minderheit.

In bezug auf die Vereinigten Staaten stellt Gordon fest, daß der Assimilationsprozeß durch eine dominante Anglokonformität geprägt ist (vgl. ebd., S. 184):

Englische Sprache, englische Institutionen (durch die Amerikanische Revolution modifiziert) und angloorientierte Verhaltensweisen charakterisieren das amerikanische Leben. Es sind die Standards der WASP's, der White Anglo-Saxon Protestants, also der heute noch dominierenden protestantischen Mittelschicht englischer Abstammung. Die Einwanderer anderer Nationalitäten und deren Kinder haben ihre Beiträge als Arbeiter, Farmer, Ärzte, Rechtsanwälte, Wissenschaftler und Künstler geleistet, aber ihren Weg über die kulturellen Verhaltensmuster der Anglo-Konformität zurückgelegt. Diese angelsächsische Kultur ist seit der Kolonialzeit dominant und nie ernsthaft bedroht worden. Ein differenzierter Assimilationsansatz ist ein geeignetes theoretisches Konzept, die Anpassungsprozesse von Minderheiten an die jeweilig dominierende Mehrheit zu erklären.

11.C.4 Ethnische Schichtungstheorie

Die von Noel entwickelte Theorie über den Ursprung ethnischer Schichtung geht von drei Variablen aus:

1. Die anthropologische Variable des Ethnozentrismus, die die Überlegenheit einer ethnischen Gruppe über die andere beinhaltet;
2. die ökonomische Variable des Wettbewerbs, d.h. die Konkurrenz zwischen ethnischen Gruppen, und
3. die politische Variable eines Machtgefälles.

Ethnozentrismus bedeutet die Haltung, die eigene Kultur als Maßstab zur Bewertung anderer Kulturen zu nehmen. Die Wertnormen und Standards der eigenen Gruppe werden als „besser" als die der außenstehenden Gruppe angenommen. Wettbewerb ist der Kampf für bessere Arbeitsplätze und Einkommen. Ungleichheit der Macht oder Machtdifferenzierung ist das Verhältnis der dominanten Mehrheit zur untergeordneten Minderheit.

Für Noel entwickelt sich nur dann eine ethnische Schichtung, wenn alle drei Variablen gelten. Sobald eine Variable als empirische Realität wegfällt, kann keine Schichtung entlang ethnischer Linien entstehen (vgl. Noel 1968, 40).

Weiterführende Literatur:

Engelmann, Bernt: Du deutsch? Geschichte der Ausländer in unserem Land. München 1984

Just, Wolf-Dieter/Groth, Annette (Hrsg.): Wanderarbeiter in der EG. Ein Vergleich ihrer rechtlichen und sozialen Situation in den wichtigsten Aufnahmeländern. Mainz/Ingelheim 1985

Heckmann, Friedrich: Die Bundesrepublik. Ein Einwanderungsland? Zur Soziologie der Gastarbeiterbevölkerung als Einwandererminorität. Stuttgart 1981

Marger, Martin N.: Race and Ethnic Relations. American and Global Perspectives. Belmont C. A. 1985

Spaich, Herbert: Fremde in Deutschland. Unbequeme Kapitel unserer Geschichte. Weinheim/Basel 1982

12. Kapitel: Katastrophe versus Gleichgewicht – ökologische Ungleichheit

„Und Gott segnete sie und sprach zu ihnen: Seid fruchtbar und mehret euch und füllet die Erde und machet sie euch untertan und herrschet über die Fische im Meer und über die Vögel unter dem Himmel und über alles Getier, das auf Erden kriecht“ (I Moses I, Vers 28).

Saurer Regen, Waldsterben, Smog-Alarm, Ölkrise, neue Autobahnen, Kernenergie und Reaktorunfälle wie in Harrisburg und Tschernobyl, Energieverbrauch und Rohstoffausbeutung sind die Schlagworte der letzten zehn Jahre. Die Verunreinigungen von Luft, Wasser und Boden haben zugenommen. Die Ressourcen der Erde werden knapper. In allen repräsentativen Umfragen läßt sich bei den Bundesbürgern eine wachsende Sensibilität für ökologische Probleme feststellen. Neben Arbeitsplatzsicherung, Frieden und Gesundheit liegt Umweltschutz mit an der Spitze der Werteskala. Es gibt Prognosen, die der Menschheit eine ökologische Katastrophe der Erde prophezeien. Das Gleichgewicht der Natur bei Luft, Wasser und Boden werde zerstört. Die Ausbeutung der Rohstoffe führt zu einer Plünderung des Planeten (vgl. Gruhl 1982). Der Wohlstand eines Teils der heutigen Welt geht zu Lasten des ökologischen Gleichgewichts. Die Folge wird sein: Erst stirbt der Wald, dann stirbt der Mensch.

12.A Gesellschaftliches Problemfeld Ökologie

12.A.1 Umweltschutz als soziale Problembewegung

Spätestens seit Beginn der Industrialisierung treten ökologische Probleme auf. Schon Friedrich Engels hat diese Situation im vorigen Jahrhundert in Manchester eindringlich geschildert:

„In der Tiefe fließt oder vielmehr stagniert der Irk, ein schmaler, pechschwarzer, stinkender Fluß, voll Unrat und Abfall, den er ans rechte, flachere Ufer anspült; bei trocknem Wetter bleibt an diesem Ufer eine lange Reihe der ekelhaftesten schwarzgrünen Schlammpfützen stehen, aus deren Tiefe fortwährend Blasen miasmatischer Gase aufsteigen und einen Geruch entwickeln, der selbst oben auf der Brücke, vierzig oder fünzig Fuß über dem Wasserspiegel, noch unerträglich ist. Der Fluß selbst wird dazu noch alle fingerlang durch hohe Wehre aufgehalten, hinter denen sich der Schlamm und Abfall in dicken Massen absetzt und verfault. Oberhalb der Brücke stehen hohe Gerbereien, weiter hinauf Färbereien, Knochenmühlen und Gaswerke, deren Abflüsse und Abfälle samt und sonders in den Irk wandern, der außerdem noch den Inhalt der anschießenden Kloaken und Abtritte aufnimmt. Man kann sich also denken, welcher Beschaffenheit die Residuen sind, die der Fluß hinterläßt. Unterhalb der Brücke sieht man in die Schutthaufen, den Unrat, Schmutz und Verfall der Höfe auf dem linken, steilen Ufer; ein Haus steht immer dicht hinter dem andern, und wegen der Steigerung des Ufers sieht man von jedem ein Stück – alle schwarzgeraucht, bröckelig, alt, mit zerbrochenen Fensterscheiben und Fensterrahmen“ (Engels 1845, MEW 2, 282).

Schon zu Beginn der 70er Jahre wurde in dem Bericht des Club of Rome zur Lage der Menschheit vor stark zunehmender Umweltverschmutzung gewarnt (vgl. Meadows u.a. 1972, 59ff.) „Die Grenzen des Wachstums“ wurden aber in der Öffentlichkeit nicht wahrgenommen. Erst als zahlreiche, insbesondere junge, engagierte Leute in der Bundesrepublik Deutschland begannen, durch Protestaktionen gegen Atomkraftwerke, stinkende Schlote von Kohlekraftwerken, gegen den Bau neuer Autobahnen durch noch intakte Wälder usw. zu protestieren, begann allmählich ein Bewußtseinswandel in der Öffentlichkeit. Ökologie wurde dann Ende der 70er Jahre zu einem gesellschaftlichen Problemfeld, als durch die soziale Bewegung der „Grünen“ das nötige öffentliche Bewußtsein geschaffen werden konnte.

Die Ökologie als soziale Problembewegung wurde aufgrund des mangelnden Engagements der etablierten Parteien und ihrer jeweiligen Regierungen sogar zu einer politischen Kraft im Parteiensystem der Bundesrepublik Deutschland. „Die Grünen“ sind inzwischen in fast allen Parlamenten der Bundesrepublik Deutschland vertreten.

12.A.2 Indikatoren der Umweltbelastung

Der ökologische Bereich ist vielseitig und umfassend, denn er berührt Probleme in den Bereichen Luft, Wasser, Boden, Verkehr, Energie, Rohstoffe, Landschaft – allgemein alles, was mit der Natur zusammenhängt. Aus diesem Grund können nachfolgend nur einige ausgewählte Indikatoren aufgelistet werden.

(1) Energieverbrauch:

Eine wichtige Größe für den Verbrauch unserer fossilen Brennstoffe und unseres möglichen Energievorrates ist der Verbrauch an Energie, insbesondere aus Elektrizität. Entgegen den Prognosen der 70er Jahre, die große Wachstumsraten voraussagten, ist die Elektrizitätserzeugung in den letzten Jahren nur langsam gestiegen (Statistisches Jahrbuch 1984, 215; 1985, 213; 1986, 209; 1987, 210):

1979	372183 Mill. kWh (Kilowattstunden)
1980	368770 Mill. kWh
1981	368810 Mill. kWh
1982	366876 Mill. kWh
1983	373813 Mill. kWh
1984	394884 Mill. kWh
1985	408705 Mill. kWh

In bezug auf die Verwendung ergibt sich folgendes Bild für das Jahr 1985 (vgl. Statistisches Jahrbuch 1987, 210):

Bergbau und verarbeitendes Gewerbe:	174703	Mill. kWh
Verkehr	11161	Mill. kWh
Handel und Kleingewerbe	40797	Mill. kWh
Landwirtschaft	7580	Mill. kWh
Haushalte	97108	Mill. kWh
sonstige Verbraucher	36210	Mill. kWh
Verluste, z. B. Übertragungsverluste	16469	Mill. kWh

Die Elektrizitätserzeugung nach Energieträgern ergibt für die Jahre 1979, 1981, 1982 und 1983 folgendes Bild (Statistisches Jahrbuch 1984, 215; 1985, 213; 1986, 209):

	in Gigawattstunden				
Energieträger	1979	1981	1983	1984	1985
Wasser	16123	19593	18933	18470	17613
Steinkohle	76639	117797	132632	133370	128474
Braunkohle	86179	96370	94886	94836	88949
Heizöl	15303	20046	12596	9007	9400
Kernenergie	41601	53631	65833	92577	125902
Gas	61372	56016	44674	42074	33771

Diese Zahlen zeigen folgenden Trend: 1. Abnahme der Energieträger Gas und Heizöl, Konstanz der Braunkohle und des Wassers, jedoch starke Zunahme der Steinkohle und insbesondere der Kernenergie. In der Reihenfolge ihrer Anteile liegt die Steinkohle knapp vor der Kernenergie, dann folgt erst die Braunkohle. Berechnet man den Primärenergieverbrauch der Bundesrepublik in Millionen Tonnen Steinkohleeinheiten, dann ergibt sich ab 1970 (336,8 Mill. tSKE) eine ständige Steigerung bis zum Höhepunkt 1979 mit 408,2 Mill. tSKE und danach ein Rückgang auf 361,5 Mill tSKE im Jahre 1982 (Michelsen u. a. 1984, 128).

(2) Waldsterben

Besonders durch den Sauren Regen und das sich bereits vollziehende und weiterhin zu erwartende Waldsterben ist das ökologische Bewußtsein der Bevölkerung der Bundesrepublik Deutschland geschärft worden. Das Bundesministerium für Ernährung, Landwirtschaft und Forsten hat die wesentlichen Ergebnisse der Waldschadenserhebung 1986 wie folgt zusammengefaßt (1986, 1f.):

„1. Wie bereits 1985 haben die Waldschäden insgesamt auch in diesem Jahr nur noch wenig zugenommen. Während sich zwischen 1983 und 1984 der Anteil der geschädigten Waldfläche von 34% auf 50% vergrößert hatte, war in den letzten beiden Jahren nur noch ein leichter Anstieg um jeweils 2% zu verzeichnen. Damit sind auf 54% der Waldfläche, das sind 4 Mio. ha, die Bäume in ihrer Vitalität geschwächt oder geschädigt (Schadstufen 1–4). Erstmals seit 1982 haben die mittleren und starken Schäden (Schadstufen 2–4) nicht zugenommen. Sie haben sich sogar um 0,3% leicht verringert und nehmen nur knapp 19% der Waldfläche ein.

Seit Beginn der ersten Waldschadenserhebung im Jahre 1982 ergibt sich damit folgendes Bild: Bis zum Jahre 1984 haben die Schäden sehr stark zugenommen. Danach ist eine gewisse Stabilisierung eingetreten, jedoch auf hohem Schädigungsniveau.

2. Bei den einzelnen Baumarten ist die Entwicklung der Schäden gekennzeichnet durch eine
- Verlangsamung bzw. Trendumkehr bei den Nadelbaumarten und
- erhebliches Zunehmen bei den Laubbaumarten.

Bei Kiefer und Tanne sind auf größeren Flächen Regenerationen festzustellen; der Umfang der Schäden hat sich hier zum Teil erheblich verringert.

Eine Mittelstellung nimmt die Fichte ein. Durch Zunahmen bei den schwachen Schäden ist die Schadfläche der Fichte zwar leicht angestiegen, die mittleren und starken Schäden sind jedoch etwas zurückgegangen.

Durch die weitere Zunahme der Schäden bei Buche und Fichte sind diese beiden Baumarten mit nunmehr 60% bzw. 61% geschädigter Fläche erstmals stärker betroffen als Fichte und Kiefer mit jeweils 54%.

Nach wie vor ist die Tanne die mit Abstand am stärksten geschädigte Baumart.“

(3) Verkehrstote:

Der Indikator Verkehrstote läßt sich auch dem Kapitel Gewalt zuordnen, aber er wird an dieser Stelle aufgeführt, weil die von Menschen geschaffenen Verkehrsmittel auch einen Eingriff in die Natur bedeuten. Besonders markant sind hier die Verkehrstoten auf den Straßen. Nachstehend werden nach Verkehrszweigen die Verkehrstoten für die Bundesrepublik aufgelistet (Statistisches Jahrbuch 1986, 306 und 1987, 314):

Jahr	Eisenbahnverkehr	Straßenverkehr	Binnenschifffahrtverkehr	Luftverkehr
1980	288	13041	14	68
1981	315	11674	6	83
1982	234	11608	8	114
1983	249	11732	6	106
1984	243	10199	3	64
1985	219	8400	9	73
1986	(ohne Angabe)	8948	3	75

Diese Zahlen zeigen erschreckend den hohen Anteil getöteter Personen im Straßenverkehr. Die Zahl der Toten im Straßenverkehr nimmt zwar in den letzten Jahren ab, aber der Straßenverkehr ist weitaus lebensgefährlicher als die Eisenbahn und das Flugzeug. Sicherlich ist bei diesen Zahlen zu berücksichtigen, wieviel Personen die einzelnen Verkehrszweige in den letzten Jahren befördert haben. Für 1986 ergibt sich folgendes Bild (Statistisches Jahrbuch 1987, 286):

Eisenbahn:	1125 Mill. beförderte Personen oder
	41726 Mill. Personenkilometer
Straßenverkehr:	5668 Mill. beförderte Personen oder
	61045 Mill. Personenkilometer
Luftverkehr:	43 Mill. beförderte Personen oder
	12997 Mill. Personenkilometer

(4) Luftverunreinigung:

Die mengenmäßig oder toxikologisch bedeutsamen Luftverunreinigungen sind Schwefeldioxyd, Staub, Kohlenmonoxyd, Kohlendioxyd, Schwermetalle und organische Verbindungen.

Auf der Erde beträgt die Menge der Jahresimmission von Schwefeldioxyd ca. 120–160 Mill. Tonnen, davon entfallen auf Europa 58 Mill. Tonnen, die wiederum aufgeteilt auf Länder ergeben:

Sowjetunion	16,0 Mill. t
Großbritannien	5,2 Mill. t
Italien	4,4 Mill. t
DDR	4,0 Mill. t
Bundesrepublik	3,4 Mill. t

Die bedeutenden Immissionszentren sind z. B. Belgien, Nordfrankreich, Zentralengland, das Ruhrgebiet, der Süden der DDR und Polens, Teile der Tschechoslowakei, Nordjugoslawiens und Norditaliens (vgl. Michelsen u. a. 1984, 215).

Nach dem Immissionsbericht 1984 der Bundesregierung ergab sich für die Schwefeldioxyd-Jahresimmission folgende Aufschlüsselung nach Emittentengruppen (ebd., 216):

Emittentengruppe	1970		1978		1982	
	kt	v.H.	kt	v.H.	kt	v.H.
Kraft- und Fernheizwerke	1840	47	2000	56	1863	62
Industrie	1380	35	990	28	756	25
Haushalte, Kleinverbraucher	630	16	450	13	297	9
Verkehr	80	1	100	3	102	3

(kt = Kilotonne)

Diese Zahlenreihen belegen, daß der Anteil an Emissionen der Industrie und Haushalte zurückgegangen ist, während der der Kraft- und Fernheizwerke zwar absolut relativ konstant geblieben ist, aber dadurch prozentual erheblich gestiegen ist. Die Kraft- und Fernheizwerke sind also die großen Luftverschmutzer.

Ähnliche Zahlenwerte lassen sich auch für die Stickstoffoxydemissionen für Schwermetalle, Kohlenmonoxyd und Kohlendioxyd aufführen (weitere Zahlen in Michelsen u. a. 1984, 216–218).

Smogalarme, insbesondere der Stufen 2 und 3 mit Verkehrssperren (wie im Februar 1984 im Ruhrgebiet) schaffen als konkret erlebte Situationen im Alltag eher einen Bewußtseins- und möglichen Verhaltensänderungsschub. Der Himmel ist zu, und das Auto muß zu Hause bleiben.

12.A.3 Lebensqualität und gesellschaftliche Perspektive

Spätestens seit dem Reaktorunfall in Tschernobyl/UdSSR im April 1986 ist es jedem Bundesbürger klar: Die Gefährdung unserer Umwelt bedeutet letztlich eine Gefahr für das eigene Leben. Folgende Gefahren bedrohen unsere Lebensqualität: Luft-, Wasser- und Bodenverschmutzung, Lärmbelästigung und Rohstoffausbeutung.

Alle diese Ursachen bedeuten für die Lebensqualität:

a) kurzfristig-direkt: Gefährdung der Gesundheit,
b) längerfristig-indirekt: Zerstörung der Menschheit und der natürlichen Lebensgrundlage der Menschheit und
c) ökonomische Folge- und Reparaturkosten, die die eigentlichen Ursachen nicht beseitigen, sondern nur mögliche ökologische Katastrophen verzögern.

Gerade im Problembereich Ökologie wird der unmittelbare Zusammenhang von individueller und gesellschaftlicher Lebensqualität deutlich.

Während in den anderen gesellschaftlichen Problemfeldern eine eher optimistische Variante zum Vorschein kommt, scheint mir die ökologische Perspektive sehr düster, denn die handelnden Politiker haben noch immer nicht die Berichte des Club of Rome oder von Global 2000 verinnerlicht.

Folgende Ansichten belegen diese Stimmung argumentativ:

1. Die konservative Mehrheit, vor allem im Industriesektor, setzt weiterhin auf Technologie und Wirtschaftswachstum. Das vergrößert die Umweltzerstörung und -verschmutzung.
2. Selbst das sozialdemokratische Konzept der ökologischen Modernisierung der Volkswirtschaft ist eher eine Reparatur der alten Wirtschaftstechnologie durch eine neue Technologie. Also Reparatur der Reparatur, statt das notwendige Gleichgewicht zwischen Menschen und Natur schon in der Produktionsweise zu berücksichtigen.
3. Selbst in der Europäischen Gemeinschaft ist es schwer, internationale Abkommen über ökologische Fragen, z.B. Katalysatorauto oder Schutz der Nordsee, zu erreichen.

Neben der Verschmutzung unserer Umwelt schreitet eine Plünderung unseres Planeten voran: Die vormals reichen Bodenschätze an Kohle, Öl, Erdgas und anderen wertvollen Rohstoffen werden systematisch abgebaut und können nicht mehr ersetzt werden.

12.B Soziale Bewegungen

Im Bereich der sozialen Bewegungen lassen sich zwei Strömungen festmachen: Erstens eine basisorientierte Ökologie-Bewegung und zweitens eine reformistisch-ökologische Modernisierungsbewegung.

12.B.1 Ökologie-Bewegung

Aufbauend auf der bereits Anfang der 70er Jahre sich entwickelnden Bürgerinitiativbewegung hat sich allmählich Mitte bis Ende der 70er Jahre unter dem Eindruck der Ökologiedebatte eine sich als ökologisch verstehende Bewegung entwickelt. Bereits 1977 fanden die ersten Auseinandersetzungen zwischen Demonstranten und der Polizei an den Bauzäunen von Brokdorf, Grohnde und Malville/Frankreich statt.

Die traditionellen Parteien traten diesem Protest entgegen.

„Der Aufschwung der Kernkraftopposition zu der Massenbewegung in der zweiten Hälfte der 70er Jahre wäre schließlich nicht ohne die Formierung der etablierten Politakteure möglich geworden. Mit der Mobilisierung der Gewerkschaften (‚Atomfilz'), der ‚Investitionsstau'-Propaganda der Industrie und der selektiven Wachstumsförderung als Krisenstrategie der sozialliberalen Bundesregierung schloß sich anläßlich des Atomenergie-Programms sichtbar jener korporatistische Block zusammen, für den – ebenso wie für die Kontrahenten – die Durchsetzung weiterer Atomenergieprojekte zum Nadelöhr der angestrebten ‚Modernisierung der Volkswirtschaft' zu werden schien. Der zumeist repressive Umgang mit Massendemonstrationen und Protestdörfern verstärkte diesen Eindruck" (Roth 1985, 52).

Die Anti-Atomkraft-Bewegung entwickelte sich aus kommunalen Widerständen (z.B. Proteste in Wyhl in Süd-Baden) über größere Massenproteste bei neuen Atomkraftwerken bis hin zu einer allgemeinen ökologischen Sensibilisierung größerer Teile der Gesellschaft. Ein allmählicher Wertewandel vollzog sich. Die anfängliche Negativ-Koalition gegen Kernenergie wurde allmählich von positiven inhaltlichen „Klammern" überlagert:

„Diese bestehen nicht nur in der Negation vorherrschender Werte, offizieller politischer Programme und etablierter Institutionen, sondern in der Ausbildung komplementärer Vorstellungen, die sich – abstrakt gesehen – im wesentlichen auf (a) die Form der Herrschaftsorganisation, (b) den Inhalt und die Qualität des Lebens und (c) die langfristigen Voraussetzungen der Gattungsexistenz beziehen. In der Ökologiebewegung verbinden sich die auf (a) und (b) zielenden postmateriellen Wertorientierungen mit den auf (b) und (c) gerichteten Prinzipien der Erhaltung einer menschenwürdigen Umwelt, der Schonung der natürlichen Ressourcen und damit der Sorge um künftige Generationen. Aus diesen hier nur sehr global umrissenen Wert- und Zielkatalogen konnten relativ heterogene Gruppen und Strömungen eine Identität als Ökologiebewegung gewinnen ..." (Brand u.a. 1984, 101).

In der Ökologiebewegung finden sich konservative, naturromantische, reformistische, demokratisch-sozialistische, antikapitalistisch-spontanistische und orthodox-kommunistische Strömungen wieder. Die Ökologiebewegung ist politisch sehr heterogen und pluralistisch.

12.B.2 Ökologische Modernisierungsbewegung

Das Engagement einer zunehmenden Zahl bundesdeutscher Bürger, insbesondere junger Leute in den Neuen sozialen Bewegungen blieb nicht ohne Auswirkungen auf die traditionalistische Linke: Einerseits die Hinwendung vieler linker Gruppen (z.B. ehemaliger K-Gruppen) und Einzelpersonen (z.B. ausgetretene unzufriedene Sozialdemokraten) zur ökologischen Bewegung und andererseits die allmähliche Ökologisierung der Diskussionen in der traditionellen Arbeiterbewegung: Sozialdemokratie und Gewerkschaften suchen den Kompromiß von Ökonomie und Ökologie.

Während in den 70er Jahren in der SPD und im DGB noch davon gesprochen wird, daß man volkswirtschaftlich-arbeitsplatzsichernd auf Kernenergie nicht verzichten könnte, änderte sich in den 80er Jahren allmählich das Diskussionsmuster und auch die Beschlußlage. Innerhalb der traditionellen Arbeiterbewegung (SPD und DGB) obsiegt die Mehrheit mit einem Konzept der ökologischen Modernisierung der Volkswirtschaft.

„Umweltpolitik darf nicht länger isolierter Politikbereich sein. Ökologische Modernisierung heißt, alle Politikbereiche müssen die Belange unserer Umwelt von vornherein miteinbeziehen. Das berührt die gesamte industrielle Produktion sowie insbesondere die Verkehrspolitik, die Baupolitik, die Energiepolitik und die Landwirtschaftspolitik.

Das Konzept der ökologischen Modernisierung bietet die Chance, durch strukturpolitische Veränderungen unserer Volkswirtschaft auch neue und zukunftsorientierte Arbeitsplätze zu schaffen. Schon heute gibt es eine beachtliche Ökoindustrie mit mehreren 100000 Arbeitsplätzen. Diese gilt es zu fördern und auszubauen.

Umweltschutz ist der Motor für technische Entwicklungen mit langfristigen Weltmarktchancen für umweltverträgliche Produkte, Anlagen und Dienstleistungen und damit für Arbeitsplätze... (SPD 1985, 2 und 5).

Die ökologische Modernisierungsbewegung ist der Versuch, Ökologie und Ökonomie miteinander zu versöhnen. SPD und Gewerkschaften haben 1986 den Ausstieg aus der Kernenergie beschlossen.

12.C Analytische Erklärungskonzepte

12.C.1 Systemtheoretische Computermodelle

Inzwischen gibt es zahlreiche, meist mit einem Computer durchgerechnete Modelle zur weiteren Entwicklung der Menschheit in bezug auf Bevölkerung, Ökonomie und Ökologie. Eine gute kritische Übersicht vermittelt Grün/Wiener (1984). Hier seien zwei Beispiele herausgegriffen: Erstens die seit Ende der 60er Jahre bekanntgewordenen Studien des Club of Rome und zweitens die weltweit beachtete amerikanische Studie Global 2000.

Der Club of Rome ist ein informeller Zusammenschluß von Wissenschaftlern, Industriellen und Humanisten, um die immer kritischer werdenden Menschheitsprobleme zu ergründen.

In dem ersten Bericht des Club of Rome zur Lage der Menschheit in bezug auf „die Grenzen des Wachstums" (Meadows u.a. 1972) werden fünf wichtige Trends in ihren dynamischen Abhängigkeiten in einem Weltmodell dargestellt (vgl. Meadows u.a. 1972, 15f.): beschleunigte Industrialisierung, rapides Bevölkerungswachstum, weltweite Unterernährung, Ausbeutung der Rohstoffreserven und Zerstörung des Lebensraums.

Die fünf Grundgrößen dieses dynamischen Weltmodells, nämlich Bevölkerung, Kapital, Nahrungsmittel, Rohstoffvorräte und Umweltverschmutzung sind durch Wechselwirkungen in Form von vermaschten Regelkreisen miteinander verbunden.

Aufgrund der quantitativen Annahmen über die Wechselwirkungen des Systems ergibt sich folgendes Verhalten des Weltmodells:

„Dieses Systemverhalten tendiert eindeutig dazu, die Wachstumsgrenzen zu überschreiten und dann zusammenzubrechen. Der Zusammenbruch, sichtbar am steilen Abfall der Bevölkerungskurve nach ihrem Höchststand, erfolgt infolge Erschöpfung der Rohstoffvorräte. Das Industriekapital wächst bis zu einer Höhe, die enorme Rohstoffmengen beansprucht. Bei diesem Wachtumsprozeß wird ein großer Teil der noch vorhandenen Rohstoffvorräte verbraucht. Mit steigenden Rohstoffpreisen und der Erschöpfung der Lagerstätten muß immer mehr Kapital aufgewendet werden, um noch genügend Rohstoffe herbeizuschaffen, so daß immer geringere Mittel für weiteres Wachstum eingesetzt werden können. Wenn dann schließlich die Kapitalinvestitionen mit der Rohstoffausschöpfung nicht mehr Schritt halten können, bricht die industrielle Basis zusammen und reißt dabei auch den Dienstleistungssektor und das landwirtschaftliche System mit sich, die beide von den industriellen Investitionen abhängig sind...

Für einige Zeit ergibt sich eine äußerst schwierige Situation, weil die Bevölkerung infolge der zeitlichen Verzögerungsfaktoren durch Altersaufbau und soziale Anpassungsprozesse zunächst noch weiter ansteigt. Noch stärker steigt aber jetzt die Sterberate infolge des weitgehenden Ausfalls medizinischer Fürsorge und des eintretenden Nahrungsmangels an; sie überholt rasch die Geburtenrate, würgt das Wachstum innerhalb kurzer Zeit ab und führt zur raschen Abnahme der Bevölkerung“ (Meadows u. a. 1972, 111f.).

Dieser eher pessimistische Bericht zur Lage der Menschheit ist dann in einem zweiten Bericht etwas differenzierter und optimistischer analysiert worden (vgl. Mesarović/Pestel 1977). Danach steht die „Menschheit am Wendepunkt“. Die durch eine langfristige historische Entwicklung bedingte Krise ist durch Kooperation aller Beteiligten zu lösen:

„Die Lösung dieser Krisen ist daher nur langfristig in einem globalen Rahmen möglich, in voller Erkenntnis der systemaren Eigenschaften unserer heutigen Welt. Diese Einsicht muß notwendigerweise zu einer neuen globalen Wirtschaftsordnung und zu einem fairen und dauerhaften System der Verteilung der Welt-Ressourcen führen“ (Mesarović/Pestel 1977, 133).

Auf diese Ansätze des Club of Rome haben sich andere Studien bezogen und aufgebaut.

Global 2000 ist eine umfangreiche amerikanische Studie, die die US-Regierung unter Präsident Carter in Auftrag gegeben hat und die 1980 als Bericht an den Präsidenten erschienen ist. Sie gibt einen umfassenden Einblick in die vorhandenen Ressourcen unserer Erde und die Folgen für die Umwelt in vielen Bereichen. Im Teil I der Prognosen werden folgende Bereiche untersucht: Bevölkerung, Bruttosozialprodukt, Klima, Technologie, Nahrungsmittel und Landwirtschaft, Fischerei, Wälder und Forstwesen, Wasser, Energie, mineralische und andere Energieträger, nicht-energetische Mineralien, Umwelt in ihren vielfältigen Folgewirkungen. Im Teil II der Analyse der Prognoseinstrumente wird ein Weltmodell der Regierung für diese verschiedenen Bereiche entwickelt. Im Teil III werden weitere Weltmodelle entwickelt und dann im Teil IV miteinander verglichen. Die wichtigsten Erkenntnisse und Schlußfolgerungen sind wie folgt zusammengefaßt worden:

„Wenn sich die gegenwärtigen Entwicklungstrends fortsetzen, wird die Welt im Jahre 2000 noch übervölkerter, verschmutzter, ökologisch noch weniger stabil und für Störungen anfälliger sein als die Welt, in der wir heute leben. Ein starker Bevölkerungsdruck, ein starker Druck auf Ressourcen und Umwelt lassen sich deutlich voraussehen. Trotz eines größeren materiellen Outputs werden die Menschen auf der Welt in vieler Hinsicht ärmer sein, als sie es heute sind.

Für Millionen und Abermillionen der Allerärmsten wird sich die Aussicht auf Nahrungsmittel und andere Lebensnotwendigkeiten nicht verbessern. Für viele von ihnen wird sie sich verschlechtern.

...

Die Weltbevölkerung wird von 4 Mrd. im Jahre 1975 auf 6,35 Mrd. im Jahre 2000 anwachsen, eine Zunahme von mehr als 50%.

...

Die nicht-regenerierbaren Brennstoffe auf der Welt – Kohle, Erdöl, Erdgas, Ölschiefer, Teer, Sand und Uran – reichen theoretisch zwar noch für Jahrhunderte, aber sie sind nicht gleichmäßig verteilt, sie werfen schwerwiegende ökonomische und Umweltprobleme auf, und es bestehen starke Unterschiede, was ihre Nutzbarkeit und Abbaufähigkeit angeht.

...

Regionale Wasserknappheit wird zu einem immer ernsteren Problem. In der Zeit zwischen 1970 und 2000 wird allein schon das Bevölkerungswachstum nahezu auf der halben Erde zu einer Verdoppelung des Wasserbedarfs führen...

Während der nächsten 20 Jahre werden auch weiterhin große Waldflächen auf der Erde verschwinden, da die Nachfrage nach Holzproduktion und Brennholz zunimmt. Die Nutzholzvorräte gehen voraussichtlich um 50% pro Kopf zurück.

... Die Prognosen deuten darauf hin, daß um das Jahr 2000 etwa 40% der heute noch vorhandenen Walddecke in den UL (Unterentwickelte Länder = Dritte Welt) verschwunden sein wird.

...

Die Konzentration von Kohlendioxyd und ozonabbauenden Chemikalien in der Atmosphäre wird voraussichtlich in einem solchen Maße zunehmen, daß sich das Klima auf der Erde und die obere Atmosphäre bis zum Jahre 2050 entscheidend verändert. Saurer Regen infolge gesteigerter Verwendung fossiler Brennstoffe (vor allem Kohle) bedroht Seen, Böden und Ernten. Radioaktive und andere gefährliche Stoffe werfen in einer zunehmenden Zahl von Ländern Gesundheits- und Sicherheitsprobleme auf.

Die Ausrottung von Pflanzen- und Tierarten wird dramatisch zunehmen" (Global 2000 1980, 25–28).

Diese globale Zusammenfassung der auf uns zukommenden ökologischen Probleme wird in der Studie dann auf mehr als 1000 Seiten in allen Einzelheiten durchgerechnet. Das Ganze wird durch zahlreiche Schaubilder und Karten anschaulich verdeutlicht.

12.C.2 Biologisches Gleichgewichtsmodell

Der Begriff „Ökologie“ wurde 1866 von dem Zoologen Ernst Haeckel geprägt und erstmals wie folgt definiert:

„Unter Oecologie verstehen wir die gesamte Wissenschaft von den Beziehungen des Organismus zur umgebenden Außenwelt, wohin wir im weiteren Sinne alle ‚Existenzbedingungen‘ rechnen können“ (Haeckel 1869 zit. nach Bick u.a. 1984, 16).

Im Haushalt der Natur geht es um die Interpendenzen von Mensch, Land, Tier, Vegetation, Atmosphäre und sozialen Prozessen. Die nachstehenden Definitionen erläutern dieses biologische Gleichgewichtsmodell der Ökologie (vgl. Bick u.a. 1984, 16f.):

„Ökologie ist die Wissenschaft von den wechselseitigen Beziehungen zwischen Organismen und ihrer Umwelt.“

„Der Begriff ‚Organismen‘ (oder Lebewesen) umschließt Mikroorganismen (Bakterien, Pilze), Pflanzen, Tiere und Menschen.“

„Unter ‚Umwelt‘ im ökologischen Sinne (‚ökologische Umwelt‘) wird hier die Gesamtheit aller direkt oder indirekt auf Organismen einwirkenden Komponenten der Außenwelt verstanden. Diese wirkenden Umweltkräfte bezeichnen wir als ‚Umweltfaktoren‘ (ökologische Faktoren); sie stehen vielfach in Wechselbeziehungen, das heißt, sie beeinflussen sich gegenseitig.

Umweltfaktoren werden in Gruppen eingeteilt. Einige Beispiele:

- klimatische Faktoren: Temperatur, Feuchtigkeit, Wind
- edaphische Faktoren: Bodeneigenschaften
- chemische Faktoren: Sauerstoff, Pflanzen, Meersalze, Umweltchemikalien
- physikalische Faktoren: Licht, Schwerkraft
- biotische Faktoren: Einwirkungen von Lebewesen, z.B. als Feinde, Schmarotzer
- trophische Faktoren: Nahrungsfaktoren.“

„Ein Ökosystem ist eine funktionelle Einheit aus Organismen und Umwelt.“

„Mit dem Begriff ‚Population‘ wird die Gesamtheit der Individuen einer Art in einem gegebenen Raum bezeichnet. Innerhalb einer Population gehen im Laufe der Zeit gewisse Veränderungen vor, da einzelne Individuen sterben und neue geboren werden; auch Zu- und Abwanderung kann vorkommen.“

„In einem Ökosystem ist die Lebensgemeinschaft aus zahlreichen Populationen aufgebaut. Diese beeinflussen sich gegenseitig, und für jede liegt eine bestimmte Kapazität vor. Aus diesem Zusammenspiel aller Faktoren ergibt sich das ‚ökologische Gleichgewicht', also das Schwanken des Arten- und Individuenbestandes um einen Mittelwert, der von der Gesamtkapazität des Ökosystems bestimmt ist. Es handelt sich wie beim Populationsgleichgewicht um ein ‚dynamisches Gleichgewicht'. Das ökologische Gleichgewicht umschließt ein von den Organismen getragenes Gleichgewicht des Stoffhaushaltes und des Energieumsatzes."

„‚Umwelt' im weitesten Sinn ist alles, was den Menschen in seinen physischen, emotionalen, technischen, ökonomischen und sozialen Bedingungen und Interaktionen seiner Existenz berührt ... Zu dieser ökologischen Umwelt gehören die ‚klassischen' Umweltmedien wie Wasser, Luft und Bodenbeschaffenheit, aber auch die Landschaft oder die Vielfalt von Pflanzen und Tieren."

Diese Umweltbegriffe kommen aus dem naturwissenschaftlichen Bereich, aber sie sind als soziale und natürliche Zusammenhänge zwischen Mensch und Natur zu verstehen.

Bei diesem Ansatz eines biologischen Gleichgewichts ist der Mensch der Naturentwicklung untergeordnet oder zumindest in ihr als ein Teil eingebettet. Nicht der Mensch dominiert die Natur und versucht, sie sich untertan zu machen, sondern umgekehrt, die Abhängigkeit der Menschen von der Natur erfordert die Berücksichtigung der natürlichen Lebensvorgänge als Grundlage für die Existenz der Menschheit.

12.C.3 Stadtökologie

Die ökologischen Erkenntnisse über die Kreisläufe unserer natürlichen Lebenszusammenhänge einerseits und die historisch entstandene Parallelität von Industrialisierung und Urbanisierung andererseits erfordern eine Analyse über die engen wechselseitigen Zusammenhänge von Stadt/Stadtplanung und Ökologie, denn das Wachstum der Städte schreitet voran und verursacht ökologische Veränderungen im Naturhaushalt der beanspruchten Landschaftsräume:

„Der Mensch ist nach seiner Geschichte und Entwicklung ein Teil der Natur, aus der er sich nach unseren bisherigen Erkenntnissen nicht lösen kann. Daher wird die zunehmende Denaturierung der Lebensweise und des Lebensraumes weiterhin zu erheblichen Nachteilen führen. Soll ein solcher Trend aufgehalten werden, setzt dies voraus, daß die für das Leben des Menschen notwendigen natürlichen Grundlagen nicht zerstört, sondern sichergestellt und für die Aufgaben der Zukunft entwickelt werden. Freiflächen, Grünflächen und Gärten sind in Stadt- und Verdichtungsgebieten der notwendige Ersatz für die fehlende Natur. Diese Flächen können für den Stadtbewohner sogar ein Stück Natur bedeuten. Er benötigt sie, um sich als Mensch zu entfalten. *Stadtplanung und Stadtentwicklung stehen daher in enger Beziehung zu Natur und Landschaft*" (Bick u.a. 1984, Bd. 1, 60).

Diese Prinzipien einer „Stadtökologie" führen zu der Forderung nach einer „Öko-Stadt" (vgl. Kennedy 1984). Notwendig ist eine ökologische Stadterneuerung, die eine monofunktionale Zergliederung der Städte mit zentralisierter Versorgungsstruktur vermeidet.

„Anzustreben sind multifunktionale städtische Einheiten mit einer ausgewogenen Mischung von Wohnen und Arbeiten. Die Einrichtungen der Ver- und Entsorgung, der Dienstleistungen und Freizeit sind unmittelbar den Nutzern zuzuordnen. Je komplexer die Einheiten aufgebaut sind, desto weniger Verkehr und Transport sind notwendig und desto günstiger lassen sich die Energie- und Stoffhaushalte mit Verbund- und Kaskadensystemen koppeln. Das hat sowohl eine Minimierung der Energie- und Stoffmengen als auch geringeren Flächenbedarf zur Folge, so daß eine schadfreie Einbindung in die Natursysteme ermöglicht wird.

Langfristig bedeutet das eine Umstrukturierung der Städte in multifunktionale, zum Teil selbstversorgende und selbstregelnde Stadtteileinheiten" (Krusche 1984, 84).

Diese ökologische Siedlungsstruktur in einer nachindustriellen Gesellschaft erfordert Dezentralisierung und Gemeinschaftsbildung durch das Prinzip der „Kleinen Netze" (vgl. Geissberger 1982, 36ff.):

„Die ‚Kleinen Netze' sind jener Teil einer Gesamtstrategie, die auf der politischen Ebene und im Alltag eines jeden sofort eingeleitet werden kann und die Teilsysteme folgendermaßen beeinflußt:

Ökonomisches System

Verkürzung der Arbeitszeit, wachsende Selbstversorgung, Renaturalisierung eines Teils der Wirtschaft, Einschränkung der Geldwirtschaft.

Politisch-administratives System

Abbau der zentralstaatlich organisierten Wohlfahrtsbürokratie, Verstärkung der Mitbestimmung, Demokratisierung des Alltags

Sozio-kulturelles System

Leistung einer überschaubaren Arbeit in einer kleineren Gruppe im Wohnbereich, Abbau der Entfremdung, Erprobung der Solidarität, Freisetzung vermehrter Kräfte für gesellschaftliche und gemeinschaftliche Aktivitäten, Selbstentfaltung des Menschen

‚Kleine Netze' sind heute schon als ‚Oasen der Zukunft' in Ansätzen vorhanden" (ebd., 39f.).

Stadt-Ökologie bedeutet als Dezentralisierung weitgehende Autonomie der Stadtteile, Versorgungssysteme vor Ort und sozial-ökologische Vernetzungen in kleinen räumlichen Einheiten.

„Ökologische Stadterneuerung bedeutet die Bestandsaufnahme und Einbeziehung vorhandener Systeme und Aufbau neuer, weitgehend eigenständiger Kleinsysteme technischer, biologischer, organisatorischer und sozialer Art, wie beispielsweise Abfallrecyclingstationen, Werkstätten- und Betriebseinheiten, Nahrungserzeugungseinheiten, Energie- und Wassergewinnungseinheiten oder Bildungs- und Sozialeinheiten formeller wie informeller Art. Die Erarbeitung von Vernetzungs- und Kombinationsschemata auf Blockebene, Einordnung der Teilsysteme auf Stadtteilebene und Vernetzungen mit den angrenzenden Stadtteilen und dem Umland setzen Planungsmethoden und -maßnahmen voraus, die in vernetzten Denkprozessen jeweils die Folge-, Neben- und Rückwirkungen erfassen und einbeziehen" (Krusche 1984, 88).

Es geht um ein ökologisches Gleichgewicht von Luft, Energie, Wasser- und Materialhaushalt. Es geht um Natureinbindung, Regeneration, soziale Einbindung und Vernetzung (vgl. Krusche 1984, 89ff.). Stadt- und Siedlungsökologie ist ein über das biologische Konzept hinausgehender Ansatz, um ökologische und sozialökonomische Aspekte zusammenzuführen.

Weiterführende Literatur

Bick, Harmut/Hansmeyer, Karl Heinrich: Angewandte Ökologie – Mensch und Umwelt. Band I: Einführung – Räumliche Strukturen – Wasser – Lärm – Luft – Abfall. Band II: Landbau – Energie – Naturschutz und Landschaftspflege. Umwelt und Gesellschaft. Stuttgart 1984

Global 2000: Der Bericht an den Präsidenten. Aus dem Amerikanischen 1980. Frankfurt a. M. 1980.

Gruhl, Herbert: Das irdische Gleichgewicht. Ökologie unseres Daseins. Düsseldorf 1985²

Hahn, Ekhart (Hrsg.): Siedlungsökologie. Ökologische Aspekte einer neuen Stadt- und Siedlungspolitik. Karlsruhe 1982

Mayer-Tasch, Peter Cornelius: Aus dem Wörterbuch der Politischen Ökologie. München 1985

Meadows, Dennis/Meadows, Donella/Zahn, Erich/Milling, Peter: Die Grenzen des Wachstums. Bericht des Club of Rome zur Lage der Menschheit. Aus dem Amerikanischen 1972. Stuttgart 1972.

13. Kapitel: Soziale Probleme, Gesellschaftstheorie und Sozialarbeit als Netzwerk

Nach der Darstellung einer Vielzahl gesellschaftlicher Problemfelder ist es zum Schluß notwendig, gesamtgesellschaftliche Perspektiven in bezug auf soziale Probleme, soziale Bewegungen und allgemeine Gesellschaftstheorie zu umreißen.

13.1 Soziale Probleme und soziale Bewegungen im Kapitalismus

Soziale Probleme fallen nicht vom Himmel. Sie sind das Resultat komplexer gesellschaftlicher Prozesse. Persönliche Probleme lassen sich auf soziale Ursachen zurückführen, d. h. sie beruhen auf Mißständen in der kapitalistischen Wirtschafts- und Gesellschaftsordnung. Aber auch eine hypothetisch angenommene klassenlose Gesellschaft steht vor zwei Aufgaben:

1. Eine totale Gleichheit ist nicht denkbar und auch nicht wünschenswert, denn nicht alle Menschen verhalten sich gleichmäßig-korrekt und die Verschiedenartigkeit der Persönlichkeiten ist reizvoll und abwechselnd. Die Frage ist, ob man zwischen einer mehr ökonomischen und politischen Gleichheit einerseits und einer reichen Vielfalt an sozialen und kulturellen Unterschieden differenzieren kann.

2. Eine konfliktfreie Gesellschaft ist nicht vorstellbar. Menschen haben verschiedene Ansichten, Wünsche, Bedürfnisse und daraus resultierende Handlungsstrategien. Das wird auch zu gesellschaflichen und sozialen Problemen führen.

In bezug auf die verschiedenen gesellschaftlichen Problemfelder läßt sich feststellen:

1. In den interpersonalen Beziehungen wird es stets soziale Konflikte und damit auch gesellschaftliche Problemfelder geben. Der ständige soziokulturelle Wandel wird zu Problemen im Bereich Gewalt, Verbrechen, Drogen, Sexualverhalten und allgemein im sozialen Zusammenleben führen.

2. Bei den gesellschaftlichen Ungleichheiten läßt sich ein erheblicher sozialer Ausgleich vorstellen. Aber auch hier werden sich gewisse ökonomische, soziale, generative, geschlechtliche, erzieherische und ethnische Ungleichheiten nicht vollkommen vermeiden lassen.

3. Die globalen Probleme des Überlebens lassen sich unter bestimmten Voraussetzungen der Zusammenarbeit der Menschheit bewältigen. Allerdings sieht hier die Perspektive eher pessimistisch aus.

Die zahlreichen sozialen Bewegungen in der Bundesrepublik Deutschland lassen sich nach drei Gesichtspunkten zusammenfassen:

1. Eine wendepolitische Restaurationsbewegung, die allein auf privatkapitalistische Konkurrenzmechanismen und auf liberal-rechtsstaatliches Ordnungsdenken setzt. Dabei werden bewußt gesellschaftliche Ungleichheiten in Kauf genommen. Weniger Gleichheit führe zu größerer sozialer Dynamik.

2. Eine durch die Gewerkschaften und die Sozialdemokratie getragene reformistische Arbeiterbewegung, die mit Hilfe sozialstaatlicher Umverteilungen ein Mehr an sozialer Gerechtigkeit erreichen will. Dieser reformistische Weg steht in Konkurrenz zu

3. der an ökologischen Werten orientierten Alternativbewegung. Diese erhebt den reformerischen Anspruch, diese Gesellschaft radikaler in Richtung ökologischer Wirtschaftspolitik und mehr sozialer Gleichheit zu verändern.

Soziale Probleme und soziale Bewegungen sind in der Bundesrepublik Deutschland eng mit der kapitalistischen Wirtschafts- und Gesellschaftsordnung verknüpft. Der Kapitalismus produziert einerseits eine Menge an Gütern und Dienstleistungen für eine Mehrheit der Bevölkerung über die marktwirtschaftlichen Angebots- und Nachfrageprozesse, aber andererseits werden alle, die nicht im Konkurrenzverhalten leistungsorientiert mithalten können, benachteiligt. Aus diesem Grunde versuchen soziale Problembewegungen immer wieder, diesen kapitalistischen Wirkungsmechanismen entgegenzuwirken, um eine größere soziale Gerechtigkeit durch ein Mehr an sozialer Gleichheit zu erreichen.

13.2 Gesamtgesellschaftliche Theorien

Gesamtgesellschaftliche Erscheinungen und Prozesse lassen sich durch makrosoziologische oder gesamtgesellschaftliche Theorieströmungen erfassen. Trotz vieler Unterschiede im einzelnen gibt es drei grundsätzliche Theorieströmungen (vgl. im folgenden Schäfers 1986, 294–317):

1. Systemtheorien,
2. Gesellschaftstheorien und
3. Verhaltens- und Handlungstheorien

Systemtheoretische Ansätze

Ausgehend von der Einführung des Systembegriffes durch den Biologen v. Bertalanffy in den 20er Jahren ist die Systemanalyse und das Denken in Strukturen und Funktionen allmählich in die Sozialwissenschaften vorgedrungen. Im Bereich der Soziologie haben der Amerikaner Talcott Parsons (1902–1979) die strukturell-funktionale und der deutsche Soziologe Niklas Luhmann (geb. 1927) die funktional-strukturelle Systemtheorie entwickelt. Beiden Ansätzen geht es um die Bedeutung von bestimmten Institutionen und Kulturelementen, um eine Gesellschaft als Ganzes funktional stabil zu halten. Werte, Normen, Rollen, Organisationen und Institutionen sollen die Grund- und Dauerprobleme der Befriedigung der individuellen Bedürfnisse einerseits und der Integration in das Sozial- oder Gesellschaftssystem andererseits gewährleisten.

„Als solche allgemeinen Grundprobleme, die in jedem (Sozial-)System zu bewältigen seien, identifiziert Parsons mit Blick auf die System-Umwelt die Anpassung (Adaption) der Systemstrukturen und -prozesse an sich verändernde Einflüsse und Anforderungen sowie die Verwirklichung individueller und sozialer Handlungsziele (Goal attainment), mit Blick auf das Sozialsystem selbst die Integration der normativen Elemente und der Handlungen sowie die Erhaltung und Tradierung der jeweils erreichten Ordnung (Latent pattern maintenance)" (Gukenbiehl 1986, 299f.).

Systemtheoretisch weitergedacht werden nun Strukturen funktional als Subsysteme identifiziert. Das menschliche Handlungssystem (neben der physikalischen [Um-]Welt und der [Um-]Welt der „letzten Wesenheiten") zerfällt in das Organismus-, Persönlichkeits-, Sozial- und kulturelle System. Das Sozialsystem besteht nun wiederum aus vier Subsystemen: wirtschaftliches, politisches, gesellschaftliches Gemeinschafts- und sozial-kulturelles Subsystem.

Niklas Luhmann hat diese Theorie zu einer funktional-strukturellen oder sinnstrukturellen Systemtheorie weiterentwickelt. Sozialsysteme sind sinnhaft aus Handlungszusammenhängen identifizierbar.

Gesellschaftstheoretische Ansätze

Aufbauend auf den Arbeiten von Karl Marx (1818–1883) und Friedrich Engels (1820–1895) hat sich die heutige marxistische Gesellschaftstheorie entwickelt. Kernstück dieser historisch-materialistischen Betrachtungsweise ist die Politische Ökonomie (vgl. weiter oben 6.C.2).

Eine Weiterentwicklung materialistisch-historischer Analysen sind die Arbeiten von Max Horkheimer (1895–1973), Theodor W. Adorno (1903–1969), Walter Benjamin (1892–1940), Erich Fromm (1900–1980), Herbert Marcuse (1898–1979) und Jürgen Habermas (geb. 1929) in Technik- und Kulturkritik. Alle diese Arbeiten und Autoren werden oft unter dem Begriff „Kritische Theorie" zusammengefaßt. Das ist mehr ein Etikett als ein in sich geschlossenes Theoriegebäude der sogenannten Frankfurter Schule (in Anlehnung das Institut für Sozialforschung – 1923–1933 und wieder seit 1952 in Frankfurt am Main).

Habermas formuliert die Aufgabe einer kritischen Gesellschaftstheorie wie folgt (Habermas 1981, Bd. 2, 549f.):

„Eine Theorie der kapitalistischen Modernisierung, die mit Mitteln einer Theorie des kommunikativen Handelns durchgeführt wird, folgt allerdings in anderer Hinsicht durchaus dem Marxschen Vorbild. Sie verhält sich kritisch sowohl gegenüber der gesellschaftlichen Realität, die diese erfassen soll. Gegenüber der Realität entwickelter Gesellschaften ist sie kritisch, soweit diese das Lernpotential, über das sie kulturell verfügen, nicht ausschöpfen und sich einer ungesteuerten Komplexitätssteigerung ausliefern.

... Kritisch verhält sich jene Theorie aber auch gegenüber sozialwissenschaftlichen Ansätzen, die die Paradoxien der gesellschaftlichen Rationalisierung nicht entschlüsseln können, weil sie komplexe Gesellschaftssysteme nur unter jeweils einem abstrakten Aspekt zum Gegenstand erheben, ohne sich über die geschichtliche Konstitution ihres Gegenstandsbereiches Rechenschaft abzugeben".

Kritische Theorie sucht nach den kommunikativen Handlungszusammenhängen in unserer Lebenswelt in bezug auf die Probleme der Überkomplexität (militärisch, Kernenergie, Atommüll, Genmanipulation usw.) und die Überlastungen der kommunikativen Infrastruktur, z.B. durch Suche nach subkulturellen Kommunikationsgemeinschaften. Die neuen sozialen Konflikte – gesellschaftlich durch die Neuen sozialen Bewegungen ausgetragen – entstehen an der Nahtstelle zwischen System und Lebenswelt (vgl. ebd. 580f.). Hier versucht die Theorie des kommunikativen Handelns von Habermas in der Tradition der kritischen Theorie eine Alternative zu den systemtheoretischen

Ansätzen anzubieten: Kommunikation statt technischer Funktionalität und Anpassung an das vorherrschende System.

Verhaltens- und handlungstheoretische Ansätze

Unter dem Begriff Verhaltens- und Handlungstheorien lassen sich die Ansätze der verhaltenstheoretischen Soziologie, des symbolischen Interaktionismus, der phänomenologischen Soziologie und der Ethnomethodologie subsumieren. Ausgehend von dem in der amerikanischen Sozialpsychologie formulierten Anspruch, daß menschliches Verhalten erlernbar, durch Umweltreize und -einflüsse veränderbar und durch Beobachtungen erklärbar ist, werden Prozesse der Interaktion und alltägliche Handlungen untersucht, um die Welt situativ und sinnhaft zu interpretieren.

„Kritisch wird gegen den symbolischen Interaktionismus eingewendet, daß sich dieser zu stark auf mikrosoziologische Phänomene konzentriere und gesamtgesellschaftliche Aspekte, wie z. B. Macht- und Herrschaftsbeziehungen, vernachlässige" (Peuckert 1986, 312).

Alltägliches Handeln wird zwischen den beteiligten Interaktionspartnern sozial erlebt und gegenseitig für weitere Handlungen interpretiert.

Die Verhaltens- und Handlungstheorien leisten nur einen geringen Beitrag zur Erklärung längerfristiger historisch gesamtgesellschaftlicher Prozesse.

13.3 Theorie sozialer Bewegungen: Netzwerkanalyse und Sozialarbeit

Die zu Beginn der Arbeit formulierte These, daß soziale Probleme erst durch soziale Bewegungen politikfähig werden, führt konsequenterweise zu der Anschlußthese, daß gesellschaftliche Veränderungen (sozialer Wandel) nur durch soziale Bewegungen eingeleitet werden können. Bisherige theoretische Ansätze zur Entstehung sozialer Bewegungen gehen entweder – funktionalistisch analysiert – von dem Zusammenbruch des gesellschaftlichen Konsens und der sozialen Institutionen oder – konflikttheoretisch analysiert – von der Solidarität der Betroffenen aus, die ihre Mitglieder mobilisieren können (vgl. Oberschall 1983, 516–522). Die Zusammenbruchstheorie erklärt ebensowenig das Aufkommen empirisch nachweisbarer sozialer Bewegungen, wie die Solidaritätsthese die Fähigkeit der Mobilisierung empirisch belegen kann. Als zusätzliches ergänzendes Element fehlt hier die netzwerkanalytische Dimension.

Entstanden aus der britischen Sozialanthropologie im südlichen Afrika in den fünfziger Jahren hat sich die Netzwerkanalyse als ein fruchtbares methodisches Instrument zur Untersuchung relationaler, zwischenmenschlicher Verhaltensweisen erwiesen (vgl. Schenk 1984). Sie setzt zwischen der traditionellen makro- und der mikroanalytischen Ebene an. Sie ist ein Brückenkonzept zwischen gesellschaftlichen Strukturen und individuellem Handeln.

> „Der Netzwerkansatz ist realitätsnäher, indem er die sozialen Interaktionen, die zwischenmenschlichen Beziehungen, zum Gegenstand der soziologischen Analyse macht und sogar die Möglichkeit der Änderung sozialer Strukturen durch interagierende Personen – entgegen ‚übermächtiger' Institutionen – zuläßt" (ebd., 30).

Die Netzwerkanalyse untersucht die sozialen Netze bzw. Netzwerke von Familien, Nachbarn, Freunden, Berufskollegen, Organisationsmitgliedern bis hin zu interorganisationalen Netzwerken. In der Netzwerkanalyse geht es um Erreichbarkeit, Dichte, Zentralität, Reichweite, Inhalte, Direktheit, Dauer, Intensität und Häufigkeit sozialer Netze.

Die netzwerkanalytische Perspektive eröffnet die Chance, den Ansatz der Ressourcenmobilisierung aus der Solidaritätstheorie zu erweitern, um eine allgemeine Theorie sozialer Problembewegungen zu formulieren. Folgende sechs Schritte sind erforderlich:

1. Soziale Probleme können in der Gesellschaft „objektiv" vorhanden sein, aber sie werden in der Öffentlichkeit nicht wahrgenommen und als solche erkannt.
2. Das soziale Problem wird durch das Engagement der von sozialen Problemen Betroffenen und/oder der beruflich damit Beschäftigten und/oder der aufgrund ihrer Wertvorstellung (soziale Gerechtigkeit) sensibilisierten Bürger in die Öffentlichkeit getragen. Das kann (muß aber nicht) der Beginn einer sozialen Problembewegung sein.
3. Im Sinne einer Kosten-Nutzen-Analyse werden sich Betroffene und Engagierte nur dann zu einer sozialen Problembewegung zusammenfinden, wenn sich ihre aktuellen Kosten in bezug auf Zeit, Geld und andere kurzfristige Nachteile in naher Zukunft in Nutzen bezüglich besserer Lebensbedingungen verwandeln. Das kann (muß aber nicht) der Beginn einer sozialen Problembewegung sein.
4. Für den Start und das Wachstum einer sozialen Problembewegung ist die Mobilisierung von Menschen entscheidend. Soziale Netzwerke

spielen eine große Rolle: Wer kennt wen, welche Menschen sind wie anzusprechen, und wer kann wen beeinflussen?
Die Rekrutierung sozialer Netzwerke erfolgt weitgehend über vorhandene soziale Netzwerke (vgl. Snow u. a. 1980): Familienangehörige, Nachbarn und Freunde, Arbeitskollegen, Vereins- und Organisationsmitglieder aus Sport, Freizeit, Politik (Gewerkschaften, Parteien) und sonstigen Interessenverbänden.
5. Durch diese Rekrutierung und Mobilisierung für ein gesellschaftspolitisches Ziel wird ein soziales Problem politikfähig: eine soziale Problembewegung entsteht.
6. Öffentlicher Druck entsteht, wenn eine soziale Problembewegung durchhält. Erste Erfolge sind notwendig, um die Mitstreiter im Sinne der Kosten-Nutzen-Analyse zum Weitermachen zu bewegen.

Fazit: Ein „objektiv“ vorhandenes soziales Problem wird durch eine soziale Bewegung politikfähig, die wiederum ihre Mitstreiter über bereits vorhandene soziale Netzwerke rekrutiert und für die formulierte Zielsetzung mobilisiert. An dieser Nahtstelle der Vernetzung von Betroffenen und engagierten Bürgern kann die Sozialarbeit bzw. der Sozialarbeiter konkret-handlungsbezogen ansetzen:

1. Durchführung von Netzwerkanalysen, um die interpersonellen Beziehungen und die interorganisationalen Verpflichtungen in dem jeweilig aktuellen gesellschaftlichen Problemfeld zu untersuchen und festzustellen.
2. Sozialarbeiter können als Vernetzer wirken: Sie können Menschen und Organisationen über Netzwerk-Kanäle zusammenbringen und miteinander verbinden.
3. Soziale Bewegungen sind Vorreiter professioneller sozialer Arbeit: Sie schaffen zukünftige Betätigungsfelder und Arbeitsplätze für Sozialarbeiter.
4. Soziale (Problem-)Bewegungen sind Verbündete und nicht Konkurrenten der Sozialarbeiter, um in den gesellschaftspolitischen Auseinandersetzungen die Lösung sozialer Probleme voranzutreiben.

Fazit: Sozialarbeit(er) und soziale Bewegung(en) sollen eine Symbiose eingehen, um die zahlreichen dringenden gesellschaftlichen Problemfelder (von der Armut bis zur Gewalt) einer Lösung näherzubringen.

Weiterführende Literatur

Bahrdt, Hans Paul: Schlüsselbegriffe der Soziologie. Eine Einführung mit Lehrbeispielen. München 1984
Elias, Norbert: Über den Prozeß der Zivilisation. Soziologenetische und psychogenetische Untersuchungen. 2 Bände. Frankfurt a. M. 1976
Habermas, Jürgen: Theorie des kommunikativen Handelns. 2 Bände. Frankfurt a. M. 1981
Luhmann, Niklas: Soziale Systeme. Grundriß einer allgemeinen Theorie. Frankfurt a. M. 1987
Schäfers, Bernhard (Hrsg.): Grundbegriffe der Soziologie. München 1986
Schenk, Michael: Soziale Netzwerke und Kommunikation. Tübingen 1984

Glossar

Aggressionstriebtheorie: Analytischer Erklärungsansatz, der behauptet, daß der Aggressionstrieb dem Menschen angeboren sei.

Aktivitätstheorie: Formulierung eines Zusammenhanges von eigenen Aktivitäten und Lebenszufriedenheit bei alten Menschen.

Altenlast: Sozialpolitisch der Anteil an alten Menschen im Vergleich zur arbeitenden Bevölkerung.

Alternativbewegung: Sammelbegriff für verschiedene Formen der neuen sozialen Bewegung seit Mitte der 70er Jahre in der Bundesrepublik Deutschland.

Amnesty International: Unabhängige weltweite Organisation, die sich gegen die Todesstrafe wendet und für politische Gefangene einsetzt.

Anomie: Normlosigkeit, d. h. der wert- oder normorientierte Zusammenhalt in der Gesellschaft ist geschwächt oder zusammengebrochen.

Anti-Alkoholiker-Bewegung: Soziale Bewegung, um ehemalige Alkoholiker vor dem Rückfall zu bewahren.

Anti-Pogrom-Bewegung: Soziale Bewegung zum Schutz von ethnischen Minderheiten in aller Welt.

Arbeiterbewegung: Soziale Bewegung zur Organisation und Interessenvertretung der (industriellen) Arbeiterschaft seit der Industrialisierung im 19. Jahrhundert.

Arbeitslosigkeit: Zustand einer oder vieler Personen ohne regelmäßige Arbeit.

Armut: Im Vergleich zur Mehrheit der Bevölkerung in bezug auf Einkommen und Lebensstandard erheblich benachteiligt zu sein.

Assimilation: Prozeß der Anpassung einer ethnischen Gruppe an eine andere dominierende unter Verlust der eigenen Identität.

Bürgerinitiative: Sammelbegriff für das Engagement vieler Bürger (soziale Bewegung) zur Verbesserung städtischer Lebensverhältnisse, z. B. Erziehung, Schule, Verkehr, Gesundheit usw.

Bürgerrechtsbewegung: In den USA eine soziale Bewegung zur Erlangung der Gleichberechtigung für ethnische Minderheiten, insbesondere für die Schwarzen.

Disengagementtheorie: Doppelseitiger, d. h. physischer und psychischer Rückzugsprozeß alter Menschen aus der Gesellschaft.

Disparitätsthese: Neben der vertikalen Ungleichheit in bezug auf Einkommen,

Vermögen und Beruf gibt es im Kapitalismus eine horizontale Ungleichheit in bezug auf Gesundheits-, Bildungs-, Wohnungs- und Freizeitversorgung.

Droge: Eine Substanz, die einen chemischen Effekt auf das zentrale Nervensystem hat.

Drogenselbsthilfebewegung: Soziale Bewegung zur Rehabilitation von Drogenabhängigen in eigenen Therapieeinrichtungen.

Dualwirtschaft: Aufbau eines eher selbstbestimmten Arbeitssektors als Ergänzung zum traditionellen, eher fremdbestimmten Produktionssektor in der Volkswirtschaft.

Entmonogamisierung: Gesellschaftliche Tendenz, die traditionelle Monogamie in Frage zu stellen und andere Lebensformen zu praktizieren.

Ethnizität: Bewußtsein über eigene soziokulturelle Werte und meistens auch über eine eigene linguistisch-historische Identität im Vergleich zu anderen gesellschaftlichen Gruppen.

Familie: Eine Gruppe von zwei oder mehr Menschen, d.h. meistens ein Elternpaar und mindestens ein Kind.

Feminismus: Vorrang der Frauenfrage (Unterdrückung der Frauen durch die Männer) vor der Klassenfrage (Spaltung in Ausgebeutete und Ausbeuter).

Frauenbewegung: Soziale Bewegung unterschiedlicher strategischer Zielsetzungen zur Erkämpfung der Gleichberechtigung der Frau.

Frauenhausbewegung: Soziale Bewegung zur Errichtung von Frauenhäusern als Schutz vor der Gewalt von Männern.

Frustrations-Aggressionstriebtheorie: Aggressionen beruhen auf gesellschaftlich bedingten nichterfüllbaren Wünschen und Zielen.

Funktionalismus: Alle gesellschaftlichen Teile tragen notwendigerweise zur Stabilität eines Gesellschaftssystems bei.

Funktionalistische Schichtung: Die Ausführung bestimmter gesellschaftlicher Funktionen, die niemand gern will, erfordert eine Privilegierung sozialer Positionen und damit als Folge eine soziale Schichtung der Gesellschaft.

Gefangenenbewegung: Soziale Bewegung zur Organisation von Personen innerhalb und außerhalb von Gefängnissen in skandinavischen Ländern.

Germanisierungsbewegung: Staatliche Maßnahmen und gesellschaftliche Kräfte zur gewollten Anpassung ethnischer Minoritäten an deutsche Wertvorstellungen.

Gewalt: Der absichtsvolle Gebrauch von physischer Kraft gegen andere Personen.

Gleichgewicht, biologisches: Natürliche Lebenszusammenhänge und deren gegenseitige Abhängigkeiten.

Graue Panther: Soziale Bewegung zur Erkämpfung gleichberechtigter autonomer Rechte für alte Menschen.

Homophobia: Angst und Vermeidung von Kontakten zu Homosexuellen.

Homosexualität: Sexuelles Interesse bzw. Kontakt zwischen Personen des gleichen Geschlechts.

Homosexuellen-Bewegung: Soziale Bewegung zur Erreichung nicht-diskriminierender Gleichberechtigung der Homosexuellen in der Gesellschaft.

Interaktionismus, symbolischer: Grundlage der Analyse sind die sozialen Beziehungen handelnder Personen.

Klasse(ntheorie): Einteilung der Gesellschaft nach Karl Marx in die beiden Klassen: Produktionsmitteleigentümer (Kapitalistenklasse) und Besitzer der Ware Arbeitskraft (Arbeiterklasse).

Kleine Netze: Überschaubare soziale Zusammenhänge (face-to-face).

Kleinfamilienbewegung: Soziale Bewegung zur Förderung der traditionellen Kleinfamilie als alleiniger Form des sozialen Zusammenlebens.

Labeling Approach: Etikettierung einer Person als Verbrecher durch die Gesellschaft, die ihr abweichendes Verhalten zuschreibt.

LAT-Bewegung: Living Apart Together; Soziale Bewegung zur Praktizierung nichtmonogamer Lebensformen (z.B. Wohngemeinschaft, Single usw.).

Lebensqualität: Eine politisch zu definierende Größe als Maßstab für die Messung von Lebensstandard materieller und immaterieller Art.

Matriarchat: Vorherrschaft der Frau in der Familie bzw. der Frauen in der Gesellschaft.

Monogamie: Nur das Zusammenleben mit einer/einem Partner(in) ist möglich bzw. gesellschaftlich erlaubt, und zwar möglichst ein ganzes Leben lang.

Neue Armut: Seit der in den 70er Jahren anhaltenden Wirtschaftskrise die Tendenz, daß größere Bevölkerungskreise in erheblich benachteiligte Lebensbedingungen (z.B. als Sozialhilfeempfänger) geraten.

Neue Kinderschutzbewegung: Soziale Bewegung zum Schutze des Kindes; in die Beratung und Therapie wird möglichst die gesamte Familie miteinbezogen.

Ökologiebewegung: Soziale Bewegung zur Erhaltung der Natur und zum Schutz der Menschen vor Umweltverschmutzungen.

Patriarchat: Vorherrschaft des Mannes in der Familie bzw. der Männer in der Gesellschaft.

Persönliches Problem: Ansicht, daß auftretende Probleme bei einem Menschen allein persönlich-individualistisch bedingt und nicht auf gesellschaftliche Ursachen zurückzuführen sind.

Politische Ökonomie: Marxistischer Ansatz zur Erklärung der (nach Marx) immanenten Krisenerscheinungen einer kapitalistischen Wirtschaftsordnung.

Privatisierungsbewegung: Soziale Bewegung der Konservativen zur Überführung öffentlicher Dienstleistungen in private Betriebe, damit diese privatkapitalistische Methoden übernehmen und sich den marktwirtschaftlichen Prozessen unterwerfen.

Prostituierten-Bewegung: Soziale Bewegung zur Hilfe für Prostituierte, um Isolation und Konkurrenz abzubauen.

Prostitution: Ausübung von Sexualität für Geld oder andere Begünstigungen.

Push-and-pull: Politökonomischer Ansatz zur Erklärung von Wanderungen aus sozialökonomischen Gründen.

Reaganomics: Allein auf monetäre Finanzmaßnahmen und auf Investitionsankurbelung setzende Wirtschaftspolitik.

Segregation, soziale: sozialräumliche Absonderung sozialer und/oder ethnischer Bevölkerungsgruppen in eigene Stadtviertel (Ghettoisierung).

Selbsthilfebewegung: Mangels gesellschaftlicher und staatlicher Hilfe der Versuch, gemeinsam mit anderen Betroffenen die eigene Lebenslage zu verbessern.

Soziale Bewegung: Prozeß des Protestes und des Versuches des sozialen Wandels durch die Anstrengungen einer Gruppe.

Soziale Marktwirtschaft: Kapitalistische Wirtschaftsordnung, die den Anspruch erhebt, durch Sozialpolitik soziale Härten (z.B. Arbeitslosigkeit) zu vermeiden.

Soziale Problembewegung: Versuch einer sozialen Bewegung, das durch sie definierte Problem erfolgreich zu bewältigen.

Soziale Randgruppe: Besonders in dieser Gesellschaft benachteiligt zu sein, insbesondere in bezug auf Einkommen, Wohnung, Beruf und Diskriminierung.

Soziales Problem: Beschreibung und Definition einer sozialen Lebensbedingung durch eine gesellschaftliche Interessengruppe.

Sozialistische Emanzipationstheorie: Strategischer Ansatz zur Lösung der Frauenfrage über die Klassenfrage: erst Beseitigung des Widerspruchs zwischen Kapital und Arbeit in einer Klassengesellschaft und damit auch Beseitigung der Frauenunterdrückung.

Sozialhilfe: Letzter materieller Rettungsanker für einen Menschen in einer Notsituation, wenn alle anderen gesetzlichen Ansprüche nicht geltend gemacht werden können.

Sozialökologie: Analytisches Konzept zur Erklärung sozialer und räumlicher Verteilungsprozesse.

Soziastaat: Der nach dem Grundgesetz (Art. 20) formulierte Anspruch, für sozialen Ausgleich zu sorgen.

Split-Labor-Market-Theorie: Spaltung des Arbeitsmarktes in bezug auf Löhne und beruflichen Zugang für verschiedene ethnische Gruppen.

Stadtökologie: Ansatz zur Einbeziehung des ökologischen Denkens in die Stadtentwicklung und -planung.

Stigmatisierung: Bestimmte Bevölkerungsgruppen als soziale Randgruppen und Außenseiter zu kennzeichnen.

Strukturelle Gewalt: Tagtägliche Auswirkung ungleicher gesellschaftlicher Bedingungen.

Subkultur: Ein Teil der Gesellschaft hat abweichende Normen und Verhaltensweisen im Vergleich zur gesellschaftlichen Mehrheit.

Subsidiarität: Die Vorrangigkeit von Familie, Nachbarschaft und Engagement der Wohlfahrtsverbände vor staatlichen Maßnahmen.

Subsidiaritätsbewegung: Unter dem Deckmantel Subsidiaritätsprinzip der Versuch, den Sozialstaat abzubauen (Entstaatlichung) und soziale Bereiche zu privatisieren.

Systemtheorie: Ansatz zur ganzheitlichen Betrachtung von Lebens-, Sozial- und Naturzusammenhängen: Alles hängt mit allem zusammen.

Umweltschutz: Forderung nach Schutz vor Lärm, schlechter Luft, Boden- und Wasserverunreinigung und Waldsterben, d. h. allgemein, Schutz der natürlichen Lebensgrundlagen der Menschheit.

Ungleichheit: In der Gesellschaft empirisch feststellbare soziale Unterschiede, z. B. in bezug auf Einkommen, Beruf, Geschlecht, soziale Stellung usw.

Verbrechen: Verstoß gegen gesetzlich normierte Tatbestände.

Vergesellschaftung: Übernahme bisheriger familiärer Funktionen durch gesellschaftliche Institutionen.

Wohngeld: Bezug von staatlicher finanzieller Unterstützung, um aufgrund eigenen niedrigen Einkommens seine Wohnung bezahlen zu können.

Wohngemeinschaft: Neue Form des sozialen Zusammenlebens mit mehr als zwei Personen, die nicht blutsverwandt sein müssen.

Literaturverzeichnis

Abendroth, Wolfgang: Aufstieg und Krise der deutschen Sozialdemokratie. Köln 1978

Abendroth, Wolfgang: Sozialgeschichte der europäischen Arbeiterbewegung. Frankfurt a. M. 1972[8]

Adamy, Wilhelm und Gerhard: Armenpolitik in der Krise. Bestandsaufnahme und Entwicklungstrends. In: Stephan Leibfried und Florian Tennstedt (Hrsg.): Politische Armut und die Spaltung des Sozialstaats. Frankfurt a. M. 1985

Ahrens, Stephan: Außsenseiter und Agent. Der Beitrag des Labeling-Ansatzes für eine Theorie abweichenden Verhaltens. Stuttgart 1975

Alteköster, Elisabeth: Chancen und Probleme des alternativ-ökonomischen Sektors. In: Frank Bechenbuch, Jo Müller, Reinhard Pfriem und Eckhard Stratmann: Grüne Wirtschaftspolitik. Machbare Utopien. Köln 1985

amnesty international: Sektion der Bundesrepublik Deutschland e. V. (Hrsg.): Eine Information über amnestey international. Köln 1985

Anonyme Alkoholiker deutscher Sprache: Was ist AA? o. O. 1983

Arbeitsgruppe Alternative Wirtschaftspolitik: Memorandum '86. Für eine beschäftigungspolitische Offensive. Sofortmaßnahmen für zwei Millionen Arbeitsplätze. Köln 1986

Arbeitsgruppe Alternative Wirtschaftspolitik: Memorandum '85. Gegen die Unterwerfung der Arbeit und die Zerstörung der Umwelt – Mehr Arbeitsplätze, soziale Sicherheit und Umweltschutz – Langfassung des Teils A –. Bremen 1985

Arbeitsgruppe Alternative Wirtschaftspolitik: Memorandum '82. Qualitatives Wachstum statt Gewinnförderung. Alternativen der Wirtschaftspolitik. Köln 1982

Arbeitsgruppe Alternative Wirtschaftspolitik: Memorandum. Gegen konservative Formierung – Alternativen der Wirtschaftspolitik. Köln 1980

Arbeitsgruppe Stattbuch 3 Berlin (Hrsg.): Stattbuch 3 Berlin. Ein Wegweiser durch das andere Berlin. Berlin 1984

Babbie, Earl: Sociology. An Introduction. Bellmont CA 1980[2]

Bahrdt, Hans Paul: Schlüsselbegriffe der Soziologie. Eine Einführung mit Lehrbeispielen. München 1984

Balluseck, Hilde von: Abweichendes Verhalten und abweichendes Handeln. Frankfurt a. M./New York 1978

Balsen, Werner/Nakielski, Hans/Rössel, Karl/Winkel, Rolf: Die neue Armut. Ausgrenzung von Arbeitslosen aus der Arbeitslosenunterstützung. Köln 1984

Barry, Kathleen: Sexuelle Versklavung von Frauen. Berlin 1983

Beauvoir, Simon de: Das andere Geschlecht. Sitte und Sexus der Frau. Reinbek bei Hamburg 1968

Bebel, August: Die Frau und der Sozialismus. (1879) Berlin 1973

Beck-Gernsheim, Elisabeth: Das halbierte Leben. Männerwelt Beruf, Frauenwelt Familie. Frankfurt a. M. 1980

Becker, Howard s.: Außenseiter. Zur Soziologie abweichenden Verhaltens. Aus dem Amerikanischen 1963. Frankfurt a. M. 1981

Behr, Hans-Georg: Weltmacht Droge. Das Geschäft mit der Sucht. Düsseldorf 1984

Behr, Hans-Georg u. a.: Drogenpolitik in der Bundesrepublik. Reinbek bei Hamburg 1985

Beiderwieden, Jens/Windaus, Eberhard/Wolff, Reinhart: Jenseits der Gewalt – Hilfen für mißhandelte Kinder. Basel/Frankfurt a. M. 1986

Bergmann, Klaus (Hrsg.): Schwarze Reportagen. Aus dem Leben der untersten Schichten vor 1914: Huren, Vagabunden, Lumpen. Reinbek bei Hamburg 1984

Berlin Museum (Hrsg.), Eldorado: Homosexuelle Frauen und Männer in Berlin 1850–1950. Geschichte, Alltag und Kultur. Berlin 1984

Bericht der Bundesregierung über die gegenwärtige Situation des Mißbrauchs von Alkohol, illegalen Drogen und Medikamenten in der Bundesrepublik und die Ausführung des Aktionsprogramms des Bundes und der Länder zur Eindämmung und Verhütung des Alkoholmißbrauchs. Bundestagsdrucksache 10/5856. Bonn 1986

Bernfeld, Siegfried: Antiautoritäre Erziehung und Psychoanalyse. Ausgewählte Schriften. Band 1, 2 und 3. Herausgegeben von Lutz von Werder und Reinhart Wolff. Frankfurt a. M. 1974[2]

Bick, Hartmut/Hansmeyer, Karl Heinrich/Olschowy, Gerhard, Schmoock, Peter (Hrsg.): Angewandte Ökologie – Mensch und Umwelt. Band I: Einführung – Räumliche Strukturen. Wüsten – Lärm – Luft – Abfall. Band II: Landbau – Energie – Naturschutz und Landschaftspflege – Umwelt und Gesellschaft. Stuttgart 1984

Blumer, Herbert: Soziale Probleme als kollektives Verhalten. In: Karl Otto Hondrich: Menschliche Bedürfnisse und soziale Steuerung. Reinbek bei Hamburg 1975[2]

Bösel, Monika: Lebenswelt Familie. Ein Beitrag zur interpretativen Familiensoziologie. Frankfurt a. M./New York 1980

Bogue, Donald J.: Principles of Demography. New York 1969

Bonacich, Edna: A Theory of Ethnic Antagonism. The Split Labor Market. In: American Sociological Review 37, 1972

Bongartz, Dieter: Das Drogenbuch. Reinbek bei Hamburg 1983

Brand, Karl-Werner/Büsser, Detlef/Rucht, Dieter: Aufbruch in eine andere Gesellschaft. Neue soziale Bewegung in der Bundesrepublik. Frankfurt a. M./ New York 1984[2]
Brand, Karl-Werner (Hrsg.): Neue soziale Bewegungen in Westeuropa und den USA. Ein internationaler Vergleich. Frankfurt a. M./New York 1985
Brandt, Gisela/Kootz, Johanna/Steppke, Gisela: Zur Frauenfrage im Kapitalismus. Frankfurt a. M. 1973
Brauneck, Anne-Eva: Allgemeine Kriminologie. Reinbek bei Hamburg 1974
Brinkmann, Christian: Die individuellen Folgen langfristiger Arbeitslosigkeit. Ergebnisse einer repräsentativen Lösungsschnittuntersuchung. In: Mitteilungen aus der Arbeitsmarkt- und Berufsforschung. 17. Jg., Nürnberg 1984
Brusati, Alois: Wirtschafts- und Sozialgeschichte des industriellen Zeitalters. Graz/Wien/Köln 1979
Brusten, Manfred/Hohmeier, Jürgen (Hrsg.): Stigmatisierung 1 + 2. Zur Produktion gesellschaftlicher Randgruppen. Neuwied/Darmstadt 1975
Bundesministerium für Ernährung, Landwirtschaft und Forsten: Waldschadenserhebung. Bonn 1986
Bundesminister für Jugend, Familie und Gesundheit: Konsum und Mißbrauch von Alkohol, illegalen Drogen, Medikamenten und Tabakwaren durch junge Menschen. Bonn 1983
Burgard, Roswitha: Mißhandelte Frauen: Verstrickung und Befreiung. Eine Untersuchung zur Überwindung von Gewaltverhältnisse. Weinheim/Basel 1986
Busch, Heiner/Funk, Albrecht/Krauß, Udo/Narr, Wolf-Dieter/Werkentin, Falko: Die Polizei in der Bundesrepublik. Frankfurt a. M./New York 1985
Butzmühlen, Rolf: Vergewaltigung. Die Unterdrückung des Opfers durch Vergewaltiger und Gesellschaft. Gießen 1978
Cameron, William: Modern Social Movements. New York 1966
Carlhoff, Hans-Werner: Drogenkompendium für Lehrer und Eltern. Informationen – Prophylaxe – Arbeitsmaterialien. Heidelberg 1981[3]
Castles, Stephen/Booth, Heather/Wallace, Tina: Here for good. Western Europe's new ethnic minorities. London and Sydney 1984
Claudius, Thomas/Stephan, Franz: Amnesty International. Portrait einer Organisation. München/Wien 1978[2]
Cohen, Albert K.: Kriminelle Jugend. Aus dem Amerikanischen 1955. Hamburg 1961
Cohen, Albert K.: Abweichung und Kontrolle. Aus dem Amerikanischen 1966. München 1968
Cramer, Alfons: Zur Lage der Familie und der Familienpolitik in der Bundesrepublik Deutschland. Opladen 1982
Cuming, E./Henry, W.: Growing old: The process of disengagement. New York 1961
Danckwerts, Dankwart: Armut und Obdachlosigkeit. In: Dieter Kreft und Ingrid Mielenz (Hrsg.): Wörterbuch Soziale Arbeit. Weinheim/Basel 1983[2]
Dannecker, Martin: Prävention ist alles oder nichts. In: Konkret, 12/1986

Davis, Kingsley/Moore, Wilbert E.: Einige Prinzipien der sozialen Schichtung. (1945) In: Heinz Hartmann (Hrsg.): Moderne amerikanische Soziologie. Neuere Beiträge zur soziologischen Theorie. Stuttgart 1973[2]
Daytop Magazin: Herausgegeben von der Daytop Gesellschaft für soziale Planung und Alternativen. München o. J.
Degler, Hans D. (Hrsg.): Vergewaltigt. Frauen berichten. Spiegelbuch. Reinbek bei Hamburg 1981
Denninger, Erhard: Staatsrecht. Einführung in die Grundprobleme des Verfassungsrechts der Bundesrepublik Deutschland. 1. Die Leitbilder: Leerformeln? Lügen? Legitimationen? (1973). Reinbek bei Hamburg 1973 und 1979
Deppe-Wolfinger, Helga (Hrsg.): Behindert und abgeschoben. Zum Verhältnis von Behinderung und Gesellschaft. Weinheim/Basel 1983
Der Tagesspiegel: 330 Drogentote im letzten Jahr. Artikel vom 14.1.1978, Berlin
Drogen-Info: Herausgegeben von der Arbeitsgemeinschaft zur Bekämpfung des Drogenmißbrauchs und zur Beratung Drogenabhängiger. Berlin o. J.
Dürscheid, Heinrich: Zwischen „Grauen Panthern" und Ballsaal. Eine sozialpsychologische Studie zur Entwicklung einer „Subkultur" älterer Menschen am Beispiel selbstorganisierter Altengruppen. München 1984
Durkheim, Emile: Die Regeln der soziologischen Methode. Herausgegeben und eingeleitet von René König. (1895) Frankfurt a. M. 1984
Egg, Rudolf: Straffälligkeit und Sozialtherapie. Konzepte, Erfahrungen, Entwicklungsmöglichkeiten. Köln 1985
Elias, Norbert: Über den Prozeß der Zivilisation. 2 Bände. Frankfurt a. M. 1982 (1939)
Engelmann, Bernt: Du deutsch? Geschichte der Ausländer in unserem Land. München 1984
Essinger, Helmut: Soziale Rand- und Problemgruppen. München 1977
Filser, Franz: Einführung in die Familiensoziologie mit Quellentexten. Paderborn/München/Wien/Zürich 1978
Fink, Ulf: Alternative Wege zur Planung und Durchführung von Sozialpolitik. In: Soziale Arbeit 10/1985
Fischer, Claude S.: The Urban Experience. San Diego 1984[2]
Frauen gegen Männergewalt: Berliner Frauenhaus für mißhandelte Frauen. Erster Erfahrungsbericht. Berlin 1978
Gäfgen, Gerard (Hrsg.): Grundlagen der Wirtschaftspolitik. Köln/Berlin 1963
Galtung, Johan: Strukturelle Gewalt. Beiträge zur Friedens- und Konfliktforschung. Reinbek bei Hamburg 1975
Gamming, E./Henry, W.: Growing old: The process of disengagement. New York 1961
Geissberger, Werner: Freiräume statt Käfighaltung des Menschen. Ökologische Siedlungsstrukturen in einer nochindustriellen Gesellschaft. In: Ekhard Hahn (Hrsg.): Siedlungsökologie. Ökologische Aspekte einer Stadt- und Siedlungspolitik. Karlsruhe 1982

Geißler, Heiner: Die neue soziale Frage. Analysen und Dokumente. Freiburg i. Br. 1976
Geißler, Heiner: Die neue soziale Frage. Dokumente zur Mannheimer Erklärung der CDU. Aus: Die neue soziale Frage. Freiburg 144–158. In: Norbert Preußer (Hrsg.): Armut und Sozialstaat. Band I, Konzepte und Strukturen seit 1945. München 1981
Gesellschaft für bedrohte Völker: Jahresbericht. Göttingen 1985
Gindorf, Rolf/Haeberle, Erwin J. (Hrsg.): Sexualität als sozialer Tatbestand. Theoretische und empirische Beiträge zu einer Soziologie. Berlin/New York 1986
Girtler, Roland: Die Prostituierte und ihre Kunden, in: Kölner Zeitschrift für Soziologie und Sozialpsychologie. Jg. 36, 1984, S. 323–341
Girtler, Roland: Der Strich. Erkundungen in Wien. Wien 1985
Gizycki, Horst von/Habicht, Hubert (Hrsg.): Oasen der Freiheit. Von der Schwierigkeit der Selbstbestimmung. Berichte – Erfahrungen – Modelle. Frankfurt a. M. 1978
Glatzer, Wolfgang/Zapf, Wolfgang (Hrsg.): Lebensqualität in der Bundesrepublik. Objektive Lebensbedingungen und subjektives Wohlbefinden. Campus, Frankfurt a. M./New York 1984
Global 2000: Der Bericht an den Präsidenten. Aus dem Amerikanischen 1980. Frankfurt a. M. 1980
Goode, William J.: Soziologie der Familie. Aus dem Amerikanischen 1964. München 1971[4]
Gordon, Milton M.: Assimilation in American Life: The Role of Race, Religion, and National Origin. New York 1964
Gorz, André: Wege ins Paradies. Thesen zur Krise, Automation und Zukunft der Arbeit. Berlin 1983
Grebing, Helga: Geschichte der deutschen Arbeiterbewegung. Ein Überblick. München 1966
Greven-Aschoff, Barbara: Die bürgerliche Frauenbewegung in Deutschland 1894–1933. Göttingen 1981
Grohall, Karl-Heinz: Alkoholismus und Selbsthilfe. Stuttgart 1982
Grottian, Peter/Nelles, Wilfried (Hrsg.): Großstadt und neue soziale Bewegungen. Basel 1983
Grün, Josef/Wiener, Detlev: Global denken. Vor Ort handeln. Weltmodelle von Global 2000 bis Hermann-Kahn. Kontroversen über unsere Zukunft. Freiburg i. Br. 1984
Gruhl, Herbert: Das irdische Gleichgewicht. Ökologie unseres Daseins. Düsseldorf 1985[2]
Gukenbiehl, Hermann L.: Systemtheorien. In: Bernhard Schäfers (Hrsg.): Grundbegriffe der Soziologie. Opladen 1986
Haeberle, Erwin J.: Sexualität des Menschen. Handbuch und Atlas. Berlin/New York 1983
Habermas, Jürgen: Theorie des kommunikativen Handelns. 2 Bände. Frankfurt a. M. 1981

Hacker, Friedrich: Aggression. Die Brutalisierung der modernen Welt. Reinbek bei Hamburg 1973[2]
Haffner, Sarah (Hrsg.): Frauenhäuser. Gewalt in der Ehe und was Frauen dagegen tun. Berlin 1976
Hagemann-White, Carol u. a.: Hilfen für mißhandelte Frauen. Abschlußbericht der wissenschaftlichen Begleitung des Modellprojeks Frauenhaus Berlin. Stuttgart u. a. 1981
Hahn, Ekkart (Hrsg.): Siedlungsökologie. Ökologische Aspekte einer neuen Stadt- und Siedlungspolitik. Karlsruhe 1982
Hamer, Eberhard: Privatisierung als Rationalisierungschance. München 1981
Hamm, Bernd: Einführung in die Siedlungssoziologie. München 1982
Hardert, Roland A. u. a.: Confronting Social Problems. St. Paul 1984
Heckmann, Friedrich: Die Bundesrepublik: Ein Einwanderungsland? Zur Soziologie der Gastarbeiterbevölkerung als Einwandererminorität. Stuttgart 1981.
Heckmann, Wolfgang: Drogenabhänigkeit. In: Dieter Kreft und Ingrid Mielenz (Hrsg.): Wörterbuch Soziale Arbeit. Weinheim/Basel 1983[2]
Heckmann, Wolfgang: Jugendliche in Abhängigkeit von Alkohol und Drogen. In: Klaus Wasmund (Hrsg.): Jugendliche – Neue Bewußtseinsformen und politische Verhaltensweisen. Stuttgart 1982
Heisenberg, Werner: Schritte über Grenzen. Gesammelte Reden und Aufsätze. München/Zürich 1984
Hoernle, Erwin: Grundfragen proletarischer Erziehung. Herausgegeben von Lutz von Werder und Reinhart Wolff. Frankfurt 1970[2]
Hoffmeyer-Zlotnik, Jürgen: Gastarbeiter im Sanierungsgebiet. Das Beispiel Berlin-Kreuzberg. Hamburg 1977
Hondrich, Karl Otto: Menschliche Bedürfnisse und soziale Steuerung. Eine Einführung in die Sozialwissenschaft. Mit einem Textanhang. Reinbek bei Hamburg 1975
Honig, Michael-Sebastian/Wolff, Reinhart: Neue Kinderschutz-Arbeit in der Bundesrepublik – eine Zwischenbilanz. In: Soziale Arbeit 12/1983
Horkheimer, Max: Autorität und Familie. Allgemeiner Teil. Graz 1970
Huber, Joseph: Die Regenbogen-Gesellschaft. Ökologie und Sozialpolitik. Frankfurt a. M. 1985
Huber, Joseph: Die verlorene Unschuld der Ökologie. Neue Technologien und superindustrielle Entwicklung. Frankfurt a. M. 1982
Huber, Joseph: Anders arbeiten – anders wirtschaften. Die Zukunft zwischen Dienst und Dualwirtschaft. In: Joseph Huber (Hrsg.): Anders arbeiten – anders wirtschaften. Dual-Wirtschaft: Nicht jede Arbeit muß Job sein. Frankfurt a. M. 1979
Hummel, Konrad: Öffnet die Altersheime! Gemeinwesenorientierte, ganzheitliche Sozialarbeit mit alten Menschen. Weinheim/Basel 1986[2]
Illich, Ivan: Was heißt „kontraproduktiv"? In: Magazin Brennpunkte 5, Kleintechnologie kontra Wirtschaft? Frankfurt a. M. 1976

Jänicke, Martin (Hrsg.): Vor uns die goldenen neunziger Jahre? Langzeitprognosen auf dem Prüfstand. München/Zürich 1985
Just, Wolf-Dieter/Groth, Annette (Hrsg.): Wanderarbeiter in der EG. Ein Vergleich ihrer rechtlichen und sozialen Situation in den wichtigsten Aufnahmeländern. Mainz/Ingelheim 1985
Kaufmann, Edward/Kaufmann, Pauline N.: Familientherapie bei Alkohol- und Drogenabhängigkeit. Aus dem Amerikanischen 1979. Freiburg i. Br. 1983
Kennedy, Margrit (Hrsg.): Öko-Stadt. Prinzipien einer Stadtökologie. Band I. Frankfurt a. M. 1984
Kern, Horst/Schufmann, Michael: Das Ende der Arbeitsteilung? Rationalisierung in der industriellen Produktion: Bestandsaufnahme, Trendbestimmung. München 1984
Kern, Horst/Schumann, Michael: Industriearbeit und Arbeitsbewußtsein. Eine empirische Untersuchung über den Einfluß der aktuellen technischen Entwicklung auf die industrielle Arbeit und das Arbeiterbewußtsein, Teil I und II, Europäische Verlagsanstalt. Frankfurt a. M. 1973[2]
Kerscher, Ignaz: Sozialwissenschaftliche Kriminalitätstheorien. Weinheim/Basel 1985[4]
Kleßmann, Christoph: Polnische Bergarbeiter im Ruhrgebiet 1870–1945. Soziale Integration und nationale Subkultur einer Minderheit in der deutschen Industriegesellschaft. Göttingen 1978
Korczak, Dieter: Neue Formen des Zusammenlebens. Erfolge und Schwierigkeiten des Experiments „Wohngemeinschaft“. Frankfurt a. M. 1979
Krusche, Peter: Maßnahmen zur ökologischen Stadterneuerung. In: Margrit Kennedy (Hrsg.): Öko-Stadt. Prinzipien einer Stadtökologie. Frankfurt a. M. 1984
Lamnek, Siegfried: Theorien abweichenden Verhaltens. München 1979
Lau, Susanne/Boss, Sieglinde/Stender, Ursula: Aggressionsopfer Frau: Körperliche und seelische Mißhandlungen in der Ehe. Empirische Untersuchungen, Erklärungen, vorbeugende und eingreifende Hilfen. Reinbek bei Hamburg 1979
Lauer, Robert H.: Social Problems and the Quality of Life. Dubuque, Iowa 1982[2]
Leibfried, Stephan/Tennstedt, Florian (Hrsg.): Politik der Armut und die Spaltung des Sozialstaats. Frankfurt a. M. 1985
Leibholz, Gerhard/Rinck, Hans-Justus: Grundgesetz für die Bundesrepublik Deutschland. Kommentar anhand der Rechtsprechung des Bundesverfassungsgerichts. Köln-Marienburg 1971[4]
Lettieri, Dan J./Wez, Rainer (Hrsg.): Drogenabhängigkeit – Ursachen und Verlaufsformen. Ein Handbuch. Weinheim/Basel 1983
Loddenkemper, Hermann/Schier, Norbert: Altenbildung. Grundlagen und Handlungsorientierungen. Bad Heilbronn/Obb. 1981
Lötsch, Bernd: Was ist Stadtökolgie? In: Magrit Kennedy (Hrsg.): Öko-Stadt. Prinzipien einer Stadtökologie. Frankfurt a. M. 1984

Lorenz, Konrad: Das sogenannte Böse. Zur Naturgeschichte der Aggression. (1963) Wien 1973

Lovin, Amory B.: Sanfte Energie. Das Programm für die energie- und industriepolitische Umrüstung unserer Gesellschaft. Aus dem Englischen 1977. Reinbek bei Hamburg 1978

Ludwig, Klemens: Bedrohte Völker. Ein Lexikon nationaler und religiöser Minderheiten. München 1985

Lundt, Peter-Michael: Türken in Berlin. Herausforderung und Chance. Berlin 1985

Marger, Martin N.: Race and Ethnic Relations. American and Global Perspective. Belmont CA 1985

Mathiesen, Thomas: Überwindet die Mauern! Die skandinavische Gefangenenbewegung als Modell politischer Randgruppenarbeit. Neuwied 1979

Mauss, Armand L.: Social Problems as Social Movements. Philadelphia/New York/San Jose/Toronot 1975

Mayer-Tasch, Peter Cornelius: Aus dem Wörterbuch der Politischen Ökologie. München 1985

Meadows, Dennis/Meadows, Donella/Zahn, Erich/Milling, Peter: Die Grenzen des Wachstums. Bericht des Club of Rome zur Lage der Menschheit. Aus dem Amerikanischen 1972. Stuttgart 1972

Mehte, Wolfgang: Ökologie und Marxismus. Ein Neuansatz zur Rekonstruktion der politischen Ökonomie unter ökologischen Krisenbedingungen. Hannover 1983[2]

Meier, Rainer/Seemann, Hans-Jürgen: Die Grauen Panther. Rebellion der Alten. Weinheim/Basel 1982

Menschik, Jutta: Feminismus. Geschichte, Theorie, Praxis. Köln 1979[2]

Menschik, Jutta (Hrsg.): Grundlagentexte zur Emanzipation der Frau. Köln 1977[2]

Mesarovic, Mihailo/Pestel, Eduard: Menschheit am Wendepunkt. 2. Bericht an den Club of Rome zur Weltlage. Reinbek bei Hamburg 1977[2]

Meulenbelt, Anja: Die Gewöhnung ans alltägliche Glück. Reinbek bei Hamburg 1985

MEW: Marx, Karl/Engels, Friedrich: Werke. 40 Bände. Berlin (DDR) 1969–1973

Meyer-Abich, Klaus M./Schefold, Bertram: Die Grenzen der Atomwirtschaft. München 1986

Michelsen, Gerd/Öko-Institut (Hrsg.): Der Fischer Öko-Almanach. Daten, Fakten, Tends der Umweltdiskussion. Frankfurt a. M. 1984

Miller, W. B.: Die Kultur der Unterschicht als ein Entstehungsmilieu für Bandendelinquenz, in: Sack, F., König, R. (Hrsg.): Kriminalsoziologie. Frankfurt a. M. 1968

Millett, Kate: Das verkaufte Geschlecht. Reinbek bei Hamburg 1983

Molotch, Harvey: Media and Movements. In: Mayer N. Zald und John D. McCarthy (Hrsg.): The Dynamics of Social Movements. Resource Mobilization, Social Control and Tactics. Cambridge/Mass. 1979

Moser, Tilman: Jugendkriminalität und Gesellschaftsstruktur. Zum Verhältnis von soziologischen und psychoanalytischen Theorien des Verbrechens. Frankfurt a. M. 1972

Mühlfeld, Claus: Ehe und Familie. Opladen/Wiesbaden 1982

Mühlfeld, Claus: Familiensoziologie. Eine systematische Einführung. Hamburg 1976

Müller, Klaus E.: Die bessere und die schlechtere Hälfte. Ethnologie des Geschlechtskonflikts. Frankfurt a. M./New York 1984

Müller-Armack, Alfred: Soziale Marktwirtschaft. In: Handbuch der Sozialwissenschaften, Band 9. Stuttgart/Tübingen/Göttingen 1956

Nahas, Rebecca: Liebe im Dreieck. Soziale Verhaltensmuster in partnerschaftlichen Beziehungen zwischen homosexuellen Männern und heterosexuellen Frauen. München 1983

Neidhardt, Friedhelm: Die Familie in Deutschland. Gesellschaftliche Stellung, Struktur und Funktionen. Opladen 1971[3]

Nikolinakis, Marios: Politische Ökonomie der Gastarbeiterfrage. Migration und Kapitalismus. Hamburg 1973

Noel, Donald L.: A Theory of the Origin of Ethnic Stratification. In: Norman R. Yetman and C. Hoy Stelle (Hrsg.): Majority and Minority. The Dynamics of Race and Ethnicity. Boston/London/Sydney/Toronto 1968[3]

Nowak, Jürgen: Vergesellschaftung der Planung. Ein Beitrag zu einer kommunikativen Planungstheorie als Strategie der Kleinen Netze. Berlin 1984

Oberschall, Anthony: Social Conflicts and Social Movements. New York 1973

Ohl, Dagmar/Rösener, Ursula: Und bist du nicht willig, ... so brauch ich Gewalt. Frankfurt a. M./Berlin/Wien 1979

Osterland, Martin/Deppe, Wilfried/Gerlach, Frank/Mergner, Ulrich/Pelte, Klaus/Schlösser, Manfred: Materialien zur Lebens- und Arbeitssituation der Industriearbeiter in der BRD. Frankfurt a. M. 1973[3]

Parillo, Vincent N.: Strangers of these Shores: Race and Ethnics Relations in the United States. New York 1985[2]

Peuckert, Rüdiger: Verhaltens- und Handlungstheorien. In: Bernhard Schäfers (Hrsg.): Grundbegriffe der Soziologie. Opladen 1986

Pieper, Barbara/Pieper, Michael: Familie – Stabilität und Veränderung. München 1975

Piven, Frances E./Cloward, Richard A.: Regulierung der Armut. Die Politik der öffentlichen Wohlfahrt. Aus dem Amerikanischen 1971. Frankfurt a. M. 1977

Plack, Arno (Hrsg.): Der Mythos vom Aggressionstrieb. München 1973

Preußer, Norbert: Randgruppen. In: Dieter Kreft und Ingrid Mielenz (Hrsg.): Wörterbuch Soziale Arbeit. Weinheim/Basel 1983[2]

Preußer, Norbert (Hrsg.): Armut und Sozialstaat. Band I. Konzepte und Strukturen seit 1945. München 1981

Rammstedt, Otthein: Soziale Bewegung. Frankfurt a. M. 1978

Raschke, Joachim: Soziale Bewegungen. Ein historisch-systematischer Grundriß. Frankfurt a. M./New York 1985

Reich, Wilhelm: Die sexuelle Revolution. Zur charakterlichen Selbststeuerung des Menschen. (1932) Frankfurt a.M. 1966

Rose, Arnold M.: The subculture of the aging. A framework for research in social gerontology. In: A.M. Rose and W.A. Peterson (Hrsg.): Philadelphia 1965

Rosenbaum, Heidi (Hrsg.): Seminar Familie und Gesellschaftsstruktur. Materialien zu den sozioökonomischen Bedingungen von Familienformen. Frankfurt a.M. 1978

Rosenbrock, Rolf: AIDS kann schneller besiegt werden. Hamburg 1986

Roth, Jürgen: Armut in der Bundesrepublik. Untersuchungen und Reportagen zur Krise des Sozialstaats. Reinbek bei Hamburg 1979

Roth, Roland: Neue soziale Bewegungen in der politischen Kultur der Bundesrepublik – eine vorläufige Skizze, in: Braud, Karl-Werner (Hrsg.): Neue soziale Bewegungen in Westeuropa und den USA. Ein internationaler Verlag, Frankfurt a.M. 1985

Rousseau, Jean-Jacques: Diskurs über die Ungleichheit. Discours sur l'inégalité. (1755) Paderborn 1984

Sachße, Christoph: Subsidiarität. In: Dieter Kreft und Ingrid Mielenz (Hrsg.): Wörterbuch Soziale Arbeit. Weinheim/Basel 1983[2]

Sachße, Christoph/Tennstedt, Florian (Hrsg.): Bettler, Gauner und Proleten. Armut und Armenfürsorge in der deutschen Geschichte. Ein Bild-Lesebuch. Reinbek bei Hamburg 1983

Sachverständigenrat: Zur Begutachtung der gesamtwirtschaftlichen Entwicklung. Chancen für einen langen Aufschwung. Jahresgutachten 1984/85. Stuttgart/Mainz 1984

Sachverständigenrat: Zur Begutachtung der gesamtwirtschaftlichen Entwicklung. Investitionen für mehr Beschäftigung. Jahresgutachten. Stuttgart/Mainz 1982

Sachverständigenrat: Zur Begutachtung der gesamtwirtschaftlichen Entwicklung. Jahresgutachten. Stuttgart/Mainz 1976

Sack, Fritz/König, René (Hrsg.): Kriminalsoziologie. Frankfurt a.M. 1968

Schäfers, Bernhard (Hrsg.): Grundbegriffe der Soziologie. Opladen 1986

Schäuble, Gerhard: Theorien, Definitionen und Beurteilung der Armut. Berlin 1984

Schenk, Herrad: Die feministische Herausforderung. 150 Jahre Frauenbewegung in Deutschland. München 1980

Schenk, Michael: Soziale Netzwerke und Kommunikationen. Tübingen 1984

Scherer, Klaus J./Vilmar, Fritz: Ökosozialismus? Grün-rote Bündnispolitik. Berlin 1985

Schmerl, Christine: Drogenabhängigkeit. Kritische Analyse psychologischer und soziologischer Erklärungsansätze. Opladen/Wiesbaden 1984

Schmidt-Bleibtreu, Bruno/Klein, Franz: Kommentar zum Grundgesetz für die Bundesrepublik Deutschland. Neuwied/Darmstadt 1980[5]

Schulte, Regina: Sperrbezirke. Tugendhaftigkeit und Prostitution in der bürgerlichen Welt. Frankfurt a.M. 1984

Schumacher, E. F.: Die Rückkehr zum menschlichen Muß. Alternativen für Wirtschaft und Technik. Small is Beautiful. Aus dem Englischen 1973. Reinbek bei Hamburg 1977
Schreiber, Hermann: Singles. Allein leben. Besser als zu zweit? Frankfurt a. M./ Berlin/Wien 1980
Schwarz, Karl/Höhn, Charlotte: Weniger Kinder – Weniger Ehen – Weniger Zukunft? Bevölkerungsentwicklung in der Bundesrepublik Deutschland gestern, heute und morgen. Ottweiler 1985
Senator für Gesundheit, Soziales und Familie: Bericht über die Situation der Frauen in Berlin. Berlin 1981
Senator für Schulwesen, Jugend und Sport: Berliner Drogenbericht. Bericht über Maßnahmen zur Bekämpfung des Drogenmißbrauchs. – 2. Drogenbericht –. Berlin 1983
Senator für Schulwesen, Jugend und Sport: Drogen. Rat und Hilfe. Berlin 1984
Snow, David A./Zurcher, Louis A./Ekland-Olson, Sheldon: Social Networks and Social Movements. A Microstructural Approach to Differential Recruitment. In: American Sociological Review 45, 1980
Spaich, Herbert: Fremde in Deutschland. Unbequeme Kapitel unserer Geschichte. Weinheim/Basel 1981
SPD: Für eine ökologische Modernisierung der Volkswirtschaft. Aktuelle Informationen der Sozialdemokratischen Partei Deutschlands 7, Juli 1985
Spector, Malcolm/Kitsuse, John I.: Die „Naturgeschichte" sozialer Probleme: Eine Neufassung. In: Friedrich W. Stallberg und Werner Springer (Hrsg.): Soziale Probleme. Grundlegende Beiträge zu ihrer Theorie und Analyse. Neuwied/Darmstadt 1983
Spiegel-Redaktion (Hrsg.): Unterprivilegiert. Eine Studie über sozial benachteiligte Gruppen in der Bundesrepublik Deutschland. Neuwied/Berlin 1973
Springer, Werner: Kriminalitätstheorien und ihr Realitätsgehalt. Stuttgart 1973
Statistisches Jahrbuch 1984, 1985, 1986 und 1987 für die Bundesrepublik Deutschland, herausgegeben vom Statistischen Bundesamt. Stuttgart und Mainz 1984, 1985, 1986 bzw. 1987
Sutherland, Edwin H.: Die Theorie der differentiellen Kontakte. In: Fritz Sack und René König (Hrsg.): Kriminalsoziologie. Frankfurt a. M. 1968
Synanon: Für ein Leben ohne Drogen. Herausgegeben von Synanon International e. V. Berlin 1981
Telefonseelsorge: Jahresbericht. Berlin 1984
Traube, Klaus: Wachstum oder Askese. Kritik der Industrialisierung von Bedürfnissen. Reinbek bei Hamburg 1979
Traube, Klaus: Müssen wir umschalten? Von den politischen Grenzen der Technik. Reinbek bei Hamburg 1978
Vilmar, Fritz/Runge, Brigitte: Auf dem Weg zur Selbsthilfegesellschaft? Essen 1985
Watson, Sophie: Die Frauenhaus-Bewegung in England. In: Sarah Haffner (Hrsg.): Frauenhäuser. Gewalt in der Ehe und was Frauen dagegen tun. Berlin 1976

Weber, Max: Wirtschaft und Gesellschaft. Grundriß der verstehenden Soziologie. Tübingen 1972[5]

Weizsäcker, Richard von: Richtlinien der Regierungspolitik. Die Regierungserklärung des Regierenden Bürgermeisters am 2. Juli 1982 vor dem Abgeordnetenhaus von Berlin. Berlin 1981

Werner, Rudolf: Soziale Indikatoren und politische Indikatoren. Einführung in Anwendungen der Makrosoziologie. Reinbek bei Hamburg 1975

Westhoff, Barbara: Prostitution. In: Dieter Kreft und Ingrid Mielenz (Hrsg.): Wörterbuch Soziale Arbeit. Weinheim/Basel 1983[2]

Wintsch, Hans-Ulrich: Erziehung zur Friedfertigkeit. In: Arno Plack (Hrsg.): Der Mythos vom Aggressionstrieb. München 1973

Wirtschaft und Statistik 3: Statistisches Bundesamt. Wiesbaden 1985

Wolf-Graaf, Anke: Frauenarbeit im Abseits. Frauenbewegung und weibliches Arbeitsvermögen. München 1981

Wolff, Reinhart: Gesichtspunkte zu einer Theorie familialer Gewalt. In: Biruta Schaller, Hermann Pfütze und Reinhart Wolff (Hrsg.): Schau unter jeden Stein. Merkwürdiges aus Kultur und Gesellschaft. Dieter Claessens zum 60. Geburtstag. Frankfurt a. M./Basel 1981

Yinger, J. Milton: Countercultures. The Promise and the Devil of a World Turned Upside Down. New York/London 1982

Zald, Mayer N./McCarthy, John D. (Hrsg.): The Dynamics of Social Movements. Cambridge/Mass. 1979

Zapf, Wolfgang (Hrsg.): Lebensbedingungen in der Bundesrepublik. Sozialer Wandel und Wohlfahrtsentwicklung. Frankfurt a. M./New York 1977

Zinn, Karl Georg (Hrsg.): Strategien gegen die Arbeitslosigkeit. Frankfurt a. M. 1977

Zinn, Karl Georg: Allgemeine Wirtschaftspolitik als Grundlegung einer kritischen Ökonomie. Stuttgart/Berlin/Köln/Mainz 1974[2]

Sachregister

Personenregister